「愛と知の循環」としての保育実践

多様で豊かな世界と出会い，学び，育つ

無藤 隆・古賀松香・岸野麻衣

[編著]

北大路書房

ま え が き

　本書は，幼児教育・保育の新たな理論である，「愛と知の循環理論」を骨子として，その理論の広がりを示す編者3名による論考から理論の示唆するところを論じました。さらにその理論とのつながりがよく見える実践事例（それぞれ編者の各々が深く関わっている園の実践）を載せて，その理論の実践的意義を明確にしたものです。なお，その理論そのものの詳組は本書の姉妹本である次の著書（無藤隆『愛と知の循環としての保育――世界を愛することを学ぶ（仮）』北大路書房，近刊）に示してあります。

　その「愛と知の循環」の保育理論は本書の本文を読んでほしいのですが，ここでは，なぜそのような考えが重要だとして提示するかの背景を示しておきたいと思います。

　第一は幼児教育・保育（この2つの用語は同じ意味としてここでは使いますが，要するに，幼稚園・保育所・認定こども園の保育活動を指します）の歴史的流れをより整理し，その深い意義を明確にすることです。いうまでもなく，園が子どもを毎日のように一定時間預かり，その間，子どもにとって意味ある活動になるように保育者がいて配慮し，教材その他を提供するという方式はフレーベル以来180年ほどの歴史を経ており，世界中で，また日本では明治以来長年にわたる無数の保育者と園による実践的工夫がなされてきました。その継承と改革の絶えざる前進が保育を構成しています。さらに，それは1990年代以降の環境を通しての保育と呼ばれる方向へと進化を重ねてきました。それらの実践に込められた考えをいかに取り出し，深めるかは，21世紀が20年以上過ぎた現在の大きな世界的な課題となっていると思うのです。

　第二に，では，その幼児教育・保育の現在的段階とは何を意味するのでしょうか。特に日本での実践は何を作り出したのでしょうか。その良質な特徴にいかにして学び，概念化していくかが問われています。その我々としての理論化が「愛と知の循環理論」です。何より幼児教育・保育は，園という空間での活動として，その活動が子どもたちが保育者の援助を受けつつ，また独自の設定された環境との呼応の中で，子どもたち自身による自律したものとして進められます。そこには，子どもの環境への主体的な関わりの在り方が核心としてあります。その関わりを遊びと呼ぶのですが，それは子どもの環境への関わりのエージェンシーとしての発揮であり，そこから新たなことが創発し，目標志向性を作り出す過程であると私たちは捉えたいと思います。同時にそれは子どもにとって楽しさとやりがいを園の環境の中に充満させ，世界を肯定していく営みとなっていくのです。「愛と知」とはまさに子どもがこの世界へ心情的にそして知的に関わる在り方であり，循環とはそれが深まり発展していく仕組みを指しています。繰り返し活動することが揺らぎながら，環境との呼応関係を通して創発的に新たな活動を生み出し，発展していくのです。同時に，

その園の活動の生起と発展の過程は，多くの子どもと子どもに関わる大人としての保育者が文化を形成し，それぞれのエージェンシーが発揮され，相互に交わり，共鳴し，衝突し，新たなことを生み出す過程なのです。その過程とは，愛と知が深まることに向けて活動を開始し，ものとことを作り出すことであり，常にものと身体の関係として展開します。何より幼児教育・保育は子どもがそのようにして世界へと関わりを開始し，本格化する過程の援助です。

　第三に，私たちは保育の理論と実践のつながりを深めることを長年進めてきました。それは何より保育実践に即し，その枠組みの基盤を見直し，どの園でも進めていて，しかも良質なところにおいてその実践のよさが顕著に表れるのであり，そこを取り出し理論化することを目指しました。それは同時に，100年以上の歴史を踏まえ，例えば日本では倉橋またその他の実践的積み上げを受け継ぎ，さらに20世紀の終わりくらいから21世紀における世界的な保育思想を反映し深めることでなければなりません。そのことにより乳幼児の園での活動における遊びとそこに生じる学びの姿を捉え，そこから過去30年の保育実践と保育学の成果を要約し，未来へと発展可能性を探ろうとするのです。私たちは，保育学の新たな方向とは，常に園での保育実践を明示的・暗黙的に想定して思考し，同時にそこに世界的な保育思想の展開を踏まえ，各種の実証的・量的・質的研究の成果と整合的に考えていく営みであると捉えています。

　それらの意気込みに比して，決して十全の成果を本書で提示できたわけではないですが，確実にその第一歩二歩を歩み出したと考えて，ここに本書を提示したいと思います。

　以下に，簡単に本書の構成を示しておきます。

　第Ⅰ部は，保育実践の多様さを前にして，その不思議さ，面白さに取りつかれた研究者が，実践者と共に保育を，子どもを，言葉にし，表そうとしてきたことを，愛と知の循環の理論として提示しています。第1章では，その理論的骨格と共に，幼稚園教育要領という実践の方向性として，さらにはその先の展開の方向性として示されていることを，より詳細に踏み込んだ内容が書かれています。「遊びとは何か」が改めて描かれ，「幼児教育・保育とは何か」が，歴史的に，哲学的に，そして実践の様相に踏み込んで描かれています。第2章では，愛と知の循環が起こるには，どんな保育者の支えがあるのかということについて，改めて分析してみています。この先生のクラスは，なぜいつも子どもが遊びに夢中になっていくのだろうか，その謎を一部でも解明したい，という研究者の挑戦でもあります。「細やかな保育」や「繊細な援助」といった一言で表されてしまうそれはいかなる具体を指すのか，微細な分析をもって明らかにすることに挑戦しています。そして，第3章は，長年実践現場の質向上の取り組みに伴走してきた研究者が，愛と知の循環の理論が実践の改革を駆動する理論となっていくこと，また，大人たちの愛と知が刺激し合いながら循環し運動体となっていくことが，事例に基づきつつ描かれています。

　第Ⅱ部は，愛と知の循環の理論が，充実した遊びを中心とした実践を描き，また実践の

展開を支える理論であることを伝えるために，9つの実践と解説で構成しています。それぞれに個性的で，独特な実践の質感を含んでいますが，子どもたちがいかに身近な出来事に独自の状況下で出会い，時に出会い直し，さらに関わりを深めていったのか，その生き生きとした様子が描かれています。子どもが自ら世界に出会っていくことを楽しみ，関わりの中でどんどん世界を自分のものにし，その理解や関わりを深めていくというプロセスと，保育者が時に迷いながら，また子どもの姿に教えられながら，子どもや世界に保育者自身も出会っていくプロセス，そういった具体的な実践事例を通して，愛と知の循環の実践とはどのようなことを指すのかが描かれています。

　最後になりましたが，本書の制作にあたり，いつも力強く励まし，丁寧に支えてくださった北大路書房の皆様，とりわけ，壮大な理論と多様で面白い実践をつなごうとする本書の挑戦を理解し，進めてくださった奥野浩之さん，企画段階の勉強会から共に歩み，いつも的確なアドバイスをくださった編集の西吉誠さん，そしてなかなか書き終わらない執筆者を励まし，本書の多彩な内容のよさを活かすために粘り強く丁寧に伴走してくださった編集の川松いずみさんに，心より感謝申し上げます。編集部の皆様のおかげで，それぞれに多忙な執筆者を抱えた本書がなんとか世に出るところまで辿り着けました。
　また第Ⅱ部に執筆された実践者の皆様は，以前より長きにわたり，私ども編者が各々に関わってきて，保育を見るとともに，議論を重ねてきた方々です。執筆を引き受けていただき，意味深い実践記録を寄せていただいたこと，大いに喜んでおります。そして，その背後には，園や自治体，団体等の関係する様々な方々の支えがあったに違いありません。執筆いただいた各現場の皆様に感謝申し上げるとともに，「愛と知の循環」の保育実践がさらなる広がりにつながり，発展していくことを願っています。

　2025年1月

編者を代表して　無藤　隆

目　次

まえがき　i

第Ⅰ部　「愛と知の循環」の理論を考える

第1章　「愛と知の循環」を実現する幼児教育・保育とは　3

1．幼児教育・保育を捉え直す枠組みを作り出す　3

2．幼児教育・保育を実践し研究する姿勢とは　5
（1）幼児教育・保育という万華鏡　5
（2）その先のその先へ　6
（3）研究や実践の知見を受けて実践を改善していくための姿勢とは　6
（4）ありふれたエピソードの集積とそこへの言及としての保育研究　7
（5）未知への手触り　8

3．要領・指針の考え方を深める　10
（1）要領・指針の構造的な理解へ　10
（2）関わりはそこに価値と意味を見出すことである　11
（3）根本には子どものもつ好奇心としての関わりがある　12
（4）知識・技能と思考　13
（5）要領・指針における「遊び」とはどういう意味で使われているのか　13
（6）子どもの権利，主体的在り方，資質・能力のつながり　15

4．愛と知の循環から世界を愛する学びの生じる場としての園へ　17
（1）愛と知とが知性と感性と情動性の交錯として世界への関わりとなっていく　17
（2）主体的な在り方は園の時間・空間の中の活動として実現されていく　18
（3）仮想的身体的活動の充満としての空間　18
（4）循環の在り方を2つの方向から考える——記録の詳細化とプロセス化　20

5．改めて「愛と知の循環」を実現する幼児教育・保育とは　21

第2章　保育者が保育することの深部へ　23

1．子どもがこの世界をもっと好きになる保育の解明　23

2．子どもが今日の動きに心開かれていくように　24

３．子どもが自分たちの目的に向かえるように ……………………………28

　（１）子どもの意図と環境の間を調整する　28

　（２）物と子どもをつなぐ　29

４．その子どもが必要としている支えを必要なだけ必要なときに ……………32

５．場の相対性と援助の必要感──相互行為的解釈と断続的援助 ……………35

第3章　幼児教育・保育の可能性の展開へ　　　39

１．学びのサイクルに内在する情動 ……………………………………………39

２．保育者の学びにおける「愛と知の循環」 …………………………………41

３．保育を見合い語り合い綴ることが「愛と知の循環」の運動体へ …………42

４．世代や地域を越えた「愛と知の循環」の運動体へ ………………………44

５．校種を越えてつながっていく「愛と知の循環」の運動体 ………………47

第II部　「愛と知の循環」を実践から考える

第4章　「もっとこうしたい」「やってみたい」から広がる　　「愛と知の循環」　　　53

１．園の概要 …………………………………………………………………53

２．事実をもとに丹念に繊細に子どもの内面と保育を振り返る ………………53

　（１）「もっとこうしたい」が深まり，達成感へ　53

　（２）「やってみたい」が友達に広がる　56

　（３）不思議さと面白さに惹きつけられる　58

　（４）強い思いのぶつかり合いから折り合いをつけていく　61

３．全体を振り返って …………………………………………………………64

　✎編者からのコメント　環境の豊かな配置から共に進める探究へ　66

第5章　生き物との出会いから多様に広がる「愛と知の循環」　　　71

１．園の概要 …………………………………………………………………71

目 次

2．生き物との出会いから好きになっていく ……………………………………71

（1）一匹の虫との出会いから生まれた広がり　72

（2）身近な生き物の変態との出会い，気づきが，より生き物への思いを高める　73

（3）未知なる生き物との出会いが，より探究心に火をつける　75

（4）自分の「好き」を形として表現する　79

3．全体を振り返って ……………………………………………………………81

（1）学年全体への好きの広がりが，個人の好きをより高め，広げることにつながる　81

（2）自分の好きを周囲に伝えた喜びが，次の遊びの原動力となる　81

（3）「生き物との関わりに共感し，寄り添う」保育者の援助と環境構成　82

（4）個の好きの広がりは，家庭とのつながりも大事な要因の一つ　82

　　🖊 編者からのコメント　好きが他の子どもの好きと共鳴して知的把握へ　　83

第6章　探索を楽しむことから深まる「愛と知の循環」　　87

1．園の概要 ………………………………………………………………………87

2．園環境一つ一つの謎に魅了され展開する ………………………………………87

（1）じっくりと様々な園環境の中で探索を楽しむAくん　87

（2）自然の謎に魅了されながら活動を展開する　91

（3）絵本の物語を味わいつつ身近な自然物に興味をもつ　97

3．全体を振り返って ……………………………………………………………99

　　🖊 編者からのコメント　園環境に潜むいくつもの謎から探究の楽しさへ　　100

第7章　ときめき・ひらめきから生まれる「愛と知の循環」　　105

1．園の概要 ………………………………………………………………………105

2．カブトムシへの愛にあふれる子どもたち ………………………………………105

（1）カブトムシとの関わりの深まり　105

（2）カブトムシが増えてきて……　108

（3）カブトムシの命に触れる　111

3．全体を振り返って ……………………………………………………………115

　　🖊 編者からのコメント　命への愛をやりきる　　117

第 8 章　創造力を育む「愛と知の循環」　123

1．園の概要 ………………………………………………………………………123

2．「ハーモニーピザパーティーへようこそ！」…………………………………124

（1）相手意識をもち，友達や保育者と一緒に遊びや生活を創り出すことを楽しむ　124

（2）相手意識をもち，共通の経験から自分たちでめあてをもって遊びや生活を創り出す達成感をもつ　126

（3）友達と思いを出し合いながら，一緒に思いを実現して遊びを創り出すことを楽しむ　129

3．全体を振り返って ……………………………………………………………134

✐ 編者からのコメント　相手への思いがあふれ関わり合う日常の循環　135

第 9 章　おしゃべり（対話）が紡ぐ「愛と知の循環」　141

1．園の概要 ………………………………………………………………………141

2．「給食」と「こども給食研究会」……………………………………………141

（1）給食は楽しみ，そして感じ考える　142

（2）子どもたちと保育者が紡ぐ物語　145

（3）保護者と　150

（4）伝えたい・つながりたい　151

3．全体を振り返って ……………………………………………………………153

✐ 編者からのコメント　子どもの生きる意味世界の中で問うことを楽しむ　155

第10章　一人一人の思いが広がり，みんなで世界を味わう「愛と知の循環」　161

1．園の概要 ………………………………………………………………………161

2．年賀状を出そう ………………………………………………………………162
──郵便の世界を様々に楽しみ，「面白い」が響き合う

（1）本物の経験をする　162

（2）友達と協力してイメージを形にしていく　164

（3）意味を考えながら文字や絵をかく　166

（4）本物に触れ，考える中で遊びが広がっていく　167

（5）園外にも関心を向け，社会とのつながりを自分なりに感じる　169

（6）経験することでものの価値や意味がわかる　170

３．全体を振り返って ……………………………………………………………………172

　　✎編者からのコメント　社会生活におけるもの，人，ことを巡る愛と知の循環　173

第11章　命との出会いを重ね生まれる「愛と知の循環」　177

１．園の概要 ……………………………………………………………………177

２．生き物と関わる経験を重ねて命に気づく ……………………………………177
　　（1）カエルとの出会い　178
　　（2）トンボとの出会い　182

３．全体を振り返って ……………………………………………………………184

　　✎編者からのコメント　生き物への愛と知の循環を支える協同的な探究の多層性　185

第12章　夢中になって遊ぶことから生まれる「愛と知の循環」　189

１．園の概要 ……………………………………………………………………189

２．存分に自然と触れ合い，親しみと気づきを深める ……………………………190
　　（1）ソラマメの収穫を通して　190
　　（2）友達と一緒に砂場遊びをしよう‼　195

３．全体を振り返って ……………………………………………………………199

　　✎編者からのコメント　自然と関わる中での心の動きが学びの芽生えへつながっていく過程　200

あとがきにかえて　205

第 I 部

「愛と知の循環」の
理論を考える

第 1 章

「愛と知の循環」を実現する
幼児教育・保育とは

無藤 隆

1. 幼児教育・保育を捉え直す枠組みを作り出す

まず「愛と知の循環」としての幼児教育・保育の全容を要約して示します。

・身近な環境への関わりが基本の教育である。その園の環境には多くのもの，人，ことがあり，そこにある一つ一つに関わることは体を使った動きとして起こり，接続していく。また環境にあるその一つ一つが子どもに呼びかけ，子どもからの関わりを可能にしていく。

・子どもの環境への関わりはさらに次の関わりへとつながる。過程がやむことなく続き，次へと展開する。それが「プロセス性の原則」である。

・一連の関わりの連続の先に，いずれさらに見えない抽象的あるいは遠い世界へと展開する未来が見えてきて，その見えてきたところから世界の多様な在り方への参加につながる。そこへの誘いが幼児期の教育である。これを「世界性の原則」と呼ぶ。

・環境に関わり，その展開していくプロセスにおいて，関わることの繰り返しの中で様々にあれこれ試し，いろいろに動いていたのが安定したものとなる。それが経験の変容であり学びの始まりである。そうなのかと捉え返すときに気づきとなり，それが「学びの芽生え」と呼ばれる。

・環境への関わりは集中と同時に思いつきで動く。それが子どもの楽しみを可能とする。それを「遊び」と呼ぶ。

・遊びの楽しさはその活動と対象を肯定し，繰り返しの中で好きになり，言い換えると愛することとなる。それは対象を詳しく知ることと相まって，続いていく過程となる。それを「愛と知の循環過程」と呼ぶ。

・活動と対象への愛は身近なところから世界性の成立を介して，子どもが生きるであろう諸々の世界への愛を育むのであり，それは（家庭での養育に基づいて，でもさらに世界へと拓かれて）「世界への愛」を学ぶことに至るのである。いくつもの世界を生きるこ

第Ⅰ部　「愛と知の循環」の理論を考える

との楽しみと面白さと知的喜びを得ていく。それは社会・文化さらに自然へと開かれていく在り方の学びである。

・このように遊びは楽しみであり，また繰り返しにおいては期待と予想を作り出し，目標を仮に立てての追究も始まり，その追究での工夫も思いつきと経験から生まれていく。その過程に現れるものを個人に即して述べるとき「資質・能力」と呼ぶ。その個人への投影を個人の「能力」として取り出すのである。

・対象との関わりにおいて，ものを対象として身体的に関わり繰り返される過程での安定的手立を「スキル（技能）」と呼ぶ。つまり，スキルとは身体的な対象への関わりの安定性を指す。

・関わりは園の環境において起こるので，その境界内の関わりの安定性と多様性をその範囲において可能にしていく。それが園環境の「空間性」である。

・空間はどのような小さな場所でも独自の関わりを許す可能性をもっている。それが子どもの側からの網羅的な「アクセス可能性」である。

・園の空間はそのどこにでも子どもが遊びとして関わっていくことを通して，子どもの関わりの「こうやるものだ」という発見に基づく慣性とその都度の思いつきからの，主には楽しいという感情的な広がりに染まっていく。感情の広がりを空間のもつ「感情性」と呼ぼう。その感情性が園に属する人たちの共有される主感情となることを「感情共同体」としたい。

・楽しさがその園の空間に行き渡るとき，つまりどの場でも楽しい活動をした記憶が積み重なると，そこは子どもにとっての「幸せ空間」と変貌する。その中で子どもが面白いことをできる活動が頻繁に生じることを通して，園の空間はさらに「面白空間」となるだろう。

・園の関わりを大幅に許容される空間において子どもの思いつきを実現しようとする自由の在り方を「主体的」と呼ぶ。

・思いつきから関わり，その関わりから対象への関与が相手からの働きかけを受け取り，返す関係へと展開していく。それは相手側のそれがものであろうと人であろうとその主体的な在り方を認めることである。それを「相互的な主体的関係」と呼ぶ。そしてこれらの発展の中に子どもの権利としての自律性（自分は自分）と共感性（相手も含めた私たち）のジレンマを抱えた実現を通して，その2つの権利の広がりを子ども側の主体的な在り方に組み込む働きかけを「幼児教育・保育」と呼ぶ。

　次に，なぜこういう枠組みを作り出したのか，その際にどういう考えをどういうやり方を通して進めたかを論じたいと思います。多少回り道になりますが，保育の在り方を保育者が実現していき，そこに研究者も共になって，研究者（筆者）と実践者（本書で実践を発表する各園・各保育者の方々）とが園でその保育を巡って対話を重ねてきて，枠組みを発想

し作り出してきたのです。いやむしろ，議論する場に枠組みが生まれてきたのだということを示します。確かに理論的な概念はかなり私（研究者としてのムトウ）があれこれの文献に学び，導入した面もありますが，決して，その理論があるからこう考えるべきだとか，こういう用語を使うべきだとしたのではなく，研究者・実践者が保育活動を巡って共になって考え，話し合い，そこでまさにその場に生まれてきたのです。それを時に実践としてさらに使ってみて，あるいは文献に戻って検討し直してみる。そこで実践者と研究者が保育現場と書斎とに分かれ分担されるのですが，しばらくしてまた顔を合わせて共になって考えてきたのです。共に，保育実践を目の前にして紡ぎ，また生成してきた思考なのです。

2. 幼児教育・保育を実践し研究する姿勢とは

（1）幼児教育・保育という万華鏡

　幼児教育・保育というのは万華鏡のように多面的で多様な経験の総体に思えます。キラキラと輝き，それがいろいろなところに起きて，そして素敵ですが，捉えようがないような，その原理に戻れば，いくつかのことの組み合わせで成り立っていることはわかります。でも，その原理がわかれば，万華鏡の華やかで不思議な経験が解明できるということではありません。それはそれとしての記述が必要ですし，その回転に応じて現れる多様な姿にこそ大事な意味があります。

　しかし多様な姿は実に広がりがあり，多岐にわたり，捉えられたと思うと，そこから抜け出す。とうてい一つのアプローチでは収まりません。時には遊撃戦のようにあちらへと出向き，こちらへと潜る。道具も種々多様なものを駆使しなければなりません。ここで論じ，あそこで分析し，そこでは考え込み，そこらで立ち止まり，迷いに入り込み，また見通しができた気がする。それを繰り返しながら，少しずつ旋回して，見定め，考える。そしてまた次の入り口を見つける。

　私自身そんなことを何年も何年もやってきたような気がしています。その成果をようやくここでまとめることができました。とはいえ，よくよく注意していることがあります。こうすればいいんだよ，ここをやれば解決，このやり方を守り詰めていくんだ，といったことにしたくありません。実践者は断言するのかもしれません。時に無理矢理にでも確信をもたないと実践を先に進める勇気がもてないということもあるでしょう。研究者はとりあえず一つのことを考えていればそう思えるかもしれませんが，この複雑な現実を見て，その解明をしようと思ってしまうと（思わなくてもいいのですが），そのややこしさに付き合い続けるしかないわけです。とはいえ，どこかでその考えをまとめることにせざるを得な

第Ⅰ部　「愛と知の循環」の理論を考える

いのです。

（2）その先のその先へ

　実証研究をしている人には，その先というのは比較的見えているのかもしれません。私などはこの10年（実はその前から），現場の実践に接して考えるということを自覚的にやってきており，そこでは実践的思考を鮮明にすることを考えてきました。暗黙のうちに実践の中に流れている考えをつかみ出すということです。

　ですが，それは保育者が口に出す言葉そのままではありません。しばしばその時々の流行りの言い方に乗せて，その真意を表そうとします。そしてかなり多くは実はそのニュアンスや所作や環境の作り方に発想が現れてきます。そこに接しつつ，共感的に感じ取り，それをこちらで（種々の研究などに照らしながら）言葉にする。それが私のする作業です。

　そこでは掘り出すことが課題です。その際，いかにその先に行くかをイメージします。通常論じられているその言説の先という意味です。それが私の思う先端的な実践へと届いていくかを検討します。そして幼稚園教育要領等（以下，要領・指針）の改訂により，今，この数年，その先というのがある程度できた以上は，さらにその先へと行きたい。その先のその先です。

　そこで頼りになるのは，2つです。私が信頼する長年の付き合いのある園の実践。そこで繰り返し我が身を置きつつ考えます。もう一つはむしろ思想史であり，いく人かの哲学者です。そしてそれを補強する意味で，発達科学や神経科学や保育のデータや認知科学などの知見を参照します。

　ここまでは言えた。そして言われ始めたとします。ではその先はどうなるのでしょうか。それはもはや，要領・指針に反映できるとか（以前はそういう視点を意識して考えていました），そういう制約は外します。その立場にももういないからですが，誰かが広げてくれるかとも考えません。そうなったら嬉しいですが，そうでなくてもよいです。ともかく私は考えられる限り考えます。いつも，もう一歩先の在り方を思考することによってです。その思索の現在段階のまとめがここにあります。

（3）研究や実践の知見を受けて実践を改善していくための姿勢とは

　肝心なのは，研究知見でも実践知見でも，そしてそこに関わる人間が研究者であろうと実践者であろうと，それらの知見を消化していく中で発言することではないでしょうか。その消化と発言の過程には少なくとも3つの姿勢が必要だと思います。

　第一は多様な視点を見渡し，配慮し，その背景のもとで語ることです。常に他の見方があることを組み込むということ。第二は文脈化することです。特定の園の特定の保育者の特定の環境の特定の場面の特定の子どもたちとして語るということ。第三は身体化することです。実践は，また子どもの活動・遊びは，常に環境にあるものとの自分たちの身体を

用いた関わりです。保育者は，時に子ども自体というより子どもの身体的な活動へと関わり，また，その周りのものへと関わるでしょう。さらにそこではしばしば道具を使い，技能が発揮され，要するに身体を巧みに使って身体的に関わる活動として展開します。それは，より正確には，身体と共にそこに現れる表情の動きとなります。保育者として手本を示す人もいるでしょうし，そうはせず（またはできず）とも，その動きを示し，語ることはするという人もいるでしょう。実践行為と各種の知見の接点の核はそこに生じ，そこで活動を展開するであろう人間が担うより他にありません。

（4）ありふれたエピソードの集積とそこへの言及としての保育研究

　幼児教育・保育の施設（園）での在り方の検討はその質的エピソードを参照しつつ行うことがいわば常套手段となっています。その使い方として大きく2種類があるのではないでしょうか。

　一つはエピソードを（その保育の実践者であれ，観察する研究者であれ）記録し，丁寧に叙述し，その深い意味を分析することです。そのエピソードの独自の文脈また子どもの個性などを分析者の視点に応じて繰り込みつつ，何よりそのエピソードで起きていることを細部にわたり検討することから，そこでの子どもの活動の詳細と子どもの経験を取り出そうとします。

　もう一つはそういう詳細な分析を背景にもちつつも，あるいは時に言及もしつつも，こういうエピソードがあるという程度の簡単な言及で，いわばいろいろな園でよくあるものとして論じることです。そこでは，園の独自の理念や子どもたちの関係の経過，子どもごとの個性，保育者の独自の考え，などは捨象されやすいです。その代わり，どこの（たいがいの）園でも起こるであろうこととしてエピソードが取り出されます。そこでは，エピソードを取り出すこと自体は時に観察で，時に（実践者なら）自分の保育で，またいずれにせよどこかで見たものとして示されます。

　この2つ目のやり方では，それ自体が独自の研究を構成するわけではありません。たかだか何かの議論をよくある保育の活動例により例証するということになります。ですが，それをもっと積極的に位置づけ直すことができます。何らかの視点（例えば，「幼児期の終わりまでに育ってほしい姿（10の姿）」[*1]でも何でも）で見方を変えていくとか，理論としての理屈のもとで見直していくという営みです。そうすると，一つのエピソードというより，あ

---

*1　10の姿　2017年の要領・指針の改訂において，新しく示された「幼児期の終わりまでに育ってほしい姿」の通称で，「健康な心と体」「自立心」「協同性」「道徳性・規範意識の芽生え」「社会生活との関わり」「思考力の芽生え」「自然との関わり・生命尊重」「数量や図形，標識や文字などへの関心・感覚」「言葉による伝え合い」「豊かな感性と表現」のこと。詳しくは，QRコードを参照のこと。

る特定の理屈立ての中でいくつものエピソードが関連づけて簡単に触れられ，その何かしらの保育の活動がその都度に例示されて挙げられるのですが，それがどういう保育の事例なのかということがおおむね想定されやすくなり，それが論じる側にも，聞く・読む側にもある程度，どんな保育の例を指しているかが了解されやすいです。そういうありふれた保育実践事例を思い浮かべ，またそれが思い浮かべられることを当てにして議論されることになります。

　そうすると，そのやり方においては，明示的に例を挙げることもあるし，時には，例えば，「遊び」として典型的なものを思い浮かべればよいというように，暗黙的な言及を使うこともあり得るでしょう。実際，多くの保育論また保育の理論はそのようにして展開されていることが多いはずです。

　それが可能になるのは，ありふれた，よくある，典型的な保育の事例が，かなり多くの読み手に「あのようなエピソード」として了解されるからです。そこに，保育を巡る実践者・研究者の共同体的な関係が成り立ちます。それが保育を巡る学界のある種の一面をなすことになります。少なくとも園での保育活動を問題にする研究者・実践者にとって大体の了解が成り立つような典型的あるいはよくあるような保育実践の集積が一定程度の共通知識となるのです。そのような「実践的共有知識」があることが実践志向の議論を支えることになります。自分の見ている園ではそれはやっていないとしても，でも，そういうことをする園はあるだろうとは理解できるし，それをもとにした議論をどう変えていけば，自分の園の実践に適用可能かも見えてくるかもしれません。

　こう見ていくと，よくあるエピソードを頼りに展開する理論的な議論とは，その背景に実践を詳細に紹介しあるいは分析し，特にエピソード単位での精緻な検討があり，その検討を受けていることがわかります。そこに，保育実践を中心に置く，実践志向の保育学の議論の一つの特質があるはずなのです。

（5）未知への手触り

　研究は既知をもとに未知を同定し，その仕組みを見出す作業だともいえます。同様に，実践は既知をもとにして計画し実行するのですが，そこに予定外のことが起こると，それが未知だったとわかります。時にはどうなるか未知ですが，やってみることもあります。でも，それらはいずれも既知の世界があり，そこで生きることを想定して，そうなるように仕向けていることになるのではないでしょうか。ほとんどが既知であるところにわずかな未知を見出して，そこを攻めるようなことです。

　でも，保育とはそうなっているのでしょうか。保育実践を進めるにあたり，ほとんどが既知でつまりは私（実践者・研究者）にはどうなるか見えるし，どういう意義があるかも知っていると考えていて，それ以外のわずかな未知への可能性に心構えを作る，つまりは新たな出来事も起こるでしょうし，時に解釈に困ることも起こるだろうと気構えを作って

おく。子どもが砂場遊びを始めれば，山を作り水を流し，海に見立て，遊ぶでしょう。今日は予想外に山作りが盛り上がり，ホースを引いて噴火している火山にしたことは予想外だった。しかし，そのような既知から未知へという単純な発展として保育実践やその研究を捉えると，大きく見逃していることがあるのではないでしょうか。私はそういう事態を「集合性」と呼びたい。そもそも砂場の魅力って何でしょう。どうして水を入れるのを許容するのでしょうか。毎日のようにする遊びとしてどこがよいのでしょうか。本当にこの時期の成長として必要でしょうか。そこを見つけるために，何か砂場遊びで見逃していることはないでしょうか。固定化した遊びとして見てしまっていないでしょうか。保育そしてそこでの子どもの遊びの活動にあっては，必ずしも個々の保育者には見えないことがあります。しかし，日頃を知らない研究者にはもっと見えないことがあるはずです。その見えないことというのは単に専門家が扱う範囲は狭いから，知らないことがあるという意味ではありません。逆に絶対的他者としての未知があって，その未知には近寄りがたいということでもありません。

　確かにそこにものがあり，人がいて，活動的に動いています。だから，そのような活動は経験のある保育者なら散々見てきました。そのようなことは既知です。しかし，流動する活動の中で何がどう動くかは予想できないことがあります。いや，予想できる・予想できないことを超えて，未知が感じられることがあるのです。そこに一つの独特な感触があります。そこに触れたと感じる。それを丁寧に見直すと，少し見えてくるのかもしれません。未知の何かに広がる手がかりに子どもが触れ，保育者が感じる。そこにその遊びの深さがありそうです。

　一人の個人でもそうです。いや，自分自身がそうです。園に置かれたいかなるものもそうです。そしてそれらが関係を結び，織りなす活動の展開において，その未知のあるところが光を浴びて，それが見えてきて，未知の新鮮さを輝かせ，そしていずれ既知へと変わります。それを学びと呼んでもよいでしょう。だが，実はその学びはそこに未知のよくわからなさを招き寄せ，見えさせます。光が照射され，かえってその先の闇が深くなるように。それは一方で希望であり，可能性です。これから入っていく森の奥へと続く道なき道が見えるからです。一方で，おそらく畏怖が起こるでしょう。私たちの感じる学びはこの世界の広大な未知のわずかなところに食い込んだだけだと感じるからです。

　今，意図的に，子どもがすることか大人（保育者）がすることかを分けずに論じていますが，それらはおそらく重なります。子どもがわからない，子どもに未知がいくらでもあることは大人側からは見えやすい。しかし同時に大人も未知に気づき，それが何かもよくわからずにその感触だけが手に残る。目に感じられる。その未知への手触りがあり，それを認め，感じることが保育の大事な面となるのではないでしょうか。少なくとも保育の質が高いというより，保育の可能性を広げるような在り方においてです。

第Ⅰ部　「愛と知の循環」の理論を考える

*　　　　*　　　　*

　さてここまで，いわば幼児教育・保育の枠組みを考えるための前提となることの議論を
してきましたが，その前提を踏まえたうえで，2017年の要領・指針の改訂において示さ
れた最も中心となるロジックを説明したいと思います。それは私なりに懸命に考えて，提
案してきたことでもあるからです。

3. 要領・指針の考え方を深める

（1）要領・指針の構造的な理解へ

　要領・指針の解説をする際に（そこは幼稚園教育要領のほうがより明示的なので，そちらによ
ると），改訂時あたりに使っていた説明では，「1」と「3」と「5」と「10」として解説
していました。「1」というのは，要領の「第1章　総則　第1　幼稚園教育の基本」で
示されている幼児教育の「見方・考え方」を指して「1」。「3」は「資質・能力」の三つ
の柱を指して「3」。「5」は保育内容5領域の「5」。「10」は「幼児期の終わりまでに
育ってほしい姿（10の姿）」の「10」です。要領・指針はその流れで作られています。
　まず，「見方・考え方」について，要領に示されている部分は以下のとおりです。

　第1　幼稚園教育の基本
　　幼児期の教育は，生涯にわたる人格形成の基礎を培う重要なものであり，幼稚園教
　育は，学校教育法に規定する目的及び目標を達成するため，幼児期の特性を踏まえ，
　環境を通して行うものであることを基本とする。
　　このため教師は，幼児との信頼関係を十分に築き，幼児が身近な環境に主体的に関
　わり，環境との関わり方や意味に気付き，これらを取り込もうとして，試行錯誤した
　り，考えたりするようになる幼児期の教育における見方・考え方を生かし，幼児と共
　によりよい教育環境を創造するように努めるものとする。　　　　（下線は筆者による）

　このように，幼児教育・保育の根本としての在り方を「身近な環境への関わり」とそこ
からの「学び」として示しました。
　また，「資質・能力」で，のプロセスでの育ちの在り方を次の3つの面として表してい
ます。

　　（1）豊かな体験を通じて，感じたり，気付いたり，分かったり，できるようになっ

たりする「知識及び技能の基礎」

（２）気付いたことや，できるようになったことなどを使い，考えたり，試したり，工夫したり，表現したりする「思考力，判断力，表現力等の基礎」

（３）心情，意欲，態度が育つ中で，よりよい生活を営もうとする「学びに向かう力，人間性等」

　このように，具体的な関わりの中でその対象となることへの特徴的な関わり（知識及び技能の基礎）と，そこでの主体が関わりを革新していく過程（思考力，判断力，表現力等の基礎），そしてその関わりの総体として成り立たせる心情・意欲・態度（学びに向かう力，人間性等）として示しました。それらの資質・能力はこの身の回りの世界の在り方の種別としての保育内容のバリエーションに応じて具体化され（保育内容５領域），それが幼児期の終わりには明確に，幼児期の終わりまでに育ってほしい姿（10の姿）としてそれぞれに現れていくでしょう。

　そうすると，資質・能力の三つの柱はどれが最初とか優先というわけではありません。３つの面に分けられますが（おそらく脳神経系の基盤が異なります），それらが相互に密接につながりながら，成長していきます。そして，「学びに向かう力，人間性等」では，心情・意欲・態度がその力を形容しているのではなく，心情・意欲・態度そのものが育つことが中核だという意味です。さらに，三つの柱を分ければ，心情・意欲・態度が「育つ」，知識・技能は「なったりする」し，思考力等は「したりする」ので，心情・意欲・態度（「学びに向かう力，人間性等」）の育ちが長期的に進む中で（豊かな体験をしつつ）「知識・技能」が育っていき，そして活動の中で「思考・判断・表現」することが展開される，というように表すことができます。

　それは循環的です。そこのプロセスが見えるように，私は最近，「愛と知の循環」として考えて言い表しています。それは「見方・考え方」から「資質・能力」を相互連関的に位置づけています。心情・意欲・態度と知的な発達がつながり合って循環的であるからです。それが保育内容によって関わりが変化していくのが「世界性」と私が呼ぶものです。その世界への展開を姿として見て取ることができるのです。

（２）関わりはそこに価値と意味を見出すことである

　どういう価値を抱くかは，それはつまり，歴史的・文化的に形成された諸価値に対して，コミットし，それを行動・思考へと取り入れることにあります。その価値を作り出す行為としての在り方は，価値づけるものへの関わりと振る舞いを規定していきます。価値あるものへと関わり，その関わりを価値という面からさらに洗練させていきます。それは価値づけられたことを中心とした世界を立ち上げ，広げる営みです。主体が世界へと関わる在り方の独自性とその洗練が価値として表れるのです。

第Ⅰ部 「愛と知の循環」の理論を考える

　価値は個人の内面の考えであり，価値観と呼ばれたりもしますが，それは個人の内面の問題ではありません。個人が世界へと関わり，文化の中で形成されていく世界へとアクセスし，そしてその世界に個人として関わる在り方の問題だからです。そこでは個人は個人としてのそのままではなく，その価値に規定された関わり方をする人としてその世界へと参入します。

　例えば，学校はある種の学ぶことを価値として，学ぶという関わり方を奨励し，確実な解答を得ようとする姿勢を奨励し，具体的な関わりの仕方を示す場です。他の世界にはまた他の世界なりのマナーがあり，振る舞い方があり，関わる行為の系列がそれにより規定されます。

　だから，価値観とはあらゆるところに浸透しているというのか，関わりを可能にするある種のものの集合的な抽出です。価値観が個人の内面にあって，それが表出され，外界の行動や相互作用を規定しているのではありません。価値とはその関わり自体なのであり，その関わりが可能なある種の世界に仮想的に棲まうことなのです。その世界はある種の他者には隠されるでしょうが，多くの他者には開かれ，見せられもします。

　では，個人の内面はどうなのでしょうか。そこに価値は働くのでしょうか。もちろんそうです。個人は記憶をよみがえらせ，そこに記憶的事情への現在としての関わりをします。その関わりは外への行動として出てくるものと地続きで，しばしば混在します。いずれも関わりなのです。

（3）根本には子どものもつ好奇心としての関わりがある

　好奇心とは，人類の進化の動因となり，また個人の発達を支え促すものであり，保育はそれを核とした教育です。それは，外界の変化への敏感さであり，変わったことを試したいという遊びの楽しさであり，外界にない新たなものを作り出す動きです。

　人の現在を生きるというアクティブな在り方であり，そこから先が生まれ，期待と希望を作り出すのです。不安は好奇心を眠らせます。緊急の存亡が起こると，その対処が優先され，余分なことをすることは抑制されます。それも無理なら，ともかくじっと潜む。待つ。それが過ぎれば，周りを見回し，変化や変わったものに気づき，探索が始まり，好奇心のプロセスが動き出すのです。この好奇心が動き，活動を支え，先へと進める在り方は，乳児から始まり，一生涯を支え続ける働きです。だからこそ，その好奇心の発揮をいかにして乳幼児期に可能にするか。遊びという思いつきを環境との関わりの中でいくつも実施し，そこから追究し，実現したいことを可能にしていく働きが保育として大事になるのです。好奇心を発揮し追究するに値するものが子どもの環境にあり，また作り出していけるようにしていくのが幼児教育・保育なのです。環境への関わりということを子ども側からの感情的関わりとして捉えてみれば，それはまさに好奇心という在り方になるのであり，逆に好奇心の具体的な動きとしての発露が環境への関わりなのです。

第1章 「愛と知の循環」を実現する幼児教育・保育とは

（4）知識・技能と思考

　「資質・能力」のうち，「知識・技能」と「思考」（思考力・判断力・表現力を総合して端的に「思考」としておきます）は共に広く，知的な力に関わるのですが，それぞれの理解と関連づけが，論者により，だいぶ以前の理論のままこの30年ほどの研究の進展に追いついていないように思われることがあります。幼児教育・保育での定義とは，その原型的な捉え方を表しているはずです。

　それはこうです。知識も技能も対象の特定的在り方に関わる，その独自の特徴を取り出すことです。「知識」とは，その取り出したことを他のものの特徴へとつなぎ，その関連の中でその独自さが鮮明になります。だから，知識は常にネットワークをなしています。そのネットワークは新たな情報の取り込みが絶えずなされ，更新され，その影響はネットワークに広がります。それは常に起こることなので，知識は安定しつつ，変容します。対象との交渉の中でダイナミックに変容し，それが対象との関わり方を変えていきます。「技能」がその過程を身体的かつ物質的に捉えたそれもまた過程です。だから，技能は知識を身体的で物質的で道具的な世界へと結びつけるものです。「知識・技能」とあわせた表記は，それが対象に関わる心身的過程の，統合的でダイナミックな在り方を指し示します。

　それらに対して，対象を遠くから広く，同時に特定のものとして捉えて眺め直すことから，それらが変容して見えてきて，そこでは特に他の対象とのつながりが見えたり，いくつもの新たな複数の対象を捉えたりする中で，その対象の位置づけを拡大していくことで，いわば想像として可能性を捉えようとする過程が生じます。その過程を「思考」と呼びます。だから，「思考」は「知識・技能」を用いて行うことであり，同時に「知識・技能」が進展し複雑になるよう積極的に，時に外部への関わりなしに進める内的過程となるのです。しかし，関わりの過程の一部である以上，すぐに対象の変容していく在り方への関わりを引き起こし，その特定の対象についての「知識・技能」の変容をもたらすでしょう。

　その「思考」の作用を拡大していく過程を通して，人間は思考過程を表現として外部に表す特殊な活動を生み出しました。それは言葉の発生により顕著になり，多くの映像的・音声的な動きやものを伴い，新たな「表現」による思考過程を生み出しました。そこにメディアの働きが起こり，人間の「思考」は飛躍したのです。「表現」はそれとして自律し始め，いわば表現が表現を生むような新たな表現世界という対象の在り方を作り出し，文化として共同体を形成したのです。そこに至り，「知識・技能」は文化の巨大なデータベースを参照し，取り入れ，用い，改変することとなり，その過程を支え，促進する「思考」の働きが重大な働きを担うようになったのです。

（5）要領・指針における「遊び」とはどういう意味で使われているのか

　例えば幼稚園教育要領の「第1章　総則」の「第1　幼稚園教育の基本」において，

第Ⅰ部 「愛と知の循環」の理論を考える

「幼児の自発的な活動としての遊びは，心身の調和のとれた発達の基礎を培う重要な学習であることを考慮して，遊びを通しての指導を中心として第2章に示すねらいが総合的に達成されるようにすること。」とあります。ここに遊びの重要性と中核性が示され，さらにそれが学びへとつながることが明記されます。なお，「学習」とは学校教育法で使う用語として幼児期の学びを総体として示すときの用語で，保育者（教師）の「指導」と対応しています。その子どもの経験に即したものとしては「学び」を使うということになります。保育内容において，「遊び」は各領域に出てきますが，それらはその活動の楽しさ，自発性，自由さ（制約が少ないこと）とのつながりで使われていると理解できます。

幼稚園教育要領の第1章の基本は幼児教育の「見方・考え方」であり，それは身近な環境への関わりとそこからの学びとしてまとめてよいものです。すると，遊びはそこでの関わりを豊かにする在り方としてのその場からいわば創発される自発性を強調するものとして捉えられ，さらにそれは楽しさを伴うのです。楽しさが伴い，そして結果として学びにつながるために，その活動は自発的で制約が少ないことが条件となります。自発性が100％として捉えるべきかという点が微妙ですが，「自発的な活動」としての「自発的」という言い方は，それがすべて完璧に自発となるということではないはずです。それは環境により誘発され，その環境には保育者の誘導が含まれるからです。それは「自発」性を核としたということを意味すると解すべきでしょう。程度というより，自発的なことがその活動に浸透しているという意味合いです。

さらに，「遊びを通しての指導」とは，遊びを通してその活動へと広い意味での指導が向かい，そこにおいて，自発性を保持しつつ，楽しさが湧き立つようにして，結果としての学びへと導くという意味です。そしてその活動は，身近な環境の中で生活していて，その中で活動が常にあれこれと起きているので，その活動の意味は生活の連続的な在り方に区切りを適宜入れて，それに応じて特徴づけることです。活動が断続して起きていく。その活動には常に多少とも自発性が関与しているからこそ子どもはその活動を行い，そこに意味が捉えられます。

だとすると，生活またはそこでの諸活動を遊びと遊びでないものに分けるのではなく，いかなる活動であれ多少とも自発性を認めることで，それは楽しさをもたらし，自由度のある中で模索と工夫と方向づけが生じ，その関わりが広がり，学びが起きていくと捉えることができます。すなわち，遊びとはいかなる生活の活動にも起こる過程であり，そこでの自発的関わりを通して楽しさが湧き立ち，時に意味づけが起きるのです。それ故に遊びを遊びでないものと分けることではなく，どんな活動においても生じる「遊び性」と見るべきです。それが子どもに接して実践的に見えてくるその実態的姿なのです。

要するに，要領・指針における，つまりは幼児教育・保育における「遊び」とは，生活のすべての活動に浸透しているところの，子どもの自ずと生じることとしての自発的な在り方をいいます。そこに，楽しさが伴い，制約の少ないところでの思いつきや偶発が起こ

り，そこから身近な環境への関わりが広がります。その関わりはさらにやってみたいことを誘い出し，新たな活動へと展開し，目標の追求も生むでしょう。その至る所に関わりが生じて，学びが成り立つのです。

こう見ていくと，既成の遊び論のほとんどが，遊び対仕事，あるいは遊び対学習，あるいは遊び対探索，楽しさ対真剣，くつろぎ対頑張り，無意味対有意味，無目的対目標志向，といった対比の中で前者を遊びとして定義しようとするのであり，それが幼児教育・保育で言おうとしている「遊び」の捉え方とつながりつつも，直接にその在り方を記述していないことがわかります。

子どもにとって，そして保育場面にあって，遊びとは何より状況の中で自ずと生まれるという意味の自発性であり自由感なのです。だから，特定の活動を遊びと呼ぶような大人のやり方をもち込むことに意味はありません。そうではなく，その活動のルールを守り，役立つとは限らない様々な試しが許され，余計なことをし，はみ出すことが可能なときに，そこに遊び感が生まれます。そういう「遊び性」こそ，子どもの感性を外へと開放し，同時にその思いつきを多様に広げ，感情が思考と相伴って，その活動と周りの在り方，さらに自分の肯定的な在り方を作り出します。環境の細部からの刺激や連想を生かすが故にそれは環境へと向かう好奇心ともなり，結果的に環境からその関わり方や意味を見出すことにもつながる可能性を作り出します。そこから進んで，こういうことをやろう，作り出そうという願いをもつこともあり，それが一時的な目標にもなり，活動をそこに向けていくような真剣なものへと転じさせることもあるでしょう。このようにして遊び性が成り立つことは，一方で逸脱を作り出し，その一方で逸脱がいくつも起こる中で，目標をもってそこに向けて思考する在り方をもたらすという二面を可能にすることなのです。

（6）子どもの権利，主体的在り方，資質・能力のつながり

子どもが主体的な活動をすることを幼児教育・保育の基本原理とします。[*2]それは要領・指針の記述に限らず，いわば世界的な幼児教育・保育の考え方になったものです。エージェンシー（agency）[*3]という用語を使うのも，その点を強調し，幼児教育・保育に限らず，

＊2　正確には，幼稚園教育要領「第1章　総則」の「第1　幼稚園教育の基本」では「教師は，幼児の主体的な活動が確保されるよう……計画的に環境を構成しなければならない」とあり，肝心なところは，子どもが主体的な活動を実施できることである。

＊3　エージェンシー（agency）　近年，主体性に関わる重要な概念とされているもので，2019年に OECD（経済協力開発機構）が，次代に向けてコンピテンシー（資質・能力）を再定義する「Education2030 プロジェクト」で示された新たな学習枠組みである「OECD ラーニング・コンパス（学びの羅針盤）2030」の中で，中心的な概念と位置づけた。「変化を起こすために，自分で目標を設定し，振り返り，責任をもって行動する力」と定義されている。詳しくは以下の文献を参照。
白井俊（2020）．OECD Education2030 プロジェクトが描く教育の未来——エージェンシー，資質・能力とカリキュラム．ミネルヴァ書房．

第Ⅰ部 「愛と知の循環」の理論を考える

学校教育全体に広げようとしているのです。なぜそうなったのでしょうか。

それはそもそもが，子どもの権利に対する考え方が進展し，その権利の実質化を目指すように人と社会の考え方が進んだからです。子どもの権利の実質化とは子どもの主体的な在り方を尊重し，それをいかに実効あるものとするかの工夫を原則化することです。それは，他者，特に大人からの抑圧に対して，対抗する子ども自身の在り方を認めようという，すべての人が人種や文化・社会やジェンダーや職業や性的指向やその他による差別を受けずに自分を主張し，自分のやりたいことに向かい，それを可能にする中で，幸せになれるように社会的に条件を整えていこうという社会の在り方の変革の一環です。それは歴史的にいえば，18世紀の西欧の啓蒙思想から始まり，人の権利の普遍化と解放を250年かけて続けてきて，なお継続している社会的な価値の変革と運動の総体なのです。

その中で子どもの教育は子どもの権利の問題として成り立ちますが，それは教育を通してより十分な権利主体となってその主体的な在り方を発揮できるようになっていくからです。子どもが教育を通して自分自身がよりよいそして幸せな存在へと進んでいき，同時に他の人に対してもそうしていこうとする。そのことは，子どもがはじめからその力を発揮し，自分として「在り」，同時に他者とつながり，自他の幸せを実現する関係を作り出していくと見なされるからなのです。

それは自律性と共感性を中核とすることです。自分が自分として生きることは他者からの侵害を許さないこととして可能となります。同時に他者とつながり，他者の気持ちに共感することにより深い関係を作っていくことになります。それは対称的関係にあり，自分が大切であることが他者の自律性を尊重することであり，他者に共感することは他者が自分に共感することにつながります。その双方をどうやって現実社会の中で展開できるようなものとしていくか。これが子どもの権利の実質化を可能にする幼児教育・保育（そして学校教育）の基本となるべきことです。それは決して容易ではありません。自律性と共感性は時に衝突するからですが，そこの折り合いを適度に作っていくことが，人がこの世界に暮らすということであり，生活そのものなのです。

その子どもの権利の実質化を主体的な在り方の発揮と発展として捉え，それをさらに具体的な保育の場面へと落とし込んでいく。その枠組みが資質・能力なのです。その３つの柱は主体的在り方の具体的な発揮と育ちとしての筋道を示すものです。自分がやりたいことが生まれ，それに意欲をもって取り組み，何とか実現しようとする。その際に何とか考え工夫し試行を重ねる。その過程に起こる物事への関わりからその特徴を見出すことでしょう。そこには自分が自律的に行動していく術を学び，この世界に在る人たち・物事に共感し愛していく姿が実現していきます。子どもの権利とは保育場面において，このように実質的な在り方として具体化されるのです。

4. 愛と知の循環から世界を愛する学びの生じる場としての園へ

（1）愛と知とが知性と感性と情動性の交錯として世界への関わりとなっていく

　子どもはこの世界に生まれ，この世界にいわば最初から入り込んでいます。その世界とは身の回りの環境であり，いろいろな人がいて，様々なものが置いてあり，各種の出来事が起きていき，安定しつつ，変化もしていきます。そこに子どもは自分の身を置いて，その身体は世界の一部であり，絶えず環境と相互作用しています。その関わりとはその環境にあるものに対して見たり触ったり操作したり，また自分が見られたり触られたり操作されたりする，そのように双方向的なのですが，もちろん主体側は自分の身体とその動きを主に感じるが故に，自発性に身を委ねて動きつつ，対象となることの特質に応じた動きを同時に行います。

　その関わりとは対象が何かを捉えるという意味で知性的であり，それは乳児期からそういう関わりをしているのです。同時に，それは情動的であり，楽しさ，怖さ，不思議さ，意外さ，面白さ，などが絶えず生起して，自分の内側の感情にとどまらず，対象を彩り，特徴づけることになります。その関わりが繰り返される中で，既知感が生まれ，なじみのものの安心感と操作の仕方の習得が可能となり，さらにそこから様々な活動が新たに広がります。知的な認識の可能性が広がるとともに，楽しさや怖さはまた違う形で起きていき，常に活動に彩りをつけて，全体として時に嫌悪感を，時に肯定感を生み出すでしょう。

　年齢が上がるにつれて，その対象となるもの，人，ことが何であるかが認識され，それが好きだという感情が明白になり，それを追い求め，さらに面白くしようとし，もはや「愛」と呼んだほうがよいような深いものへとなっていくでしょう。愛するが故に知る，知るともっと愛したくなる，という関係が繰り返しの活動とその発展の中で循環して成り立つようになります。それを「愛と知の循環」と呼びたいのです。

　それは対象が絶えず広がり，さらにまだやっていないがいずれできそうなこと，また何ができるかはわからないがその未知の可能性に大きな展開を感じていくようになるところで，「世界」との出会いと呼ぶことができるものへと広がるでしょう。大きな人たちが住まう世界の中に，またある意味でもっと小さな生き物の住まう世界，積み木で組み立てる世界等々の可能性があることが感じられていく。それが諸々の「世界性」へと入り込むことなのです。幼児教育・保育は「愛と知の循環」を通して「世界性」を様々な事物の背景へと展望するようになるところに進む過程を捉えたものだといえるでしょう。そこでは，愛と知の循環は世界を愛し知ることへと発展していくのです。

第Ⅰ部　「愛と知の循環」の理論を考える

（2）主体的な在り方は園の時間・空間の中の活動として実現されていく

　子どもが自発的に何かをやろうとするときに，それが主体的な活動になるとして，それはより具体的には資質・能力のプロセスとして捉えるのだと論じました。それが実は園という具体的な時間と空間の場において生じます。しかもそこには大勢の子どもがいて，共に遊んでいます。保育とは実質的にはそういう大勢の子どもを同時に世話して，しかもその主体的な在り方の発揮を具体的に可能にしていくことです。それはどのようにして可能になるでしょうか。その方法とは，一対一で大人が世話をするというやり方は例外として，大勢（数名から二十数名とか）の子どもが共に活動すること，またその中で小グループがいくつも並行して活動し，時に一人で活動することを可能にすることによってです。

　そして園として，様々な体験をしてもらいたいという保育者の願いがあります。それは幼児期に諸々の世界に出会い，それらを多少とも知り，愛することが幼児教育・保育として肝心だと捉えるなら，いろいろな種類の活動ができることが必要になるからです。幸いにして，子どもの一つ一つの活動時間のスパンは通常そう長くありません。そのうえ，一つの活動の中にいくつものいわば世界への道筋が起こり得ます。つまり，保育内容のいくつもの領域とその項目が一つの活動に生じ得るのです。その活動は主には園に置かれたもの，またそこに持ち込まれるものを囲んで，幾人もの子どもがそれらのものに関わり，子ども同士のアイデアを生かし，展開していきます。そのような主立った活動の輪が園内の空間のいろいろな場所に生まれていきます。子どもが新たな輪を作り出し，それが一つの遊びの拠点になることも多いです。子どもの好奇心は園内の自由に移動が許されるすべての場に広がり，そこにあるものを活用して遊びを繰り返し行います。このようにして，子どもの主体的な在り方は園内の環境の事物を巡って具体化し細分化し，いくつもの輪が波紋を広げ，波が重なり合うように流動し，時に固定して深まり，また外へとあふれ出て……と展開するのです。つまり，子どもの主体的な在り方が空間として具現化されたのです。

　そこで子どもが楽しくて幸せに満ちた表情を示します。それが至るところで起こり，日々生じ，それは園の空間が「幸せ空間」になることです。そこで遊びだし，工夫し，いくつもの発見をし，やってみたいことを実現して自分の力のパワフルさを感じるようになると，その空間は「面白空間」と呼べるものとなります。子どもは園にワクワクして，その幸せを感じることに支えられ，面白さの可能性を求めて活動します。そういう場を幼児教育・保育の場の展開として多少なりとも実現していくのです。

（3）仮想的身体的活動の充満としての空間

　仮想的に身体像をそこに投射してその視点から理解するということは，佐伯による提唱[4]が早くからあり，近年は身体認知の領域で身体性の拡大としてその認知過程が多数研究されています。それを広げて，空間の全体の理解として捉えることはできないでしょうか。

このことについては私は以前にも論じたことがありますが[*5]、それを多少広げて考えてみたいと思います。

　自分がその空間（園空間としたい）の至る所に出向き、そこにあるものを使い、面白い活動をすれば、それは自分が活動できる空間として認知され、広い意味で自分あるいは自分たちの場所となるでしょう。そこは居心地の良さと安定感と共に面白さの発展可能性がある所となっていきます。

　自分がまだ活動していない所はたくさんあり、また使っていないものも多くある。しかし、その場合でも、特に他の子どもが使っているものやしていることは自分もいずれやれることだと予期させます。その予期は具体的な活動の細部に入っていくにつれ、おそらく仮想的な身体感覚が生まれます。他者が縄跳びをすれば、自分も飛び跳ねてやっている気になる。暑い日に砂場に水を入れて、そこに座り込み、手で泥遊びをしていたら、涼しくて気持ちよさそうと感じる。とりわけ、そういういくつかの感覚は体感的に感じ取りやすいのでしょう。それが共感の働きの始まりでもあるでしょう。まだ誰もしていないにしても、想像的にそこに身体活動を行うことを感じてもいけます。木の梢に登り、風を感じる気持ちよさを想像するというか、実感的に感じるのです。

　そのようにして、次第に園の空間のどの場所もどのものもどの道具も関わり使うことの経験が、実際に、また仮想的・想像的に積み重なります。さらにそれが何度もその都度少しずつ異なる角度から、また、たまたま何かがあって、多少とも違う使い方をして、それを通して関わり方の変化が生まれます。その都度に新鮮な驚きがあり、そこに知ることの広がりと細部への深さが生まれます。単に冷静な判断としてというより、活動の潜在可能性をもったものとして、またいくつものことがそこから発展し得る面白さを秘めていることを感じられるものとして、その空間のどの場所のどのものも変容していきます。

　園のどの場所にある「もの」もそこにあるだけでなく、そのものへの活動のいろいろな可能性をもち、その焦点となり得る。それが置かれる場は活動の展開が進む広がりを生み出すところとして、当初は小さいながら、想像的に大きなものへと発展していくと感じられていきます。子どもが小さな場所に潜むのはそこが小さいこと自体というより、その小ささが大きな想像的可能性をもったものとして変貌していく経験の面白さによるのでしょう。

　このようにして、園の空間はどういうものがあり、どういうことが可能かがわかり、そしてさらなる未知の可能性を秘めたものとして面白さを湧き出させる場所の集まりとなっ

[*4]　擬人的認識論（コビト論）　分身（コビト）を人、もの、ことへと派遣し、その分身に派遣先の世界の制約の中で様々な体験をさせ、そして彼らに体験報告をさせ、それを統合したときに理解が生まれるというもの。
　　　佐伯胖（1978）．イメージ化による知識と学習．東洋館出版社．
[*5]　例えば、無藤隆（2001）．知的好奇心を育てる保育──学びの三つのモード論．フレーベル館．

第Ⅰ部 「愛と知の循環」の理論を考える

ていきます。園という空間のそれぞれが好きになり，わかっていき，場所を縁として愛と知の循環が生まれ，その循環が空間的に広がり，その空間のどの細部も埋め尽くしていきます。なのに実際に始めると新たな思いつきが生まれて，次の可能性が広がるという限りない可能性が感じられてきて，それが面白さの満ちた空間となるのです。

　その空間にはいくつもの遊びが始まるような焦点となる場が生まれ，増えていくでしょう。その意味での場所に子どもが身を置くとは，遊びの展開の始まりとしての主体となることです。子どもは園にやってきて，園の空間に入っていけば，いくつもの遊びの焦点となるはずの場所が見えてくる。そこに行って遊びたいと願う。それは主体的な活動がそこから発する「湧出点」であり，そのほとんど無数に感じられる主体的な遊びが始まる点としての場所が形成され，感じられるようになり，園の空間が自分たちのものとなるのです。

（4）循環の在り方を2つの方向から考える──記録の詳細化とプロセス化

　保育の記録を詳細につけていき，子どもの活動・動き・表情，そしてそこでの保育者の思い・感じ方を含めて，微細に，そして丁寧に記述しようというやり方はかなり古くからあり，またいろいろな人が提案してきています。そこからわかることはかなり多いでしょう。深い省察に向いています。

　その一方で，それはよいにしても，普段の保育ではそういう時間が取れないという問題があります。そしてそれ以上に，記録は研究とか保育の根本的な見直しというより，日頃の保育のちょっとした点検とそこでの子どもの面白さや謎めいたところを取り出し，振り返りつつ，次の保育の展開に生かそうというアプローチも増えてきました。それはプロセスとしての一連の保育過程を主眼として，その中の一つの局面として記録を位置づける立場です。それがデジタルカメラの普及で促進されました。気楽に写真を撮り，数行添える方式が誰にも可能になったからです。

　この簡便なやり方は，そこでの子どもまたは保育の深い様相を捉え，例えば子どもの心の内に分け入ったり，あるいは保育者のそこでの心情を考察したりすることに対して，それよりも，次々に生じる子どもの動きや保育実践の流動性に対応していくことであるともいえます。それは安易な保育者の固定概念を強化して反復させるだけだと批判もできるでしょう。しかし，それに対して，保育が展開しさらに進んでいくことに保育者が身を投じながら感じ考えることに応じているともいえます。

　下手な考えは休むに似ているなら，それより保育をさらに続けていき，その中で時折振り返る時間をわずかでも設けたほうがよいでしょう。いわば歩きながら考え，考えながら歩く方式です。それに対して，転がる石として知恵がつかないという見方もあるでしょう。時には，じっくりと考え込む時間が必要です。おそらくどちらもが必要です。毎日のこととして簡便でプロセス的に，時には詳細で本当にはどうだろうかと考え込むのです。

　もう一つの視点は，どの園でもどの保育者でも可能にしていこうという視点です。簡略

化しプロセス化するアプローチはそれを目指す。真実などはむしろ絶えざる構成の中で生まれ，育ち，変化し，流動するとさえ見る。そうすると，詳細化し，真実化しようとするアプローチはエリート的というより先端的というべきかもしれません。新しい地平を開く。

いずれにしても，どちらにも使う場があり，時がありそうではあります。研究者の中にはそれらが混在しているところを一緒にしてしまっている向きもあると思います。相当に違うアプローチであり，実はその認識に関わる枠組みさえももしかしたら異なるかもしれないのです。

この記録を静的なものでなく，プロセスの中に起こるものとして捉えるならば，それは子どもの流動し発展する活動の展開のプロセスに重ねられ，それを視点を変えて見定めつつ，子どもの活動プロセスに寄り添い，それを拡大していく作業の一環です。どのくらい詳しく正確にするか自体は副次的なことに過ぎません。肝心な点は，その遊びの展開をどう豊かにしていくか，その援助に資するものという観点であり，そのために極めて簡単なメモであろうと，遊びを豊かにする援助のヒントがそこに感じられるならばそれでよいのです。それは保育における保育者の援助の基本的な特性となることの表れなのです。

5．改めて「愛と知の循環」を実現する幼児教育・保育とは

乳幼児はこの世界に生まれ，すでにそこではたくさんのことが起きていて，それを追々知っていくのですが，その後追いとしてその詳細を正しく理解し覚えることがまず求められるのではありません。確かに小さな子どもは出生とともにこの世界へといきなり放り込まれ，いわば右往左往するのでしょう。訳のわからないことが周りで起きていて，不安にもなり，徐々に何が可能か，何なら大丈夫かわかってきて，安心をし，いざとなったら助けを求められると感じ，そして周りに何やら面白いことが起こるとわかり，食べたり眠ったりの気持ちよさを知っていく。しかし，ここで展開している考えはそのような周りへの適応として子どもを見ることではなく，子どもがその世界に生まれ，そこから新たなことを始めるという開始の存在として見ることです。

子どもは常に新たなことを始めます。実はそれが無知ということの特権であるのでしょう。どうしてよいかわからないからこそ新たなことを試す。試す以外のやり方を知らない。そこで思いつきを試し，時々いわばヒットする。面白いことが起こるのです。そこでそれを繰り返し，繰り返していくうちに，自ずとたまたまなことがそこに何度も起こり，さらに面白くもなっていく。それが遊びであり，遊びを通しての好奇心の発露であり，そこからの周りの世界への探究の始まりです。

そのような幼い子どもの特性を最大限に発揮できるようにしていきましょう。そしてそこでこの世界にある諸々の「もの」に出会い，そこで可能となる活動を進め，さらにそれ

第Ⅰ部 「愛と知の循環」の理論を考える

を他の子どもと共にできるようにしていってはどうでしょうか。これが幼児教育・保育が世界中のどの国でも実施されるようになった根本的な社会側の動機です。それを，幼い子どもは「遊びを通して学ぶ」と呼ぶようになりました。それは乳幼児の発達的特性と見合い，その世界への出会いを小規模に形にした園の環境の工夫を150年以上かけて世界中で実践してきたのです。

　そこを通して子どもは学びます。何をでしょうか。煎じ詰めれば，大きくは，子どもはこの世界に生きてよかった，そしてこれからも生きていて楽しいだろうという確信を得ることです。子どもはこの世界を愛することを学ぶのです。その愛は，この世界の特徴を知り，そこに生きることが，子どもが関わり工夫していくことでもっと素晴らしいものとなるだろうという信頼感へと発展していきます。

　大それた言い方に聞こえるでしょうか。そうではないのだと私は考えます。子どもが砂場で遊び，そこに水を入れて，砂の山が崩れる様子に気づく。積み木を積み上げるときに，丁度真ん中になるように置くと崩れないことを見出す。それ自体はごく小さなことです。でも，子どもは日々園にやってきて，そのようなちょっとしたことが面白く好きになり，特徴を見出すという経験を繰り返していきます。そのような「愛と知の循環」が成り立ち，それは数年を経て，子どもの人格に浸透し，この世界の諸々の様子を知っていく経験となるのです。

　本書はそのための理論と実践を提示することを行います。第Ⅰ部で理論を提示していくつかの点を示します。第Ⅱ部では編者たちと協同している実践を進める園の保育者に実践事例を語ってもらい，「愛と知の実践」の多様な広がりを実践事例に即して理解していけるようにしました。

第 **2** 章

保育者が保育することの深部へ

―――――――――― 古賀 松香

1. 子どもがこの世界をもっと好きになる保育の解明

　子どもが自らの思いを発揮して身の回りに関わる中で，次第にこの世界のことが好きになり，もっと知りたいと思って関わるようになるという子どもと世界の好循環は，いつでもどこでも起きるのでしょうか。ある日の園生活をのぞいてみると，ハルちゃんは何となくやることが見つからず，ふらふらと歩いているかもしれません。ナッちゃんはこのところコマ回しに熱中しているけれど，アキちゃんはちょっとコマを触ってはうまく回らないのですぐあきらめてしまいブランコに乗りに行ってしまうかもしれません。ハルちゃんに今日の園生活を充実して過ごしてほしい，と願うとき，なんらかの働きかけが必要そうです。そのためには，ハルちゃんが好んでやってきた遊びは？　最近関心をもっていることは？　最近の友達関係は？　園のどのあたりを歩き，何を見ているかな？　とハルちゃんのこれまでの姿と今の園での様子に関心をもってよく見て考え合わせることが必要でしょう。ナッちゃんは今コマを回すことに熱中しているけれど，コマの面白さがもっと味わえるようにするには，環境や教材の工夫，働きかけがあるとよさそうです。ブランコに乗っているアキちゃんはコマに挑戦したいのか，それとも何か遊びを探しているのか探ったり，誘ってみたり，またはちょっと様子を見たりするかもしれません。つまり，子どもがこの世界をもっと好きになるプロセスには，保育者の専門的な観察と解釈，そして直接的／間接的関与があると推測されます。

　特に，子どもが自らの思いを発揮していくことを保育の中心に置くとき，保育者の仕事はまず子どもの思いを知ることから始まります。では，子どもの思いを知ると言っても，何を手がかりに知るのでしょうか。そしてどのようにして知っていくのでしょうか。乳幼児期の子どもの思いは，子どもの意志とは関係なく，内面が表情や行動に表れてしまうもので，しかも不明瞭で，よほどしっかり捉えないと見ることができません（大場，1996）[*1]。また，たとえ言葉にあらわしていても，文字通りの意味ではないことも多く，その意味が捉えにくいものです（古賀，2021）[*2]。保育者は，子どものいる時間，共にそこに在りながら，

第Ⅰ部 「愛と知の循環」の理論を考える

子どもの思いのあらわれやあらわしがそこここに浮遊している具体的な状況を体感として感じ取り，自らも行為者として関与しています。そして，子どもはたいてい複数いて，思い思いに過ごしています。保育者の周りでは，同時に進行する遊びの状況があり，複数の子どもから同時に援助要請があったりもします。保育者は，その都度援助の優先性と関与の程度や方法を即応的に判断し，動いていると考えられます（古賀，2023）。[3]

　ここで一層謎に包まれるのです。保育者はどのようにしてその複雑な状況の中で，それぞれの子どもが思いを発揮することを実現しようとするのでしょうか。子どもは一人一人違い，また具体的な状況はいつもそのとき固有のものです。本章では，この謎に迫るべく，子どもが自らの思いを発揮していくプロセスを支え，促していくということを視点としたとき，保育実践とそれを繰り出す保育者の専門性はいったいどのようなものとして捉えられ得るのか，ということについて，具体的な事例をもとに考えていきます。

2. 子どもが今日の動きに心開かれていくように

　ここで取り上げる事例は，第8章に出てくるハーモニーピザパーティーの準備の様子を，動画をもとに分析したものです。4歳児のときから園で玉ねぎとじゃがいもを育てていた5歳児たちが，収穫を喜び，それを園内のみんなで楽しみたいと，ピザパーティーを開くことを考えていきます。いよいよ次の週にピザパーティーを開くという金曜日，クラスのみんなが集まって，さあ準備を始めよう，と子どもたちが動きだしていく場面です。

　5歳児クラスの担任保育者は，クラスのみんなでピザパーティーの準備をしようと時間と場所を用意しました。看板を遊戯室の入り口に飾りたいこと，ポスターを貼って宣伝したいことなど，子どもたちがやりたいと言っていたことが十分にできるように，環境が整えてありました。図2-1は活動を行っていた遊戯室環境の俯瞰図です。このときの物的環境は大きく分けると，視覚刺激，材料置き場，グループごとの拠点の3種類で構成されていました。視覚刺激は，活動グループとメンバーを書き出したホワイトボード，豆ごはんパーティードッキリ大作戦（詳しくは第8章）のプロセスを写真とふきだしで表したドキュメンテーション，絵本に出てくるピザの絵のカラーコピーをいくつか貼り出した透明パネルが置いてありました。その他，入り口付近には自分たちが掘り出した玉ねぎとじゃ

＊1　大場牧夫（1996）．フィールドノートからの試論　表現原論──幼児の「あらわし」と領域「表現」．萌文書林，pp. 178-181.

＊2　古賀松香（2021）．保育者の専門性としての子ども理解──「仮説としての子ども理解」と実践する保育者の身体．発達，168，9-14.

＊3　古賀松香（2023）．保育者の身体的・状況的専門性──保育実践のダイナミック・プロセスの中で発現する専門性とは．萌文書林，pp. 256-324.

第2章　保育者が保育することの深部へ

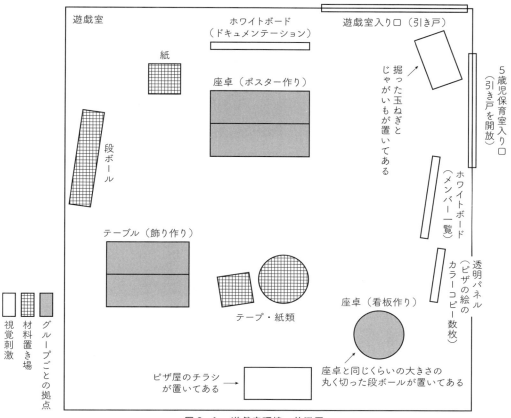

図2-1　遊戯室環境の俯瞰図

がいもが，また遊戯室の奥には宅配ピザのチラシが見やすく広げてありました。さらには，天井には子どもが描いたポスターや飾りを吊るすジョイントクリップのたくさん付いた紐が張ってあり，その日までに描かれたものが数枚吊り下げてありました。材料置き場には，いくつもの白地のトレイにカラー用紙が色，大きさ，形，厚さも様々に用意してありました。他に，使いやすい大きさに切ってある段ボール，ペン，糊を使ったときに使う濡れた手拭きの入った小さなボウル，セロテープ，かごに入ったふわっと丸めた花紙，自分たちが染めた和紙や毛糸等が用意してありました。拠点となる机は活動グループごとにあり，看板作りの机の上には，台紙になる，大きなピザの形に丸く切った段ボールが置いてありました。

　こういった環境構成は，保育者の間接的な援助として非常に重要です。この日の子どもたちはすでにピザパーティーへの思いや目的意識をもって，その場に出ていきます。子どもの思いが十分に発揮されるためには，その実現の手助けとなる物が多様にあり，誘いかけ，また自由に使っていいと思えることが重要で，それが，この後の活動の展開を支えていきます。どういう位置にどのような置き方で何をどのくらい置くか，ということに，保育者の願いが込められていますが，遊び始めはすんなりとはいかないようです。

25

第Ⅰ部 「愛と知の循環」の理論を考える

（ 場面1 動き出しの援助 ）

　クラスで集まって話をした後，子どもたちは自分がやりたい活動グループの場所や，材料を見つけていきます。自ら物を手にして座っていく子どももいれば，立ち尽くすように見ている子どももいます。

time		発　話	身体の動き
00：00	1	T：Aちゃん，Bちゃん，Cちゃん。よし，ここも回ろうか。	Tはポスター作りの机の前でBの両肩を両手でポンポンとしながら，ホワイトボードに書いてある名前を読む。
00：04 図2-2	2	D：先生，とってもいい？	DはTを見ながら紙が入っている入れ物を指さして言う。同時にEが何か言いたそうにTを見ている。 FがTの顔を見上げる。
00：05	3	T：もちろん，やろうやろう。	F，机を触る。EはTとFのやりとりを見る。
	4	F：ここ。	
00：08	5	T：イスもってきてじゃあ，かざり作りやってもらおうか。	TはFのほうを向いてかがんで話す。F，Tを見て頷き，机に自分の糊を置く。
00：10	6	T：Bちゃんこちらにどうぞ。	T，右手をポスター作りの机のほうに差し出す。Bの首の後ろあたりに左手を少し当てるようにして，一緒にポスター作りの机のほうを見て，机のほうに2人で進む。
00：13	7	T：Bちゃんもいれてあげてー。	T，Bから離れGのほうに下がり，「あちら」と斜め後ろを振り向くようにして，看板作りの机のほうに右手を差し出し，Gのほうを見る。Gは看板作りの机のほうを見て，そちらに歩きだす。T，少しGと一緒に歩いていくが立ち止まりDのほうを見る。
	8	G：看板作りどこー？	
00：15 図2-3	9	T：看板作りはね，あちらのでっかいでっかいピザのところになります。	
	10	D：先生，いっぱい描いていいの？	
		T：ほんまやね。いっぱい描いてたらよくわかるかもね。	
	11		

　図2-2は00：04時点の動画を静止画にして切り取り，線画に起こしたものです（他の図も同様に表中の表示時点のもの）。図中央あたりの低い机はポスター作りの活動拠点となっていました。子どもたちはまだ中腰か立っている状態で，場所や物，メンバーを動きながら確かめているようです。Dは指さしながら自分が使う紙をT（保育者）に尋ねていますが，同時にEとFは飾り作りをしようと糊を手に持ち，Tに何か尋ねたい様子で見ています。一方のTはBに声をかけ，ホワイトボード（図の外，右側にある）に書いてあるグループとメンバーを改めてBに伝え，また違うグループの場所も見ることを促しています。このとき看板作りグループのGは歩いて見て回っており，Dの指さしているポスター作りグ

＊4　図2-2〜図2-18の作成については，藤本かひろさんに多大なご協力をいただきました。記して感謝申し上げます。

第 2 章　保育者が保育することの深部へ

ループ付近の材料を見ています。

ほとんどの子どもはこの日までの経験に基づいて，机や材料等，活動に必要な場所と物を自分で見つけようとしています。ここでTは個々の問いかけに一つ一つ応じていますが，この場面でTのほうから関わっているのはB一人です。Bに対しては，グループのメンバー，場所や物等必要な情報をTのほうから語りかけ，一緒に動いています。(発話7)「Bちゃんもいれてあげてー」という一言には，Bが自ら集団に位置づいていくことには支えが必要な状態であるというTの専門的判断が表れていると考えられます。

つまり，TはBに対する一歩踏み込んだ援助を行いつつ，クラスの子

図 2-2

図 2-3

どもたち一人一人の質問に応じる形で，それぞれが自ら動きだすのに必要な援助を行っているのです。Tの援助を必要としているかどうかは，身体の動きと表情，視線，そして言葉で表されてきますが，それらは子ども相互にも影響を与え合っていることが見て取れます。DがTに尋ねて確認していることは，近くにいたGにも伝わっているように見えますし，何かを尋ねたいような様子でTを見ているEは先にFがTに尋ねた様子を見て，自分はTに尋ねないままFと一緒に動いていきます。今日のこの場は，保育者がしつらえた時間と場所が出発点となっていますが，子どもたちは，豆ごはんパーティーに代表されるこれまでの経験を基盤として，活動拠点としての机，材料置き場にある物や個人の持ち物等，物的環境の使い手となっていきます。一人一人が周囲の物とその配置，周りの子どもの動きを見て，実現したい目的に応じて関わり方を選んでいきます。

TがBをポスター作りの机に誘い，そこにいる子どもたちに「Bちゃんもいれてあげてー」と声をかけた直後にGが看板作りの場所をTに尋ねてきます。すると，TはそれまでBとぴったりくっつくように動いていましたが，すっと後ろ向きに下がってBから離れ，体と顔の向きを変え，看板作りの机のほうに右手を伸ばし（図2-3），自らも看板作りのほうに動きます。すると，GはTの右手の動きと体の動きに誘われるように，もう一つある机を見つけ歩いていきます。ここで，Gと共に看板作りの机のほうを見ているBが，再び援助を必要とする姿として浮かび上がってきます。BはTにポスター作りの机に送り出

27

第Ⅰ部 「愛と知の循環」の理論を考える

されたにもかかわらず，そこにそのまま座ることはせず，Tの手の指すほうを見ています。しかし，その後も次々と子どもたちから話しかけられるTは，Bから離れてその対応を行っていると，Bは思いついたように隣の保育室に自分のハサミを取りに行きました。Tの体が離れ，Bは自分で周りを見て，道具の必要性を感じ，自ら動きだすのです。

3．子どもが自分たちの目的に向かえるように

（1）子どもの意図と環境の間を調整する

　基本的に，Tは子どもが問いかけることを肯定的に受け止め，「やろうやろう」等と励まし，子ども自らが動きだし，物と関わりだすように支えています。しかし，それは何でもよしとするのではないようです。構成してある環境が使いたくなるようにその意味を伝えたり，昨日までやってきたこととのつながりが思い起こせるように伝えたり，子どもと環境がうまく出会えていない状況を感知し調整する援助が，受容的な中にところどころで挟み込まれます。

場面2　見えるようにする援助			
time		発　話	身体の動き
00：25	1	H：先生，あの段ボール使っていい？ 段ボール。	H，壁のほうに置いてある段ボールを右手で指さして聞く。
00：27	2	T：どれどれ？	T，Hの指さしたほうに身体を向き直して見た後，Hの両肩に触れながら話す。
00：28 図2-4	3	H：あの段ボール。	
00：29 図2-5	4	T：うん，Hちゃん。	Hの背後から両肩に両手で軽くトントンと触れ，そのまま軽く肩に両手を置いた状態で一緒に看板作りの机のほうに振り向くように身体の向きを変える。
00：31 図2-6	5	T：あのー，前回作ってたの。どうぞ，ご一緒に。	看板作りの机のほうに右手を差し出す。 TはHの両肩に手を置き直し，Hの背後にくっつくようにして一緒に歩いて看板作りの机のほうに行く。
00：34	6	H：イエーイ。	H，笑顔になる。
00：35	7	T：イエーイ。	T，Hより抑揚をつけて言う。
00：36	8	H：イエーイ。	Hは持っていたうす緑の画用紙を机に置いて，さらに材料を探しに行く。
00：37	9	T：イエーイ。	

　HはGと同じく看板作りグループでしたが，図2-2で実はポスター作りグループの机に中腰で座っています。その後，Dの材料選びに誘われるように紙を選び，うす緑の紙を

28

手に持ってTのところに段ボールを使っていいか聞きに来ています（図2-4）。環境構成として看板作りの机には，丸く切った大きな段ボールがすでに置いてありました。TはHが段ボールを使いたいと思った目的は看板作りであることを暗黙的・瞬間的に理解し，優しく肩に手をのせて，一緒にゆっくり振り向くように体を回転させます（図2-5）。HがTの手の動きと身体の動きに誘われるように後ろを振り向くと，自分たちが作ろうとしている大きなピザの形の看板の下地にする段ボールが目に入りました。そこで，Hはニコッと笑って「イエーイ」と言って歩きだします。TはHの言葉を受けて，さらに抑揚をつけて「イエーイ」と言って両肩に手を添えて歩きます（図2-6）。

何でも使っていい，やりたいようにやっていいと伝えながら，一人一人の子どもが今何にアプローチしようとしているのかをこれまでの経緯を踏まえて理解し，できるだけ自分で動きだせるように導いています。その導き方は一緒に身体の向きを変

図2-4

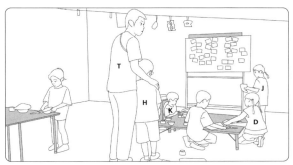

図2-5

図2-6

えたり，一緒に対象物を見たり，一緒に歩いたり，また嬉しさを同じ言葉で表現したりして，身体的・情緒的な動きを共にするやり方でなされています。保育者が構成した環境と子どもがうまく出会えていないとき，子どもの意図するところを汲み，子ども自らが環境に気づき，使いこなしていけるように，環境と子どもの間を調整する援助を，まさに子どもと共に心と身体を動かしながら行っていることがわかります。

（2）物と子どもをつなぐ

それぞれの子どもが材料を手に活動し始めるまで，保育者は次々と関わる場所を変え，

第Ⅰ部 「愛と知の循環」の理論を考える

見て，触れて，話して，歩いて，常に動いています。

場面3 関わり始めの援助

time		発　話	身体の動き	Bの動き
00：37 図2-7	1	T：で，おいしいおいしい具材，あの一食べ物はこちらにいろいろあるので。	看板作りの机に先に座っていたⅠを見て，中央の紙材料置き場に右手を差し出して言う。ⅠはTの右手の指す方向を見て立ち上がり，Tの様子を見ている。Tは一人で材料の置いてある机のところに行って立ち止まる。	
00：44	2	T：好きなピザ作ろうかな。	つぶやくように言い，腕組みをして材料を見るが，すぐにポスター作りの机にいるDがTに話しかける。Dはうすい色のついた紙を2枚浮かして，テーブルに置くと，Tはすぐに後ろを振り返って歩いて近づいていく。	ハサミを持って遊戯室に戻ってきて，ポスター作りの机に近づく。
00：45	3	D：先生，これ敷くよー？		
00：47	4	F：ねえこれも使っていいの？		
00：48	5	T：　　　※[うん，じゃあ下に敷いてしましょう。]	Dの手のあたりを見ながら，話す。飾り作りの机のほうからFがうす黄色の紙を持ってTに話しかける。Tは顔を上げて声のするほうを見る。Fのほうに歩いていきながら話す。	机の1m程度手前で止まり，左横向きに歩き立ち止まる。
00：50	6	F：ねえこれ使っていい？		
00：51	7	T：いいよー。どれ使ってもいいよ。あの違う，あのグループのお友達のも使ってみたかったらいくらでも。	飾り作りの机の上に置いてあるかごを少し動かす。Eの様子を見て，腕組みをして，頷く。	歩きだし，床にあった糊容器を拾う。Tの背後から，Tの関わっているあたりを見ている。
00：58	8	T：はい。		
00：59 図2-8	9	T：なるほどー。		

※ [は，発話の重なりの始まった位置を，] は，発話の重なりが終わった位置を示す。[*5]

拠点とする場所に自分のハサミと糊や椅子を持ってきて座った子どもは，次に使いたい材料を自分の拠点に引き寄せることが必要になります。動きだしていない子どもには，動

---

*5　シェグロフ，E. A.，西阪仰（訳）（2018）．会話分析の方法——行為と連鎖の組織．世界思想社，pp. 195-196を参考にした。

くきっかけとなるような場所を提示したり保育者の動きを見せたり、保育者に確認しながら進める子どもには、声がしたところに保育者は動いていき、やろうとしていることを認め、励ましたりしていきます。

HとTが看板作りの机のところに行くとIがいましたが、Iは自分のハサミと糊を持ってきて座っていました。その姿を見てTはすぐに看板作りに使える材料の場所を知らせます。机の上には丸いピザの形に切ってある段ボールが置いてあります。Tは「具材」「食べ物」とピザのイメージを用いた言葉でトッピングに使う材料の場所を伝えつつ（図2-7）、身体は再び材料置き場の近くまで戻って見せます。IはTを見て

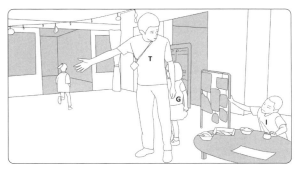

図2-7

図2-8

立ち上がりますが、すぐには来ません。そこでTは材料の近くにとどまり、「好きなピザ作ろうかな」と材料を眺めます。しかし、すぐにDに話しかけられ、そちらに今度は動いていき、Dがやろうとしていることを見て認め、その最中にFの声がして、またすぐそちらに動きながら話します。DもFも、作りたいものに向かって材料を自分の拠点に引き寄せ、必要な環境を自分で整えようとしており、Tはそのことを認め励ましていきます。

場面1から3までのやりとりは、1分の間でなされています。保育者は次々と投げかけられる質問に対して、その子どもの近くまで行って、見ている物を一緒に見て確かめ、身体を動かして環境と子どもをつなげて回っています。場面3では、発話3への対応を行っているTの発話5が、次に対応することになるFの発話4と発話6に挟まれていることにも表れているように、複数の子どもが思い思いに過ごしているところで、一人一人に応答する保育者の繊細な専門性が発揮されています。そうやって必要なときに支えられた子どもは自分の拠点とするグループに位置づき、必要な材料を引き寄せ、物と関わり始めます。しかし、それはそれぞれのペースややり方で進みます。場面1でTが直接関わっていたBはハサミを持って遊戯室に戻ってきますが、机にすんなり近づくことができずにいます（図2-8）。いったんはポスター作りの机に近づきますが、手前で立ち止まり、逡巡しているように見えます。こんなとき、保育者は子ども自らが動きだすために、どんなタイミングでどのように関わろうとするのでしょうか。場面1の最初のうちは、身体的にも寄り添

第Ⅰ部 「愛と知の循環」の理論を考える

うようにBに関わっていたTですが，その後他の子どもの声に応じる形で，BからスッESと離れていきました。それはBが自ら動きだすきっかけにもなっていました。次の節では，遊戯室で再び動きにくそうにしだしたBにTがどのように関わるのかを，画像をヒントに見ていきましょう。

4．その子どもが必要としている支えを必要なだけ必要なときに

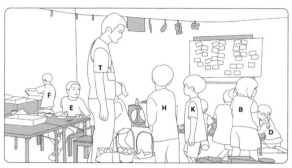

図2-9

図2-10

図2-11

先に示した図2-8では，Fに呼ばれたTが飾り作りグループの机の環境を再構成しながら，すでに飾り作りを始めているEの様子を見て「なるほどー」と感心しています。その様子を見ているBは，糊を拾ったところで立ったままとどまっています。周りの子どもは時々必要があると保育者のところに来ますが（図2-9），TはHに物のある場所を伝えたり「困ったら聞いてみたらいいよ」とKに友達とつながるアドバイスを伝えたりします。すると，それぞれまた自分の場所へ戻っていくのです。Bだけが，すべての拠点の間に立ち，ちらっと保育者の様子を見ては，保育者が自分のほうを見ると目をそらすという様子を見せます。図2-9でも，保育者の顔が自分の方向を向いているときには，Bは右を見ます。しかし，そちら側には活動の拠点や材料はありません。そして，Tが飾り作りグループの子どもたちに「大きかったら普通に切ってもいいし」と話しているときBに背を向けている向きになると，BはTのほうを見ています（図2-10）。T

がさらに「こんなしてあのー，ピザ屋さんのところに描いて上に飾ってもいいし」と紙を吊り下げて見せると，EとFや通りかかったJはその様子を見ますが，それが終わるとすぐ自分の活動に戻っていきます。Tは飾り作りグループの机の上の再構成をし（図2-11），段ボールのテーブルを寄せて，使いやすくしていきますが（図2-12），その間，立ったままなのはBだけで，いよいよBの動きにくさが際立って感じられるようになっていきます。しかし，Bは自分からTに話しかけません。Tの顔がちらっとでもBのほうを向くと，顔をそらします（図2-11）。Tはその様子をおそらく感じ取りながらも，すぐには関わらず，環境の再構成をして，その後，Bの背後から近づいていきます（図2-13）。このとき，Bは顔を右にそむけることはせず，少しTのほうに肩をひらいて立っています。そこにTが近づき，顔をBと同じ高さまで下げて，声のトーンを落として静かに話しかけます。「違うのがいい？」とTは聞きますが，Bの腰は一貫してポスター作りの机のほうを向いており，かつ，この問いかけにBの右手がポスター作りの机のほうに動きます。TはBの思いを確かめるようにポスター作りの机を指さして，Bを見ます（図2-14）。そして，糊を持ったBの左手を取って，ポスター作りの机の空いているところに向かって歩きだし

図2-12

図2-13

図2-14

図2-15

第Ⅰ部 「愛と知の循環」の理論を考える

図2-16

図2-17

図2-18

ます（図2-15）。

　Bの思いはこの間ほとんど言葉で表されていません。Bの身体と周囲の状況の動きとの関係の中で、Bの動けなさが浮上し、しかし、手に持ったハサミと糊、そして、腰の向きが思いのあらわれのように感じられます。保育者はここまでほとんど常に動いていましたが、Bの隣に来たときにピタッと立ち止まり、身をかがめ、静かな声で、Bへの個別の援助を繰り出します。ここで、それまでの保育者の動きは他の子どもにひらかれていたことがわかります。常に誰かの問いかけに答えながらも、その身体は他にもひらかれていて、他の子どもたちもそのことを見たり、さらに自分から関わったりしていました。しかし、この静かな声でBに話しかけたとき、援助のモードが切り替えられ、Bは自分のために来てくれたTにかすかな表現をしていきます。Tはそれを表出された瞬間に受け止め、やりたいと思っているのにその場に位置づくことができないでいるBにとっての困難さを乗り越えるために、一緒に動いていきます。

　イスを持ってこなくても座れる座卓でポスター作りの机はセッティングされていますが、そこまできても、BはスッとÂ座ることができません（図2-16）。TはDに「何に糊使うの？」と話しかけられて、Bから手を離してしゃがみながら「それはね、いるときに使って」と話します（図2-17）。そして、Dが材料を取りに立ち上がろうとするとき、Tが改めてBのほうを見て「Bちゃんここどうぞ」と言うと、やっとBはそこに座り、自分のハサミと糊を机の上に置くことができました（図2-18）。TはBを見て「どんなポスターにしようねー、Bちゃん」と言います。すると、Bは何も言わずスッと立ち上がり、材料のあるほうへ歩きだしました。その歩き方は、うろうろとした迷いがなく、まっすぐと目的

のある歩き方になっていました。Tはその様子を見送り、立ち上がって他の場の環境整備に行きました。

この後、Bは自分で紙を取りに行き、戻ってきて座りますが、描き始めるまでにはまだ援助が必要でした。なかなか描き始められずにいるBの様子を見て、Tは再び隣に座り話しかけ、「他の人がどんなふうに描いているか見てみる？」と誘い、一緒に見て回りました。その後、Bは集中して絵を描いていきました。そして、ピザを食べるオバケの絵（**写真2-1**）を描き上げ、満足そうにし、さらに切り抜いて持ち歩き、Tや友達に見せて回りました。

写真2-1　Bが描いた絵
出所：筆者撮影。

「みんなでハーモニーピザパーティーをすることに向かって活動する場面」と言葉では簡単にまとめられますが、その実態は、たった数分見ただけでも、すべてを書き表すことのできない多くの子どもの動きと保育者の援助があります。子どもの思いは、言葉で表されているものはほんの一部であり、多くは身体的な動きや視線や表情等でそこここにはっきりと、また漠然と浮上してきます。保育者はその瞬間瞬間浮上してくる姿の意味を捉えるために、共に動いて感じ取り、関わってその子どもの思いを確かめ、励まして、動きだした子どもを見送っては次に移っていました。

5. 場の相対性と援助の必要感──相互行為的解釈と断続的援助

保育実践とは、場の全体の動きの中で相互に影響を与え合いながら動いています。Bへの援助がどのようになされたかを振り返ることで、保育実践と保育者の援助の専門性の特徴についてもう一歩考えてみたいと思います。

場面1では、他の子どもにも聞こえる大きさの声で、保育者はBと環境の間をつなぐ援助をしています。具体的には、場面1発話6「こちらにどうぞ」、発話7「いれてあげて」と直接的な表現で誘い、グループの中に位置づくような援助を行った直後に、他の子どもの援助要請に応じる形で、Bから離れています。この離れるということもまた、Bが自ら動きだすことにつながっていることが、その後のBの動きでわかります。

しかし、この後、Bの援助の必要感の強さは、全体の活動の進行によって、再びくっきりと浮かび上がってきました。それは周囲の子どもの活動拠点が明確になり、環境との関わりが自立的になり、保育者がその先を見越して環境の再構成をし始めた中で、Bは自分の活動拠点である場に近づきつつも座ることができずに、また自分からTに援助要請を出すこともできずにいる様子から読み取ることができます。ここで、Bの援助の必要感の強

第Ⅰ部 「愛と知の循環」の理論を考える

さは，全体の場の動きとの相対的な関係の中で浮上しています。

　しかし，TにとってのBは，これまで関わりを蓄積してきた固有の特徴をもつ絶対的存在でもあります。Bが自らの思いを発揮できることを目指すとき，その発揮が難しくなっているBと環境との間の固有の関係もまたその場で感知されて，具体的な援助の判断に生かされていきます。それは，今回の事例では，直接的な援助のタイミングと程度と引き際に生かされていると考えられます。

　手にハサミと糊を持ったまま動けないでいるBに近づいていったとき，Tは静かな声で，顔をBに寄せて，個別に思いを聞き出しています。場面1の援助とは明らかに異なります。なぜBは座ることができずにいるのか，そこにはTの援助が十分でなかった可能性や新たな難しさが生じている可能性を感じさせます。Bの思いと援助の間に何かズレがあるのか，Bは何に困難を感じ，思いが発揮できずにいるのかを探らなければ，次の援助を具体的に繰り出すことは困難です。Tは，明らかに個別の援助とわかる身体の動きと声の大きさで，Bの思いを引き出します。何をしたいと思っているのか，Bの手の動きを見て，保育者は援助の必要感の解釈を再構築したのでしょう，パッとBの手を取り，場に位置づくための援助を自ら一緒に動き行っていきました。しかし，手を引いて，空いているところに立っただけでは，Bは座りませんでした。さりげなくDとやりとりしながらTが先に座り，少し待ちました。それでもBは座りません。そこで，Tは「Bちゃんここどうぞ」と誘いました。そこでやっとBは座り，自分の物を置き，その場を拠点化することができました。どのような援助がどの程度必要か，それを相互行為の中で見極め，判断しつつ動いていることがわかります。Bの援助の必要感は，Bと環境との関係を支えながら少しずつ動かして確かめられ，関わりながら援助を微調整しているように見えます。そして，Bの動きが自ら保育者から離れて，思いの発揮が確かなものになったと感じられた時点で，Tはその場から引いていったのです。Bに関わるタイミング，関わる程度，そして，離れるタイミング，その個別具体の適切さを決めるのは，関与しながらの子どもの動きの変容の見極めとそれに応じる微調整と判断なのです。

　援助の必要感の具体とは，どんな援助がどの程度，どうなるまで必要か，ということです。それについての判断は，動いている状況と相互行為の中でなされていきます。そこには方向性としての保育のねらいも関わってきます。ここでは，Bが自ら動きだしたときに，援助の必要感はいったん消失または弱くなり，Tはその場から引きます。この引くという行為もまた援助の重要な側面で，専門性の表れるところです。Bの先ほどまでの動けなさは，自分の活動拠点ができたことでいったん解消されました。それは，Bが自ら動きだした姿によって示され，Tに感じ取られ，判断に生かされます。しかし，それでTは完全にBを手放すのではありません。描きだすことができない姿が再び援助の必要感として浮上し，Tは隣に座り，Bの中から描きたいものが湧いてくるように援助するのです。保育とは，個の援助の必要感を全体の場との相対性の中で，また個別の相互行為の中で解釈し，

断続的に援助することを通して，次第にその子どもが目的に向かって充実していくことを目指していくものと捉えられるのではないでしょうか。保育者は明示的な援助要請に応えつつも，全体的な場の動きや言葉にされない子どもの不明瞭な思いや迷い，困りや戸惑いを見出し，その援助の必要感の具体的な様相に応じて，子どもの思いが少しずつ，そして十分に発揮されるように，相互行為の中で援助の微調整を行う専門性を発揮していました。つまりは，子どもと保育の目的に向かって，共に動きつつ感知する相互行為的解釈と断続的援助を行い続けることが，保育者の専門性の一側面としてあると考えられるでしょう。そして，このように，揺れ動く子どもの思いを関わりながら感じ取り，関与の具合を微調整し続ける，保育者の専門的な判断と援助によって，子どもの愛と知の循環が巡りだし，支えられていくのではないでしょうか。

― 第 3 章 ―

幼児教育・保育の可能性の展開へ

岸野　麻衣

　「愛と知の循環」を実現する幼児教育・保育は，保育の質の向上と改革の輪を創り出し拡げていく可能性に満ちています。本章では，「愛と知の循環」を筆者なりに解釈し，それが保育の質の向上と改革にどのように関わり得るのか，述べていきたいと思います。

1. 学びのサイクルに内在する情動

　愛と知の循環とは，子どもが対象を好きになることで関わりを深め，知ることにつながり，それがまたさらに対象を好きになることになり……と循環が重ねられていくプロセスです。対象を好きになるということにとどまらず，そこに関わる他者や自分，その対象の向こうに広がる「世界」を愛することにつながっていきます。

　こうした子どもの学びの過程については，これまでも様々に指摘されてきたように思います。例えば，幼稚園教育要領改訂に向けた中央教育審議会では，主体的・対話的で深い学びの視点を踏まえた幼児教育の学びの過程が示されたことがあります[*1]。ものや人との関わりを通した「遊びの創出」から，楽しさや面白さを感じながら試行錯誤していく「遊びの没頭」へ，そして「遊びの振り返り」を通して明日への見通しをもち，また次の遊びの創出へ向かっていく，というものです。知的な学びが深まっていくことには，子どもの心の動きが大きく関わっていることがわかります。

　総合的な学習の時間においても，学習指導要領解説で，子どもの探究の過程が表されています[*2]。まず日常生活や社会に目を向けて「課題の設定」を行い，探究の過程として「情

---

*1　文部科学省中央教育審議会（2016）．アクティブ・ラーニングの三つの視点を踏まえた，幼児教育における学びの過程（5歳児後半の時期）のイメージ【たたき台】（教育課程部会幼児教育部会第6回（平成28年3月30日）資料8）．

*2　文部科学省（2017）．小学校学習指導要領解説（総合的な学習の時間編）．p. 9.

報の収集」「整理・分析」「まとめ・表現」を経て，考えや課題が更新されていくというものです。活動を重ね，サイクルが展開していくことで，探究が深まっていくことがわかります。

　これらが「何をするか」という視点で学びの過程を描いているのに対して，福井大学教育学部附属義務教育学校では，**図3-1**のように「子どもがどのように思考していくのか」という視点で学びのサイクルが考えられてきました。子どもたちに思いや考えが湧き起こり（発意），自らイメージやアイデアをもち（構想），問題解決に向けた具体的な手立てを考え（構築），実際に取り組み（遂行・表現），振り返り（省察），それがまた次の発意につながっていく（次の発意），というものです。

　第5章で実践を示している福井大学教育学部附属幼稚園でも，義務教育学校のこの枠組みを取り入れて園内研究を進めていた時期がありました。そうした中で，研究テーマは「出会い，気づき，好きになる」「好きが広がり，世界をひらく」と変遷してきました。

　幼児期の子どもは，ものや人など様々な環境に出会い，心を動かします。そして自分なりに思いついたことを試し工夫する中で様々なことを感じ，様々なことに気づきます。さらに，それらを振り返りながらもっとやってみよう，と対象に向かっていき，学びを深めていきます。園では当初，子ども自身の「やってみたい」という発意を大事にしてはいましたが，子どもが何を試し，工夫し，何に気づくようになったのかという知的な育ちの側面に重点を置きがちだったように思います。

　しかし実践研究を進めていく中で，知的な側面とは裏腹に流れる情動的な側面の重要性に気づいていきました。子どもが対象や対象の背後にある世界を好きになっていくことに大きな意味があると考えるようになったのです。環境を通して様々な対象に出会い，関わりを通して気づきを深めていく中で，子どもはその面白さや魅力に惹かれ，対象を好きになっていきます。好きになると，もっと関わりたくなります。また，こうした姿を友達や大人から肯定的に認められることで，対象に関わることが価値や意味のあることと位置づけられていきます。こうして，のめり込むように関わりを深めていくことこそが，知的な育ちを支えてもいるのです。

　義務教育学校の枠組みでは，知的な理解の深まりを突き動かしていくものとして発意があり，情動は基盤として位置づけられてきたように思います。しかし，構想・構築の過程ではその面白さが感じられ，遂行・表現の過程では達成感や不全感などが生じ，また省察の過程にも問い直しに向かう情動が動きます。学びのサイクルが展開していくとき，そこには知的なプロセスと同時に，このように情動的なプロセスが連動していて，その循環がサイクルを動かしていくのだと思います。そう考えると，知的な学びのサイクルが，情動的なプロセスに裏づけられた立体的なものに見えてきます。

第3章　幼児教育・保育の可能性の展開へ

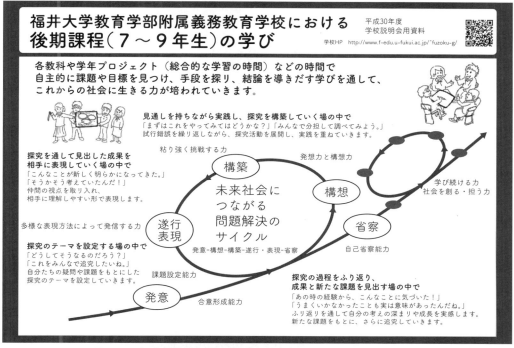

図3-1　福井大学教育学部附属義務教育学校における学びのサイクル

注：具体的な実践は、以下の文献を参照されたい。
福井大学教育学部附属義務教育学校研究会（2018）．福井発　プロジェクト型学習——未来を創る子どもたち．東洋館出版．
出所：福井大学教育学部附属義務教育学校ウェブサイト「教育研究」より作成。

2．保育者の学びにおける「愛と知の循環」

　「愛と知の循環」は、保育の質の向上にも大きく関わります。子どもの学びとそこに関わる大人の学びは相似形を成しているものです（図3-2）。子どもが環境に出会い、関わりを通して心が動くとき、保育者の心もまた動いているのではないでしょうか。対象に心が動いているときもあれば、子どもの姿に心が動いているときもあることでしょう。そして、子どもが対象に関わっていく過程では、子どもが何をイメージしてどうしようとしているのかを追いかけながら、保育者は面白がったり、予想を超えた姿に驚いたりして、どんな環境や援助で支えようか、模索しているに違いありません。実際に子どもが活動していく中では、保育者もまた実際に声をかけたり見守ったりしてみて、共に喜んだり不思議がったりしていることでしょう。子どもが活動を振り返るところでは、保育者もまた振り返り、保育者としての働きかけを問い直す動きが生じるに違いありません。そしてまた、子どもたちに発意が続いて生まれていく中で、保育者もまたそこに伴走していくのです。
　このように、子どもの学びのサイクルが展開していく過程では、保育者にも知的な側面

第Ⅰ部 「愛と知の循環」の理論を考える

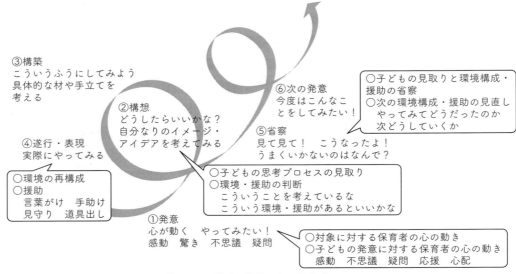

図3-2 遊びの背景にある思考プロセス
注：①〜⑥は子どもの学びの中の思考プロセス，□は保育者の思考プロセスをそれぞれ示す。
出所：筆者作成。

と情動的な側面が連動して展開しており，愛と知の循環が生まれているといえます。それはひいては，子どもと共に生きていく保育の面白さを感じ，愛することにつながっていきます。保育においては，保育者が子どもに愛情をもって関わることが重要ですが，それは，子どもがいわゆる「かわいい」から愛するとか，家族として愛するという以上に，子どもと共に意味を生成していく世界を愛するということでもあるのかもしれません。

保育の質の向上と改革においては，環境をどう構成したらよいかや，どのように援助したらよいか，というある意味知的な側面だけでなく，保育者それぞれが子どもと共に生きる中でどのように心を動かし，意味を感じていくのかというところが決定的に重要ではないかと思います。それこそが，保育をよりよくしていこう，変えていこうとする源になるからです。そして，それが言語化され可視化されて他者と共有されると，生成的運動体の渦ができていきます。

3．保育を見合い語り合い綴ることが「愛と知の循環」の運動体へ

保育者の愛と知の循環を共有していく一つの場として挙げられるのが，保育を見合い語り合う場です。それは，園内で担当の学年を越えて見合うようなこともあれば，公に開いて他の園の保育者や小学校の教員等と見合うようなものもあるでしょう。

例えば，ある園での園内公開保育では，2歳児の男児3人が園庭の隅に集まって虫を探す姿を，5歳児の担任が参観していました。3人は以前にそのあたりでダンゴムシを見つ

けた経験から，座り込んでじっと草むらを見つめ，土をそっと掘り返していきます。「ここにいるかもしれない」などとつぶやきながら，園庭の柵の向こうにまで手を伸ばし，何とか探そうとする姿に，参観者は寄り添っていました。子どもたちは木の根っこのあたりにいるのではないかと陰を探したり，芝生の下に隠れているかもしれないと芝草を指でひっぱったりしていました。参観していた保育者はその一部始終を見守り，参観後に語り合う場では，2歳児がこんなにも虫探しに心を向けるとは驚いたと語り，自分たちなりに場所や手立てを考えていくプロセスに立ちあいながら，思わず一緒になって，ここにいるかなと芝生をそっとかき分けていたと語りました。子どもの心が虫に向かう中，保育者は子どもの姿に目を向けつつ虫にも共に心を向け，探す過程でも子どもたちの思考を追いかけながら共に虫を探し，なかなか見つけられないことに寄り添っていました。虫を探す子どもたちは，虫が好きで見つけたいという愛とどうしたら見つけられるかという知が循環し，一方そこに寄り添う保育者は，虫や自然に対する愛と知の循環と，そこに対峙する子どもや保育に対する愛と知の循環が交差していたといえます。保育を見合い語り合うことで，このようなことが言語化され，共有化されることにつながります。

　園内だけでなく園を越えて保育を見合い語り合うと，さらなる気づきが得られます。例えば，園庭に出る前，子どもが保育者に言われなくても自分で帽子をかぶったり水筒を持ったりする姿や，帽子や水筒を忘れて出て行った子が自分で気づいて保育室に取りに戻って来る姿を見ていた参観者がいました。保育後に語り合う場でその参観者は，子どもたちがそれぞれに必要なことを考えて動いていった過程を語り，自分の園では，園庭に出る前に全員を並ばせて，きちんと帽子をかぶって水筒を持つことを逐一指示し，チェックして外に出していたが，それでよかったのだろうかと反省したと語りました。

　見合い語り合うことは，価値観の衝突を顕在化させることもあります。例えば，遊びの後にクラスで集まり，子どもたちが花壇の花を取って色水遊びをしていたことを振り返る場面でのことです。保育者が「花壇の花は取っていいけれど，お花がせっかく咲いたのに取ってしまってはどう？」と問い，「かわいそう」という声が子どもから出てきたのを受けて，「枯れてきて元気のない花や落ちた花を取るようにしよう」と保育者がルールを共有する局面がありました。これを巡って，保育後の語り合いでは，ある参観者は「お花がかわいそうと命に触れていたのがよかった」と語る一方，「落ちた花では色が出ないと言っている子もいた」と色について追究しようとしていた子どもの姿を語る保育者もいました。あるいは「枯れかけた花といっても，小さな子どもにどうしたらそれが判断できるのかな？」という参観者もいました。子どもたちが花や色に心を向け，それらに関わることを好きになる愛と，そこで様々に試し工夫する中で感じ気づいていく知の循環とパラレルに，ここでも保育者の愛と知の循環が展開しています。保育者は花や色にどう心を向けるのか，そこに向かう子どもにどう心を向けるのか。子どもの思いや考えをどう追いかけ，それをどう支えていくのか。それぞれの園で，「私の園ではこんなふうに子どもたちを迎

第Ⅰ部 「愛と知の循環」の理論を考える

えてこんなふうにしている」と子どもの姿をもとに環境構成や援助が語り合われることで，保育者が自身の愛と知の循環を語り，自覚化し，それが交差することで，問い直す運動体につながっていきます。

　見合い語り合う場に加えて，綴り読み合う場も重要です。何をどうしたのかの事実を残す日誌的な記録や，写真と子どもの言葉を通してその日の活動内容を保護者に示すような記録にとどまらず，保育者として心の動いた子どもの姿や，保育者として保育のよさや課題を感じたことをメモ的な記録として綴り，共有していこうとしている園もあります。例えば，第10章で実践を示している高浜町立認定こども園・保育所では，書き残しておきたい子どもの姿や保育者の思いをメモとして綴る「エピソード記録」を作っています（表3-1）。

　使い方は作成者に任されており，毎日書き込む人もいれば1週間を振り返って書き込む人もいます。用紙に手書きで記入する人や付箋に書いて貼っておく人もいれば，タブレットで入力する人もいます。文章で書く人もいれば，写真を中心に子どもの様子を記す人もいます。ここに書いたものをまとめ直して月のクラスだよりに掲載している人もいます。4か月に一度，これらを持ち寄り，どんなふうに書いていくといいか交流したり，半年・一年の中・長期的な遊びの展開や子どもたちの学び・育ちを捉え直したりします。一年の終わり頃には，特に心に残った実践を各保育者が一つの報告としてまとめ直し，語り合っており，その一例が第10章に収録されている実践記録です。

　このように綴り読み合い語り合うことは，子どもの愛と知の循環を捉え返すとともに，保育者自身の愛と知の循環を共有することにつながります。子どもの姿や子どもの心の向かう対象に保育者もまた心を動かし，面白さを感じていく愛と，子どもの学びや保育者としてのありようを巡って環境構成や援助について考え直し気づきを深めていく知が循環し，運動体が形成されていくのです。

4．世代や地域を越えた「愛と知の循環」の運動体へ

　園を越えて保育を見合うことはとても意味のあることですが，すべての園ですべての保育を見ることは時間的・空間的に不可能です。しかし，文字化された記録であれば，時間や空間を越えて共有することができます。その意味で，子どもたちの愛と知の循環とそこでの保育者の愛と知の循環を綴った実践記録には大きな価値があります。しかし，書くという行為は時に大きな困難を伴います。特に保育の現場は，身体的な側面が大きく意味をもちます。その場での子どもの思いや考えを身体的に感じ取り，それに合わせて対応していく，情動的・身体的な呼応性が極めて重要です。一方で，それを書き，言葉にしようとすると，どう言い表したらいいか，非常に難しくなります。子どもの状況や園の現状を共

エピソード記録（子どものかがやき）

検印　担任印

表3-1　高浜町立認定こども園・保育所での「エピソード記録」の一例

月	2月				
週	第1週	第2週	第3週	第4週	第5週
	2/6　～　2/10	2/13　～　2/17	2/20　～　2/24	2/27　～　3/4	3/6　～　3/10
その様子・やってみたい、やってみようと思うこと	2/6～ かくれんぼができない、自分じゃなくて違うものでやってみよう！ 2/7～ かくれんぼ ウォーリーを合体 絵本を用意しておくと良い？ 2/8～ 色んな場所に隠してみよう 地図を使ってみると面白いかも ポストを赤にして絵本を思い出す	2/13～ 明日はバレンタインデー チョコやお菓子を作ろう 2/15～ 今度はケーキを作ってみよう 2/16～ 色んなケーキを作ろう 焼材で、ラキュー、… ケーキ屋さんを開いてみよう 他の年齢と関われると良い	2/20～ 男の子もケーキ作り 得意を生かして参加する 一体感を感じてほしい？ 2/21～ 本物のお店みたいにしたい 2/22～ もっと店に来てほしい お客さんを増やすには？看板？ 呼び込む？ 2/24～ 呼び込み、看板大成功！	2/27～ おひな様を探そう 吊るしおひなって何？ そんなおひな様もあり？ 2/28～ 見たから今度は作りたい！ 3/1～ 船を作ろう！ 宇宙を冒険する 基地？宝？エンジン？ それぞれの宇宙の本を用意する	3/6～ 感染症により ケーキ屋さん一時閉店 3/7～ 閉めて分かる ケーキ屋さんの人気 今できることはないか？ 3/8～ ポケモン図鑑を作ろう 3/9～ 鬼ごっこ！ハンター 年下さんとの交流
日付・場面・保育士の思い・エピソード・感動した場面・文章図	2/6 〈かくれんぼができない…〉 2/7 〈本物のウォーリーを探そう〉 2/8 〈もっと色んな場所に隠したい〉	2/13 〈明日は何の日？〉 2/14 〈本当のバレンタインみたい！〉 2/15 〈ケーキを作ろう〉	2/20 〈いっぱい作ろう？〉 2/21 〈本物のお店みたい〉 2/22 〈もっとお客さんに来てほしい〉	2/27 〈色んなおひな様があるんだね〉 2/28 〈おひな祭り様子作りたい〉 3/1 〈船作り×宇宙〉	3/6 〈ケーキ屋さんは一時閉店〉 3/7 〈やってないの？〉 3/8 〈ポケモン図鑑を作ろう〉

出所：岡山佳那作成の記録を抜粋。

有していれば，ひとこと語るだけで簡単に共有できる感覚的・身体的な判断を，文脈や状況まで言語化し自覚化しなければならないからです。保育者にとっては抵抗を感じるものですが，逆にいうと，言葉にしてみることで，「そういうことだったんだ」と新たに気づくことにつながります。何となくそういうふうに子どもに対応したけれど，それはどうしてだったのか。何となく不全感があるけれど，それはどうしてだったのか。言葉にしようとすると，吟味することになり，省察が深まります。「何となく」が，くっきりとしてくるのです。

　そうして子どもの姿や保育の展開を，書き言葉として表してみると，自分の保育の価値観も見えてきます。例えば，記録を書いて持ち寄り語り合う研修において，ある保育者は，1歳児とカエルの関わりを書いてきました。書いてみる中で，自分がいつも「ほら，カエルがそこにいるよ」と教えて気づかせる関わりをしていたことに気づいたと言います。そこで改めて，保育者が教えてやらないと子どもは気づかないものだったのだろうか，と考え直したといいます。子どもが「自分で見つけた」という実感をもてるほうがよいのではないか，そのためにはどんな環境や援助が必要なのだろうか，と考えるようになったと語ったのです。

　書くということはとても大変なことですが，そうやって見えなかったことが見えてくると，面白くもなってきます。そこでは，語りに共感してくれる仲間がとても大事です。園や子どもは違えど，同じようなことを感じたり考えたりしていることがわかったり，自分の思いや考えを理解してもらえたり価値づけたりしてもらえたりすると，励みになります。それが，実践知を自覚化し共有化していくことにつながります。

　そしてそこでは，世代を越えた支えが重要です。記録を持ち寄り語り合う研修において，ベテラン保育者がファシリテーターとしてグループでの聞き合い・語り合いを支える大きな役割を果たしているのを見たことがあります。栽培活動の実践で「去年はプランターに植えたけれど，今年は畑にキュウリを植えることになった」という記述がありました。ともすると，「栽培活動をしたんだ〜」と流してしまうような場面です。しかし，そのベテラン保育者は，「去年も子どもたちは栽培を経験しているのですね」「今年は畑にしたんですね」と言い，報告者だった保育者はそれにより，子どもたちが栽培を通して去年から今年にかけてどのようなことを学び，保育者としてはどのような願いをもっていたのか，語りを引き出していったのです。保育者が子どもの声を聴くのとまさに同じように，ベテラン保育者が，自分よりも経験の浅い保育者の声を丁寧に聴いていく姿を目にしました。経験があるほど，きっと子どもはこのときこういうことを思い考えていたのだろうとか，こういうときはこうするといいとか，自分の中に様々な範例をもつようになり，この豊かな引き出しから取り出したものをそのまま伝えたくなるものです。でも，経験の少ない者にとって，それは頭では理解できても，実感をもってわかり得ないものでもあります。むしろ，それぞれの保育者が自分の見方や考え方，子どもとの関わり方について，引き出して

もらうことで，新たな見え方に自分で気づいていくことが可能になるのです。

　第11章に収録されている実践記録は，このような記録を持ち寄り語り合う研修を通して書かれたものです。園の垣根を越え，地域や世代を越えて，子どもの思いや考えを辿り直し，愛と知の循環のプロセスを追いかけることは，園内での保育の当たり前を問い直し，個々の保育者の見方や考え方を問い直すことにつながります。そして，こうした協働での探究の面白さは保育者としての愛と知の循環を促していきます。実践記録を綴り，共有財産として残し，大事にしたいことを共有していくことが，実践と協働をつなぐ媒介物となっていくのです。

5．校種を越えてつながっていく「愛と知の循環」の運動体

　園の垣根を越え，地域や世代を越えて保育者として子どもたちの愛と知の循環を支えていく取り組みは，小学校以降にも広げていくことが必要です。

　小学校では，カリキュラムの構成原理や評価の在り方が幼児教育・保育とは異なるといわれます。確かに，学習指導要領には各教科で系統的に学習すべき内容があり，またそれが反映された教科書があります。ねらいに基づいて，どれだけ達成できたかを評価していくことになります。しかし，身につけるべき知識や技能をプログラムして子どもに詰め込んでいくことが求められているわけではありません。学習指導要領で提起されているように，知識・技能は生きて働くものとして子どものものとなり，思考力・判断力・表現力は子どもが未知の状況でも問題を解決していけるように培われていく必要があります。子どもの心が動き，自分で試行錯誤して課題解決に向かっていき，粘り強く協働していく学びに向かう力を育むことが求められています。そのために必要とされている「主体的・対話的で深い学び」を実現するには，子どもが何を思い考え，それを深めていくにはどんな環境があるといいのかを考えていくことが求められます。その意味では幼児教育・保育と小学校教育に違いはありません。小学校においても，授業の課題に心を向けたり，対象に思い入れをもったりしながら，学ぶ面白さを感じ，情動が動いていく「愛」があるからこそ，解決に向かって自分たちなりに考えていくことにつながり，「知」が育つのです。そうでなければ，授業の枠の中だけで，教師に求められたことに応じるだけの学習になっていってしまいます。

　とはいえ，小学校の授業においては，「上から降ろしていく」発想になりがちです。それは例えば，「高学年になったときに困らないように」「中学年になったときにこれができるように」という上学年から降りてくることもあります。「運動会があるから」「校外学習があるから」その前にこれをしよう，と行事予定で活動内容が決まっていくこともあるでしょう。もちろん，こうした段取りが重要なのはもっともなことです。しかしそこで，そ

第 I 部 「愛と知の循環」の理論を考える

れまでの子どもの育ちや，子どもの思いや考えがなおざりになってしまうようでは問題です。

　秋の活動について幼小で検討し合う協議会に立ちあったことがあります。そこで小学校の活動について話題になったとき，まずは校庭で秋探しをして，次に近隣の公園に行って，そして校外学習に出かける予定だという話になりました。そのとき，小学校の先生が「でも，園では『さあ秋を探そう』なんていうふうには秋の遊びは始まらないですよね。どうやって活動が始まっているのですか？」と尋ねました。園の先生たちは，秋に触れる環境がどのように構成されていて，子どもたちがそうした環境に関わっていく中で思いや考えが広がっていくよう，どのように援助しているのかを語りました。それをきっかけに，小学校でも，子どもたちが日々の暮らしの中で，どんなことを思い考えそうか，どんなふうにそれが深まったり広がったりしていく可能性がありそうか，という子どもの思考のプロセスをもとに活動を構想することにつながりました。

　幼児教育・保育から小学校教育にかけてのカリキュラムを作っていくうえでは，カリキュラムを作ることそのものよりもむしろ，作っていくプロセスが重要です。園で子どもたちが愛と知の循環の中で経験してきたことや育ってきたことを共有しながら，小学校でその循環をさらに展開させていくにはどうしたらいいのか，園と小学校の先生が共に語り合うことそのものに意味があるのです。

　同時に，保育における愛と知の循環を小学校の教師たちに共有していくことも重要です。保育者が子どもと共に対象に関わり，そこで起こる様々な出来事に心を動かしながら，同時に何をどうしたらいいか知的な思考を働かせていくこと。子どもたちと共に喜び悲しみ，情動を共有しながら展開を探り，子どもたちと共に意味や価値を作っていくこと。こうした保育者の語りが，小学校の教師たちにも伝播していくことで，主体的・対話的で深い学びを幼小で接続していくことにもつながるのです。

　そのためには，園を越え世代を越えて保育を見合い語り合い，綴り読み合うことを通して広げてきた学びの輪を，小学校以降にも拡張していくことです。

　例えばある学区では，4園1小でカリキュラム開発に取り組むことになり，各園校で子どもの姿を見合うことを重ねていきました。5つの園校となれば，順に見ていっても1年間で5回は見合うことになります。最初のうちは，園と学校の違いに目が行くことも多いものです。例えば園での運動会の練習の取り組みを見合ったことがあります。子どもたちで決めたモチーフをもとに，みんなでポーズを考えながら体操を作っていく場面でした。子どもたちが考えを交わしながら，やってみてはポーズを決めていきました。それを見た小学校の先生は，学校での運動会の練習と比較して，こんなにも子どもたちと共に作るのかということに驚き，いかに小学校が逆算的な思考で，過程よりも結果に重点を置いていたか，と反省をしていました。

　次に参観した園では，その先生は，泥団子を作る子どもたちを参観していました。子ど

48

もたちと一緒になって泥団子を実際に作ってみながら，子どもたちがどんなことを感じたり気づいたり試したり考えたりしているのか，丁寧に子ども同士のやりとりを聴き取っていました。参観後の語り合いでは，子どもが，ようやく完成した泥団子を担任保育者に見せようとしたのに，運ぶ途中で落としてしまい，また作り直し……という過程を語り，子どもが何とかやり遂げようと泥団子に向かっていくプロセスに面白さを見出していました。

　さらに次の園では，特色ある取り組みとして行っている合気道の場面を参観しました。一見すると，先生が教えて，それを子どもたちがやっているだけに見えてしまう場面です。しかし，ここまで何度も参観を重ねてきた先生方は，子どもがそれぞれに友達とやりとりしながら，自分の身体と対話していく細やかな試行錯誤のプロセスを見取っていました。

　このように，「園とは違うから学校ではできない」と遮断するのでなく，違いを感じつつも，活動の表面ではなく，子どもの姿を細やかに見つめ，思考のプロセスを追いかけ，その意味やつながりを探っていくことが重要です。それを言語化して共有し，保育・教育の面白さを分かち合っていくことこそが，学びの輪を広げるということです。第12章に収録されている実践記録は，幼保小でのカリキュラム開発のプロセスで見合い語り合い，表されてきたものです。協議会のメンバーが入れ替わっていっても，このような記録も手がかりにし，そうした見方・考え方を持続・発展させながら，一つの運動体として，「愛と知の循環」を様々に展開し変革し続けていくことが求められるといえます。

第 II 部
「愛と知の循環」を
実践から考える

第 **4** 章

「もっとこうしたい」「やってみたい」
から広がる「愛と知の循環」

―――――――――――――― 田中 孝尚（国立大学法人神戸大学附属幼稚園）

1．園の概要

　神戸大学附属幼稚園では，文部科学省の研究開発学校の指定を長年にわたって繰り返し受け，カリキュラム研究を行ってきています。カリキュラム研究では，一貫して，事実と解釈を書き分け，可能な限り保育者の思い込みや先入観を排除し，事実に基づく子どもの内面理解により，子どもの学びを捉えることを大事にしています。事実をもとに捉えた子どもの学びをカリキュラムの作成及び改善の根拠とし，根拠のあるボトムアップのカリキュラム開発を行っています。[*1]

2．事実をもとに丹念に繊細に子どもの内面と保育を振り返る

（1）「もっとこうしたい」が深まり，達成感へ

エピソード1 「こだわりの船，浮かぶかな？」（3年保育4歳児7月）

　雨天で水遊びができない日に，K，R，U，Yらが，明日の水遊びで作る予定の水路に流したり，池に浮かべたりして遊ぼうと，廃材を使って船を作っている。保育室には空き箱やトレイ，カップ，ペットボトル，割り箸，カラーポリ袋，各種テープ等が置いてある。
　Yが「Yちゃんはピンク船を作ろう！」と言って，ピンクの画用紙を切って，ピンクのビニルテープで白い発泡スチロール製のトレイに貼り付けるのを見て，保育者は「こだわりの船を作ってるんやね。ピンク船だからピンクの画用紙を貼って，テープもピンクなんだね」と言う。Yは笑顔で「そうだよ。白い所が見えないようにしてるの」と言い，保育者は「ちょっとの隙間もなくしたいんだね。それはこだわりいっぱいの船だ」と返す。さらにY

―――――――――――――――
＊1　本章の実践は，松本法尊，吉田紘子，浅原麻美，川東佳歩の4名によるものである。

53

は笑顔で「だってピンク船だからね！」と言う。

　Uが発泡スチロール製のトレイの上に割り箸を垂直に立ててセロハンテープで貼り付ける。立てた割り箸の先に赤い画用紙を四角に切ってセロハンテープで貼る。割り箸が立つようにテーブルの上に船を置き「先生見て！　旗付けた！」と言う。保育者が「おお～！　船の旗かぁ！　海賊船なんかに付いてるね。誰の船かわかる印がかいてあったりするよね。本当の船だね」と言う。その後，Uは笑顔で自分の船を見る。割り箸を取りに行き，寝かせた割り箸の先を船の胴体の左右に1本ずつセロハンテープで貼り付け，貼り付いていない先を持って動かしながら「先生，これ漕ぐやつ！」と言う。保育者が「あぁ船の漕ぐ棒ね！　オールかぁ。それがあったら漕いで進めるもんね」と言うと，Uは「うん！」と言って割り箸の先を動かす。

　保育者が船を作っている子どもたちに「船ができたら浮かべてみたい？」と聞くと，H，U，Yは「したい！」と言う。保育者が「じゃあ水がいるね。バケツじゃ大きな船が入らないかぁ」と言うと，Hは「スコップとか洗ってるやつは？」と言う。保育者が「なるほど，砂場の水を溜めてるタライね。それだったら大きな船も浮かべられるかぁ」と言ってテラスの保育室から見える位置で排水溝のふたの上にタライを置き，「ここなら水がこぼれても大丈夫かな」と言う。

　Yがトレイの底に付けた画用紙の上にピンクのビニルテープを貼って覆いながら，保育者を見て「ねえねえ，Yちゃんは紙を絶対に濡らしたくないからこれで濡らさないようにしてる！」と言う。保育者は「紙を貼ったけど濡らしたくないからビニルテープで全部覆った，カバー？」と聞く。Yはテープを貼った面を見せながら「カバー！」と言い，保育者が「ということは防水加工ですね？」と返すと，Yは微笑んで頷きながら「はい」と応える。

　Uが半分に切ったトレイを船体に付けた箇所を指さしながら「先生見て！　椅子も付けた！」と言う。保育者「あ，座りやすいように！　はっは～いいねぇ，乗り心地大事だもんね。船は浮かんでも，うわぁって落っこちそうじゃあねぇ」と言う。Uは笑いながらテーブルに戻り，椅子の形に合わせて赤い画用紙を切って貼り，保育者に見せながら「ねえこれいいんじゃない？」と言う。保育者が「わぁ，おしゃれなシートになったね！」と言うと，Uは笑顔でテーブルに戻る。

　Rが水を溜めたタライに船をそっと浮かべ，「おっ！」と言いながら船をじっと見ている。保育者が「おっ！　どう？　Rくん」と聞くと，Rは笑顔で保育者に向けて親指を立てて揺らしながら「いい！　いい！」と船をじっと見る。保育者が「いいね～！　しっかりと浮かんでいる。中に水

写真4-1

出所：筆者撮影。

第4章 「もっとこうしたい」「やってみたい」から広がる「愛と知の循環」

が入り込んでないか？ 水がしみ込んでくるようなら船が沈んでしまうんじゃないか？」と言うと，I，K，N，RはしゃがんでKとRの船をじっと見る。Rが「入ってない！」と言うと，保育者は「だったら長い船旅にも行けそう！」と返し，Rは笑顔になる。

Yが作り始めてから1時間程かけてトレイ全面にピンクのビニルテープを貼り終え，全面を見て笑顔で「やっとできた！」と言う。保育者は「とうとう完成！ 一つも隙間がなく全部ピンクに貼って，大変だっただろうに最後までよく頑張ったね！」と言う。Yは笑顔で頷き「浮かべてみよ！」と船を水に浮かべ，真顔で船をしばらくじっと見続ける。保育者が「よく確かめてるね。どう？」と聞くと，Yは変わりなく浮いているのを見て「うん，大丈夫だね。やった！ やった！」と笑顔で飛び跳ねる。

　保育者は，作りたいものに合わせて素材や大きさ，色，形等を選んで組み合わせられるように，様々な大きさや色，形，材質の素材を置いています。

　Yはピンクの船が作りたいとイメージをもって作り始め，水に浮きそうな素材を選び，ピンクの画用紙やテープを使って着色しています。保育者は作りたいものを具体的に決めて作るよさを感じて作り進められるように，こだわりという言葉を使い，作りたいイメージに合わせて表現するよさを感じられるように，作りたいものに合わせて材料の色を選んでいることを言葉にしています。Yは自分の表現を言葉にして受け止めてもらって嬉しい気持ちを感じています。

　Uも水に浮きそうな素材を選び，船に旗を立てたいと思い，ポールや旗に合った形や素材を選んで組み合わせ，保育者に見せに来ています。保育者は伝えたい思いが満たされるように，旗を付けたことに感心しそれを受け止め，自信をもって船らしく作っていけるように，今考えて表現している船らしさを言葉にして褒めたり，保育者の考える旗の付いている船のイメージを知らせたり，本物みたいであることを伝えたりしています。Uは嬉しくなり，さらに船らしくしたいと思い，船には漕ぐための棒があることを思い浮かべ，それに合った形や素材を選んで貼り付けています。保育者は伝えたい思いが満足できるように，漕ぐための棒を付けたことに感心しそれを受け止め，船のイメージをもちながら表現する楽しさを感じられるように，Uの表現が船の性能を高めていることを船の用語や性能に結びつけて言葉にし，褒めています。実際に動かせることで，Uはそのよさを噛み締めているようです。

　また，作っている途中に水に浮かべて試してみることもできると感じ，試しながら作ったり作り変えたりすることができるように，浮かべてみることを話題に挙げつつ，必要なものやその大きさを考えられるように，バケツの不都合さを言葉にしながら準備に向かっています。すると，Hはいつも使っているタライであれば，大きな船でも浮かべられるのではないかと考え，保育者はHが自分の考えに自信をもてるように，Hの考えに感心しそれを受け止めています。そして，保育者はすぐ水に浮かべられたり，作ったり浮かべたり

55

第Ⅱ部 「愛と知の循環」を実践から考える

している様子が互いに見えたり，水がこぼれることにも意識を向けたりするように言葉を添えながらタライを置いています。

Yは水で画用紙を濡らしたくないと考え，ビニルテープを貼って覆うとよいと考えています。保育者はYが自分の工夫を再認できるように，また，別の言い方を感じられるように，「覆う」や「カバー」と言い換えて尋ねています。Yも自分のしている紙を濡らさないようにテープを貼ることは，「カバー」と言うのが合っていると感じています。保育者は，自分のしていることの価値をさらに感じられるように，また，新しい言葉に刺激を受けるように，Yのしていることを「防水加工」という言葉を使って表現しています。このことにより，Yは自分のしたことを誇らしく思っています。

Uは船の椅子を作って保育者に知らせています。保育者は船や乗る際の状況をイメージしたり，船の世界観に入り込んだりしながら表現する楽しさを感じられるように，船に乗る人にとってのよさや乗る際の状況を言葉にして褒めています。Uは自分が考えてした表現に満足しつつ，さらにより素敵な船にしようと色付きの紙を切り貼りして色付けをしています。保育者はUが自分の表現のよさを感じられるように，保育者が感じた表現のよさを言葉にしています。

Rは作った船を水に浮かべてみてよく確かめています。保育者は作った船が水に浮いた嬉しさをより感じられるように，嬉しさに共感し，船の様子に変化がないかよく確かめられるように，水が入り込んだりしみ込んだりしていないか尋ねています。Rは船の様子を確かめ，水が入ってきていないと確信をもち，喜んでいます。

Yは自分が作りたい船がようやくできあがった喜びを感じています。保育者は自分の頑張りを感じて自信がもてるように，保育者が感じた頑張りを具体的に言葉にしています。Yは自分の頑張りを感じ，水に浮かぶ様子を見て，ようやく自分の作りたい船ができた達成感を感じています。

（2）「やってみたい」が友達に広がる

エピソード2 「ぐるぐるエックス始まるよ！」（3年保育5歳児6月）

Kが新聞紙とつなげた輪ゴムを使って作ったヨーヨーを回し，そのヨーヨーを保育者が跳んで遊び始める。ヨーヨーに当たればゲームオーバーと決めている。それを見たDも，KのヨーヨーをKのヨーヨーを借りて頭の上で回し始めるが，途中で輪ゴムが切れてしまう。Kはガムテープでつなぎ目を修復しようと保育室に入る。

DはKについて行って「それ俺も作ろ！」と新聞紙を丸める。「ぐっちゃぐちゃにしてやる」と言いながら，上半身を前に傾け，お腹の近くで繰り返し力を加えて新聞紙を小さくする。新しい新聞紙を，丸めた新聞紙の上から被せて丸め，オレンジと水色と赤と白のガムテープを巻き付ける。

KはDのヨーヨーを見た後に自分のヨーヨーの新聞紙の部分に赤色のガムテープを巻き付

第4章 「もっとこうしたい」「やってみたい」から広がる「愛と知の循環」

け「これは隕石！」と言う。それを聞いたDは，「俺は虹隕石」と言う。するとKも「僕も虹隕石！」と言いながら，次々とガムテープを付けて，ヨーヨーの先の新聞紙の部分が仕上がる。

　Dはガムテープを4cmほどに千切り，新聞紙を丸めた部分に輪ゴムを貼り付け，上から手で押さえる。付けたゴムを持ち上げて見る。ガムテープを3cmほどに切ったもので輪ゴムと輪ゴムをつなげるが，輪ゴムと輪ゴムが歪んで付いていく。Dは歪んだ部分をじっと見て，少し引っ張る。ガムテープを4cmほどに切ったものをさらに2cmくらいに細く千切る。輪ゴムの輪を指で広げながらガムテープを通し，輪ゴムと輪ゴムをガムテープでつなげる。保育者が「ガムテープを細くしてるんやね」と言うと，Dは「ぶっとかったら全然できんから。（ゴムに指を通して指の幅をさらに広げながら）こうやって広くしたらできるかもしれん」と言う。広げた指を戻し，新しいガムテープを千切り，輪ゴムをつなげることを繰り返していく。

　Kはヨーヨーを持っている手を上に上げ，笑顔で「長いぞ！」と言う。保育者が，「何本付けたの？」と聞くと，Kは輪ゴムを1本ずつ触りながら「1，2，3……9。（目を見開いて）9本！」と言う。Dはヨーヨーにつなげた輪ゴムを途中まで1本ずつ触る。立ち上がり，ヨーヨーを持っている手を上げてヨーヨーを宙に浮かせ，つながった輪ゴムをもう一度1本ずつ触っていく。「今は6！」と言う。

　Kが大きい声で「それじゃあ，ぐるぐるエックス始まるよ〜！」と言ってヨーヨーを持って芝生に行き，一人でヨーヨーを回している。保育者がKに向かって「先生やっていい？」と聞くと，Kは笑顔で「いいで。いくで」と言う。保育者は「うん！」と頷き，Kの回したヨーヨーを跳び始める。近くに来たSがそれを見て「うわあ！　あはは！　何してるん！」と聞く。保育者は笑顔で「引っかからないように〜跳ぶの！」と言いながら跳んでいるが，少しすると引っかかる。保育者が「わあ〜隕石にぶつかってしまった！」と言う。Sはヨーヨーが止まったのを見て，Kに近づき，笑いながらKを見ていると，Kが笑顔で「え〜えい！」と自分も回転しながらヨーヨーを回す。SはKの持つヨーヨーを見ながら自分の下に来たときに「うわあ〜！」と言いながら跳び始める。

写真4-2
出所：筆者撮影。

　Kが作ったものを，Dが見たり借りてやってみたりすることでその面白さを感じ，Dも作り始めます。そして，Dが丸めた新聞紙をガムテープで固定しつつ，いろいろな色を付けようとしていることに今度はKが刺激され，Kもガムテープで色を付けています。Kは作りながら，当たるとゲームオーバーと決めたヨーヨーの遊びと，かたまりが飛んでいる様子，当たると危険だと思っている隕石とを関連づけて，ヨーヨーを隕石と名付けていま

57

第Ⅱ部 「愛と知の循環」を実践から考える

す。

　Dは，新聞紙と輪ゴムをしっかりと固定しようとガムテープを手で押さえ，持ち上げて固定されているかどうか確かめています。また，輪ゴムの部分を長くしたいと思い，輪ゴムをつなげる中で，ガムテープの幅を細くしたほうがつなげやすいことに気づき，どれくらいの幅が丁度よいのか考えたり，輪ゴムとガムテープが絡まってくっついてしまわないように，指先で輪ゴムの口を広げながら，ガムテープを通したりしています。その際，保育者は子どもが自分のしている工夫に自信をもてるように，工夫しているところを言葉にして感心しています。

　Kも輪ゴムを繰り返しつなげ，長くなってきていることを感じて喜んでいるときに，保育者に何本付いているのか聞かれることで，輪ゴムの数で長さを確かめ，思ったよりたくさんつながっていることがわかり驚いています。Kのつなげた数を聞き，Dも自分のものは輪ゴムが何本つながっているのかが気になって数えています。

　Kが今遊んでいる遊びを「ぐるぐるエックス」と名付け，呼びかけていますが，誰も来ていなかったので，保育者はKの誰かに跳んでほしい気持ちが叶うように，また，他の子どもたちもこの遊びに興味をもてるように，保育者もやってみたいことを伝えています。そして，Kと保育者がしている遊びが面白そうだと思い気になっているSに，ヨーヨーが隕石であるというイメージが伝わるように，隕石という言葉を出しています。さらに，この遊びの面白さを感じられるように，保育者が楽しんでいるところを見せ，楽しさと悔しさを伝えると，Sは自分も跳んでみたくなり，Kとの遊びを楽しんでいます。

（3）不思議さと面白さに惹きつけられる

エピソード3「カメムシ見つけた」（3年保育3歳児7月）

　Gは保育室で一人，ポケット図鑑を見ている。保育者に虫探しを勧められたGは，ポケット図鑑を持ち，Yと保育者の3人で，砂場に向かう。遊具の柱にカメムシを見つけた保育者は，「お！　Gちゃん，さっそく先生何か見つけたぞ！」と言いながら，虫をじっと見て近づき，「先生，虫見つけた」と言う。Yは虫を見つける。自分では見つけられないGに，保育者が指をさして知らせると，Gは虫を黙って見る。

　保育者が笑顔で「わ！　なんか動いているね」と言うと，Gは虫を見続けながら真顔で「先生，これなに？」と言う。キマダラカメムシがおしりを振るような動きをしており，保育者はG，Yを見ておしりを左右に振りながら「わ！　見て。なんか……おしりフリフリ〜してるね」と言う。Yは保育者の顔を見て笑い「してるね〜」と言って笑顔でおしりを振る。Gが「ねえ！　先生，なに？」と聞き，保育者はゆっくりと「カメムシっていう虫じゃないかな？　知ってる？　カメムシ」と言う。Gは虫を見続けながら「ふ〜ん。おしりフリフリしてるなあ！　……あ！　待って」と言い，ポケット図鑑を開いてページをめくっていく。保育者が「おー！　載ってるかなぁ」と言う。

　Gが「ないわ」と言いながらポケット図鑑を保育者に渡して虫に近づく。保育者は「そう

58

第４章 「もっとこうしたい」「やってみたい」から広がる「愛と知の循環」

かぁ，載ってない？ 先生も見てみよ」と言ってページをめくる。Ｙは保育者がめくる図鑑をのぞいている。保育者がページをめくりながら「ここは～カマキリ，これは，カブトムシやね。あ，このちょうちょ，昨日飛んでたよ。……あ！ Ｇちゃん，カメムシ！ 載ってるよ」と言うと，Ｇは「え！ 貸して！」と言いながら図鑑に手を伸ばす。保育者が「どうだろう，同じのいるかな？ ん？ これは？」と数種類載っているカメムシの中の一つを指さす。そして「似てない？ 大きさも。『クサギカメムシ』だって」と言いながら図鑑を渡す。Ｇは「ちょっと待ってよ，お！ これか?!」と図鑑を持ってカメムシに近づき，図鑑を見たり虫を見たりする。そして，「先生，違うわ。載ってない」と言って保育者に図鑑を渡す。保育者が「違う？」と聞きながら虫と図鑑を見比べると，Ｇは虫を見て「うん，こんな長いのないで」と言う。保育者が「長い？ あ～，（頭に触れた人差し指を上に動かし）頭から出てるやつ？ 触角のことかな。ん～その触角の長さが違うのか」と言うと，Ｇは「そやで」と言って虫を見ている。保育者は虫を見たり図鑑を指さしたりしながらＧ，Ｙに「あ～このカメムシはここに，しましまがあるね。ちょっと違うかぁ。脚も，黄色と黒のしましまだね。面白いね～しましま」と言う。Ｙは「しましまやなぁ」と言って笑顔で保育者を見る。

Ｋが保育者に近づいてきて「何してるの？」と聞き，保育者が「Ｇちゃんと虫を見つけて見てたの」と言う。Ｋは虫を見た後，保育者を見て「カメムシ！」と言う。保育者が「お～カメムシ知ってるんだね。よく知ってるね。Ｋくん，虫さん好きだもんね」と言う。

保育者が「見て～，おしりフリフリしてるの～」とおしりを振りながら言う。Ｋはカメムシに近づいて見た後，目を見開いて保育者を見て「ほんとだ。フリフリしてるね～」と言う。保育者が「ね。みんなの『おしりフリフリ～♪』と一緒みたいやね」と言葉に合わせておしりを振ると，Ｋ，Ｙも笑顔でおしりを振る。

保育者がＧ，Ｋ，Ｙらと一緒にカメムシを見ながら「さっき上向いてたけど，今は下向いてるね。どこに行きたいんかなぁ」と言うと，Ｋは「どこに行くんだろうねぇ。遊びたいんかなぁ」と言う。カメムシはおしりを振るような動きをしながら徐々に下に向かって進んでいる。子どもたちは虫を見たり保育者を見たりして話をしている。カメムシが羽を広げるのを見て，保育者が「わ！ 飛びそう！」と言うとＧ，Ｋ，Ｙはカメムシを見る。保育者が腕を広げながら「今，羽広げてたよ。飛ぶんかと思った～」と言う。

カメムシは砂地で歩いていたが，ひっくり返って脚をバタバタさせて動き，元に戻って少し進むとまたすぐひっくり返ってを繰り返している。保育者が「わ，ひっくり返った！」と言うと，Ｇ，Ｋ，Ｙはカメムシから少し離れて囲んでしゃがんで見る。保育者が「どうしたんだろう，戻れないんかなぁ。助けてあげる？」と言う。Ｙがカメムシに手を伸ばしかけるとカメムシが元に戻り，保育者「……と思ったら，戻ったねぇ」と言う。Ｇが「どうしたん？」と聞き，保育者「どうしたんやろね，あ！ またひっくり返った！」と応える。Ｋがカメムシを見ながら高い声で「また！ どうして？」と言う。

保育者が両腕の肘を曲げ，腰を左右に動かしながら「なんか，くにっくにってしてるねぇ。それでちょっと進んでる？ あ！ また戻った！」と言う。Ｇは立ち上がり高い声で「どうやって動いてんの～?!」，Ｋ「あ！ また～！」，Ｙと保育者が「え～！」と声を出し，顔を見合わせて笑う。Ｇが笑いながら，抑揚をつけて「どうやって動いてんの～?!」と言うと，

59

第Ⅱ部　「愛と知の循環」を実践から考える

| Kが少し口角を上げGと同じ抑揚をつけて「どうやって動いてんの〜?!」と応える。

　ポケット図鑑で虫を見ることを楽しんでいるGに対して，保育者は生きている虫に実際に触れたり虫を見たりして楽しめるように，虫探しに誘い，虫の存在を知らせます。

　Gが虫に関心を寄せている様子を見て，保育者は虫の動きの面白さを感じられるように，動きに注目させ，同じように動いて見せています。Yは保育者の言う通り，虫がおしりを振っていて面白いと思っていますが，Gは見つけた虫が何という虫か早く知りたいと思ってイライラしてきています。保育者はGが落ち着いて虫と触れ合えるように，落ち着いた口調で虫の名前の一部を知らせています。気持ちが落ち着いたGは，おしりを振っている動きを面白いと感じて見ています。Gは図鑑に載っているか探してみようとしています。保育者は見つけた虫を図鑑でも見てみる楽しさを感じてほしいと願って，期待感を言葉にしています。

　Gはポケット図鑑でカメムシが見つからないため，載っていないと思っています。しかし，保育者は見つけた虫を図鑑でも見る楽しさを感じられるように，本当に載っていないか確かめるとともに，図鑑から虫を探す楽しさを感じたり，図鑑での探し方を目にしたりできるように，何が載っているページか言葉にしながら1ページずつめくっています。そして，Yが，図鑑にはいろいろな虫が載っていると感じられるように，様々なページを見せたり，昨日見たちょうちょが載っていることに触れたりしています。さらに，Gが喜んで見られるように，図鑑にカメムシが載っていたことを喜んで伝え，数種類載っているカメムシと目の前のカメムシを見比べてみようと思えるように，似ている虫を指し示しています。Gは自分でよく見て，図鑑から見つけたいと思っており，図鑑の写真と実物を見比べて，保育者が指し示したカメムシも，その他に載っているカメムシも，目の前のカメムシとは違うと判断しています。Gは長さが違うところがあることに注目しており，保育者はGが見つけたことを確かめたり，YにもGが見つけた違いがわかるように言葉を足して言ったりしました。Gは，触角の長さが違うので一番見た目が似ているクサギカメムシでもないと自信をもって判断しています。保育者は，図鑑に載っているカメムシとの明らかな違いや虫の姿の特徴やその面白さを感じられるように，保育者の感じた違いを言葉にして注目させ，姿の特徴を具体的に言葉にしています。Yはカメムシの縞模様を面白いと思っており，その思いを保育者と共有したいようです。

　Kは保育者たちが何をしているのか気になり，一緒に虫を見始めます。

　保育者はG，Yらと共にKもカメムシの動きを楽しめるように，虫の動きを知らせたり，真似して見せたりしています。Kもカメムシがおしりを振るような動きをしているのを面白いと思っています。子どもたちが虫の動きの面白さを感じられるように，保育者が前に踊っていた「おしりフリフリ」の曲の動きと関連づけたり，保育者が動いて見せたりすると，K，Yも虫の面白い動きを真似して楽しんでいます。子どもたちがカメムシの動きや

気持ちに関心を寄せ続けられるように，保育者がカメムシの向きが変わっていることを言葉にしたり，どんな気持ちなのかをつぶやいたりすると，Ｋはカメムシの気持ちを想像しています。さらに保育者は虫の新たな様子や動きに関心を寄せてほしいと願って，様子の変化を知らせると，Ｇ，Ｋ，Ｙは何だろうと思って注目しています。すかさず，もっと見たいと思えるように，虫がしていた動きと保育者の気づきを言葉にしています。

　保育者は，子どもたちがカメムシの新たな動きに関心を寄せてよく見ようと思えるように，驚いて見せ，虫の動きを言葉にしています。Ｇ，Ｋ，Ｙはカメムシに興味はあるが，よくわからない怪しさも感じており，少し距離をとって見ています。保育者が，カメムシに気持ちを寄せ続けられるように，心配する保育者の姿を見せたり，できることを一緒に考えようとしたりすると，Ｙはひっくり返っているカメムシを戻してあげようとしています。Ｇはどうしてひっくり返っているのか知りたいと思っています。保育者は，虫の不思議さを感じられるように，不思議な気持ちに共感しています。Ｋはカメムシが再度ひっくり返ったことに驚き，なぜひっくり返ったり戻ったりしているのか不思議に思っています。

　保育者は，虫の動きの面白さを感じられるように，擬態語を添えながら真似して見せたり，虫の動きに関心をもち続けられるように，動きを言葉にしたりし続けています。Ｇ，Ｋらはカメムシがひっくり返ったまま動いたり，ひっくり返ったり戻ったりしていることを不思議に思ったり面白いと思ったりしています。虫の動きの面白さをより感じられるように，保育者がＫ，Ｙの気持ちに共感すると，Ｇは虫がひっくり返って動くことがおかしく，抑揚をつけてツッコミを入れるような言葉で表現し，ＫもＧの表現を面白いと思い，同じ気持ちを，同じ言葉や抑揚で表現し，友達と一緒に，同じ面白さを感じる心地よさを味わっています。

（4）強い思いのぶつかり合いから折り合いをつけていく

エピソード4 「カナヘビは誰が持って帰る？」（3年保育5歳児7月）

　クラスで飼育してきたカナヘビが卵を産む。そのうち1匹は卵から孵ったが死んでしまい，その原因についてクラスで話し合った。残った卵については，夏休み前にクラスで話し合い，生まれたときのために誰かが持って帰ったほうがよいということになる。子ども自身が持って帰りたいと思っており，なおかつ保護者の了解を得たのはＲとＳであった。

　Ｒ，Ｓ，保育者がカナヘビの卵を誰が持って帰るか話し合い，後ろで保護者が見守っている。保育者が「どうやって決めようね」と言う。Ｓが「大阪じゃんけんは嫌やしなぁ」と言うと，Ｒが頷く。話を近くで聞いていたＯが，「そもそも飼う場所はあるの？」と聞くのを受けて，保育者が「なるほど，確かに場所がないと飼えないもんね」と言う。Ｓが「いっぱいあるで！」と言うと，すかさずＲも「僕の家もある」と言う。保育者が「2人ともあるんやね」と言う。さらに，Ｏが「でも日陰はあるの？」と聞くのを受けて，保育者が「あぁ，日陰のほうがいいのかぁ」と言う。Ｓが「あるで！」と言うと，すかさずＲも「ある！」と

第Ⅱ部 「愛と知の循環」を実践から考える

言う。保育者は「２人とも日陰で虫かごを置く場所があるんやね」と言う。

　Sが語尾を強めて勢いよくRのほうを見て「温度とか暑すぎても寒すぎても死んでしまうから，温度計もいるけど，温度計あるの？」と聞くと，Rは首を傾げて「ん？」と言う。保育者が「確かに前調べてカナヘビは25〜30℃がいいってあったもんね。その温度が丁度いいか調べるための温度計があったほうがいいんやね」と言う。Rが後ろにいる父親のほうを向き「ある？」と聞く。Rの父親は「うーん，用意はできるかな」と答える。RはSのほうに向き直り「ある」と言う。保育者は「じゃあ２人とも温度も大丈夫そうやね。あとは何で決めたらいいんやろう」と言う。

　Rがゆっくりと「ねぇ，Sくん，家の近くに虫の楽園みたいなところある？」と聞く。Sは「え？」と聞き返す。Rが「バッタとかチョウとか虫がたくさんいる虫の楽園みたいなところ僕の家のすぐ近くにあるんだけど，そんなところある？」と聞く。Sは「あるで！　家のすぐ裏に山があるからすぐ虫取りに行ける！」と答える。Rが「ふーん。そうか」とつぶやく。保育者が「あぁ，確かに生まれたときにすぐ餌があったほうがいいもんね。なんか前調べて小さい蜘蛛とかが栄養があっていいってあったけど，そんな虫をすぐに捕まえられるところが近くにあるんやね」と言うと，R，Sが共に頷く。

　保育者が「じゃあ後何があるかな」と言う。Rが「ねぇ，Sくん？　Sくんはたくさん虫飼ってるでしょ？」と聞く。Sは「うん，たくさん飼ってるで！」と答える。Rが「カナヘビとかトカゲも飼ったことあるでしょ？　僕は飼ったことないんだよね」と言う。Sは勢いよく「トカゲとかは飼ったことあるけど，カナヘビの卵とか赤ちゃんは飼ったことないんやで！」と答える。R「う〜ん，そうか」と言う。保育者は「なるほど，Rちゃんは飼ったことないから飼わせてほしいってことを言いたかったんやね」と言うと，Rは「うん」と頷く。保育者が「けど２人とも卵や赤ちゃんは飼ったことはないんやね」と言うと，R，Sが共に頷く。

　保育者は「２人とも飼う場所もあるし，温度も調べられるし，生まれたときにすぐ餌も取りに行けるからカナヘビにとっては２人ともいい環境で育てられそうやもんね。あとは他にカナヘビにとってこんなこと大事そうっていうのはありそう？」と聞く。O，R，Sが首を横に振る。

　この後，あみだくじで決めることを２人ともが選び，保育者と一緒にあみだくじを作り始める。２人が線を加え，あたりを決め，Rがまず選び，Sもそれでよいと言う。保育者がSの線を辿ると，丸の印に行き着く。保育者が「丸ってことはSくんが持って帰るってことやね」と言うと，Rは涙目になる。Sは真顔でRの顔をじっと見る。保育者が「これで決めるって２人で納得してしたから仕方ないけど，涙が出るくらいRちゃんも飼いたかったんやもんね。Rちゃんにそれくらいの気持ちがあるってことはSくんもわかって責任もって飼ってほしいね」と言う。Rは涙目のまま後ろを向き頷く。Sは真顔でRをじっと見る。保育者が笑顔で「じゃあSくん，またどうなったか教えてね」と言うと，Sは真顔で「うん」と小声で言う。RはSのほうを振り返り，涙目で「大切に育ててね」と言う。SはRを見て真顔で「うん」と頷く。

62

第4章　「もっとこうしたい」「やってみたい」から広がる「愛と知の循環」

　保育者は命の大切さやその世話をする責任の大きさを感じられるように，カナヘビの赤ちゃんが死んでしまって悲しい気持ちや，どうしたらよかったかについてクラスで話し合う機会を作るとともに，夏休みの間，責任をもってカナヘビを飼える家庭を募っています。

　保育者はRとSがカナヘビの卵を持ち帰る人をどう決めたいと思っているかを掴んで支えていけるように，どう決めたいか尋ねます。R，S共にじゃんけんの話をし始めていたところ，Oがそもそも家に飼う場所があるかどうかを確かめようとしています。保育者はカナヘビのことを思って決めようとすることのよさを感じられるように，また，カナヘビにとってよい環境について考えようと子どもたちが思えるように，Oの考えに感心しています。R，S共に家に飼う場所は十分あると思っていることを確認すると，保育者は今のところ2人が同じ状況であることを意識して話し合っていけるように，2人とも同じ状況であることを言葉にして確認しています。Oがカナヘビは日陰で飼ったほうがよいと思っていることを受け，保育者は，カナヘビにとってどんな場所がよいかを考えていけるように，Oの飼う場所についての考えに感心しています。R，S共に日陰で飼える場所もあると思っていることを確認すると，保育者は状況を整理して話し合っていけるように，2人とも同じ状況であることをもう一度言葉にして確認しています。

　Sは園でカナヘビについて調べたとき，カナヘビにとって丁度よい温度があることを知り，温度計が必要だと思っています。対してRは温度計が何のことかわかっていません。保育者は以前調べたことを互いにわかって話し合えるように，具体的に調べたことを知らせ，温度計が必要な理由がわかるように，温度計の役割を伝えています。Rは家にあるかわからないので父親に確認しています。ここでも保育者は状況を整理して話し合っていけるように，2人とも同じ状況であることを確認し，他の観点がないか尋ねています。

　Rは自分がどうしても持って帰りたいので，あきらめずに持って帰れる方法を考え続けています。Sに納得してもらい，カナヘビの卵を持ち帰れるように，カナヘビにとってもよいこと，尚且つ自分に有利になりそうなポイントを探り，生まれたカナヘビがすぐ餌を食べられるようにする必要があることから，虫がたくさんいる「虫の楽園」があるかどうかで決めればよいと考え，Sが自分の思いを受け入れやすいように，優しい口調で呼びかけて尋ねています。SはRが言っていることがわかりませんでした。しかし聞き返すと，Rが具体的な言葉を足して言い直してくれたことで，SにもRの言っていることが伝わり，虫がたくさんいる場所なら近くにあると返します。

　保育者は虫がいる場所が家の近くにあったほうがよい理由を感じられるように，以前調べたことを交えながら理由を言葉にしています。

　保育者が，カナヘビに関することで他に考えられそうなことがないか伝え合えるように，他の観点がないかを尋ねると，RはSが虫をたくさん飼っていることを思い出し，説得の切り口を変え，自分がカナヘビやトカゲを飼った経験がないことを伝えると，いろいろな生き物を飼ったことがあるSが譲ってくれるかもしれないと思い，自分に飼わせてほしい

63

第Ⅱ部 「愛と知の循環」を実践から考える

ことを遠回しに伝えています。Ｓはたくさん飼っているけれど，カナヘビの卵や赤ちゃんを飼ったことはないことを伝え，譲る気持ちはないことを伝えています。ここでも保育者は状況を整理して話し合っていけるように，２人とも同じ状況であることを言葉にしています。

　保育者は他に考えられることはないか見出せることを願って，今まで出てきた考えを整理し，カナヘビにとって他にも考えるべき環境があるか尋ねています。

　しかし，もう思いつかず，相談による決め方ではなく，別の決め方の中からあみだくじで決めることに向かっています。

　保育者が実際にやって見せながら，やり方や結果を言葉にしています。Ｒは自分が持って帰れない結果になったことがわかり，悲しいけれど堪えています。ＳもＲの気持ちを理解しています。保育者はＲが気持ちに折り合いをつけられるように，Ｒも納得して決めたやり方であることを言葉にしたうえで，Ｒの気持ちに寄り添い，ＳがＲの強い思いを感じられるように，Ｒの思いを念押しで伝えています。さらに，Ｒの思いを受けて最後まで責任をもって飼おうと思えるように，責任をもって飼ってほしいことを伝えています。Ｒは悲しくて涙が出ますが，気持ちを落ち着けようとしており，Ｓはカナヘビの卵を泣くほど持って帰って育てたかったＲの気持ちを感じています。保育者は持ち帰ることになったＳも喜びを感じられるように，笑顔で明るく経過を楽しみにしていることを伝えています。Ｒの気持ちを感じているＳは，カナヘビの卵がどうなったのか今度会ったときに伝えようと思っているようです。Ｒは持ち帰れなくて悔しさや悲しみはありますが，気持ちに折り合いをつけて納得していることを，カナヘビの卵を大切に育ててほしいという気持ちを伝えることで示し，話に区切りをつけようとしています。ＳはＲの思いを受けて大切に育てようと思っています。

３．全体を振り返って

　子どもたちは，遊びや生活を通して環境と関わる中で，すでに獲得している様々な資質・能力の発揮が促され，互いに刺激し合い，それらが複雑に絡まり合いながら学びに至っています。本園では，この過程を可視化，顕在化し，その実践記録を園の職員で検討することを通して，事実をもとにした子どもの内面の見取り，子どもが学びに至る過程における効果的な環境の構成や保育者の援助を明らかにし，保育者の資質向上につなげるとともにカリキュラムの改善に活かしています。

　子どもたち一人一人が学びに至る過程を捉えるためには，事実をしっかりと見取ることが不可欠です。時に，事実の見取りが十分にできていなかったことにも直面しますが，その場合も，どんな事実を捉えることが必要なのかを学べる貴重な機会となります。本章を

第4章 「もっとこうしたい」「やってみたい」から広がる「愛と知の循環」

通じて，事実をもとにし，丹念に子どもの内面と保育を振り返ることの意義を感じていただけるのではないでしょうか。

第Ⅱ部　「愛と知の循環」を実践から考える

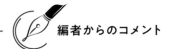
編者からのコメント

環境の豊かな配置から共に進める探究へ

無藤　隆

　神戸大学附属幼稚園の記録をもとに，その意義を「愛と知の循環」の考えから検討したいと思います。

1．実践の概要

（1）4歳児の浮かぶ船作り

　4歳児数名が池や水路に船を浮かべようとして，廃材の空き箱やトレイなどを使って作り始めます。Yがピンク色の船を作ろうと思いついて，その色の画用紙をその色のテープで白い発泡スチロールのトレイに貼る。保育者は隙間をなくしたいのだねと伝え，ピンクだけにするという子どものイメージが確認されています。別のUはトレイの上に割り箸を立てて，その先端に四角に切った画用紙を貼り，旗に見立てると，保育者が船の旗，海賊船みたいと指摘して，子どもは自分の船を見る。割り箸を船の両脇に付けて「漕ぐやつ」とし，保育者は「オール」「漕いで進める」と応じる。

　数名の船を見て保育者が「浮かべたい？」と尋ねて（この日は雨なので），バケツにするか相談して，バケツじゃなくてタライだと引き出して，それを置く。Yがトレイの底に紙を貼りさらにピンクのビニルテープを貼って，「濡らさないようにしている」と保育者に伝え，保育者はカバーだ，防水加工だと応じる。

　Uは船体にトレイの半分を取り付け「椅子」とする。保育者が座りやすくなったよさを言葉にすると子どもは椅子をよりよくしようと赤い画用紙を貼る。船をタライに浮かべてじっと見て，水が入ってないとわかり，保育者は「長い船旅に行けそう」と応じる。Yは1時間かけてピンクの船を完成させる。保育者は「とうとう完成」と言い，子どもは船を浮かべて，「やった！」と飛び跳ねる。

（2）ヨーヨー作りと遊びの工夫が他の子どもへと広がる

　5歳児のKが新聞紙を丸め，輪ゴムでつないで振り回すヨーヨーを作る。それを低く振り回し，そこにいる人が跳び上がり当たらないようにする。ヨーヨーを修繕する。もう一人も作り始める。新聞紙を堅く小さく丸めて，ガムテープを巻き付ける。先の新聞紙の丸に色の付いたテープを巻き付けたものを「隕石」と見立てながらテープをぐるぐる巻きにする。Dが作るとき，輪ゴムのつながりとかその幅とか何度も試して調整していく。「こうやって広くしたらできるかもしれん」と言葉で説明もしながら何度も繰り返して作って

いく。Kの作ったのは長くなっていて，輪ゴムが何本か保育者が尋ねると，「9本！」と自分でも驚く。Dも自分の輪ゴムを数えて6本だと確認する。

Kがヨーヨーを振り回すので，保育者が跳んで逃げる役をやる。何度か跳ぶが，引っかかる。保育者は「隕石にぶつかってしまった！」と言う。Kが回し始めたのを見て，今度はSが入って跳び始める。

（3）子どもが保育者の導きと会話を通して虫の面白さと不思議さを見つけていく

3歳児が虫を見つけていく。Gは一人，部屋でポケット図鑑を見ている。保育者は庭での虫探しを勧め，保育者とGとYが砂場のほうに向かう。そのそばの柱に保育者がカメムシを見つけて，Gに何かいると知らせる。保育者は虫をじっと見て，近づき，「虫を見つけた」と言う。子ども2人は保育者が指さした方向の虫に気がつく。カメムシがおしりを振るような動きをしていて，それを保育者もおしりを振りながら「おしりフリフリ」とおどけて伝えると，Yもおしりを振る。Gが虫の名前を尋ねるので，「カメムシじゃないか」と答えると，Gは虫を見続けながら，ポケット図鑑を開いてページをめくっていく。

Gが図鑑にないと言うので，保育者がいろいろな虫がいることを示しながら，カメムシが載っていると言うと，Gが図鑑に手を伸ばす。保育者はクサギカメムシに似ていると指をさす。Gは「それは違う」と言い，「長いのない」と理由を言うが，それは触角のことである。保育者が，見ているカメムシには縞があるとも指摘して，違うかもしれないと言う。

Kが近づいてきて，保育者はGが虫を見つけたと伝えて，図鑑のページを指さす。Kは「カメムシ」と名を呼んで，カメムシのことを知っていた。保育者は「虫好きだもんね」と応答する。保育者が子ども2人と共におしりフリフリと歌いながらおしりを振る。

カメムシが地面に降りる。砂地を歩くと，ひっくり返って脚をバタバタして，また戻るがまたまたひっくり返ったりする。「どうして？」とKが不思議がり，Gがどうやって動いているんだろうと疑問を発する。2人がさらに他の子どもも交えて，「どうやって動いてんの〜?!」と言ったり笑い合ったりする。

（4）カナヘビを家に持ち帰る

5歳児のクラスでカナヘビを飼育しており，卵を産むが，一つは孵ったものの死んでしまい，その原因をクラスで話し合い，残った卵は誰かが家に持ち帰ることにした。当人が持ち帰りたいと思い，保護者の了解を得られたのはRとSであった。

RとSが保育者と共にどちらが持ち帰るか話し合うことにした。降園後でそばでは保護者が見守っている状況である。じゃんけんはイヤだと言い，どうするか。そばにいたOが，飼う場所があるかを聞く。どちらもいっぱいあると答える。Oが日陰はと尋ねると，どちらもあると言う。Sが，温度を丁度よくするために温度計がある？　とRに聞くと，Rはわからないのだが，そばにいる親に聞くと，用意はできるという答えであった。Rが家の近くに「虫の楽園」があるかと尋ね，Sはそばに山があると答える。保育者が，生まれた

第Ⅱ部 「愛と知の循環」を実践から考える

ときに餌がすぐにあったほうがよいと理由を解説する。Rはさらに「Sくんはたくさん虫飼っているでしょ？ カナヘビとかトカゲとか」と言うので，Sが，トカゲは飼ったことがあるがカナヘビの卵とかはないと答えて，そこも2人同じである。保育者が，飼ったことがないから飼わせてほしいのだねと解説する。

　保育者が条件をまとめて整理して，どちらも飼えるのだとなり，あみだくじで決めることにした。保育者がくじを作り，2人が線を加えたり，あたりのところを決めたりして，Rがまず選び，Sもそれでよいとする。結果としてSがあたり，持ち帰ることになって，Rは涙目になりながら，我慢する。保育者はRが「それくらいの気持ち」だから「Sくんもわかって責任もって飼育してほしい」とまとめ，両者が真剣に互いに相手を見て頷く。

2．本実践から幼児教育・保育の在り方を考える

　この神戸大学附属幼稚園の実践事例から，愛と知の循環の理論がさらに豊かな広がりを見せていると思うので，その点を取り出します。

（1）やってみたいことが生まれ追究する際の素材と環境の豊かさ

　環境を豊かにしていくことと，そこで子どもが発想し，その思いつきを試行することを大幅に認めることがまず必要なのでしょう。船を作るにしても，その材料は廃材を含め豊富に置いてあり，それをいかように使ってもよい。思いついたら試してよい。子どもがピンクの船を作りたいと思います。そこにこだわります。他の子どもはまた別なことをやってみたいと思い，工夫してやり遂げようとします。そもそも船を浮かべる水路や池は翌日の水遊びで土山などに作る予定のもののようで，そのように園庭の環境はダイナミックに変えていき，それを利用して次の活動が思いつかれていきます。水に船を浮かべては修正し完成に向け，またそこで新たな思いつきが生まれます。

　環境をもとに発想し試すこと，さらに自分たちがその中で作り出した新たに構成される環境を使ってさらに活動を展開すること，そして実際にやってみて発想が広がり，そこでこうしてみたいということ自体が展開していきます。そのやってみたいことが広がる中で工夫も進んでいき，そうやって試してみるから新たなことが思いつかれて活動が進んでいくのです。子どもの活動はこのように周りの環境との相互作用として起こり，その環境は与えられるものであることに加え，子どもが活動を通して作り変え作り出していき，そこがもととなり次の活動への展開が生まれます。

　遊びとはこのような環境に関わり環境に呼応して起こると同時に，そこからの様々な連想や偶発や経験や見聞きしたことが生かされ，いろいろな方向へと思いついて，それを試行錯誤しているうちに，やってみたいことがはっきりとしてそれを実現しようとして追究していく過程なのでしょう。そこに環境の潜在可能性を実現することと，目標に向けて追究することが相互的に展開するようになり，その過程が楽しいこととなるのです。

第4章 「もっとこうしたい」「やってみたい」から広がる「愛と知の循環」

（2）子どもが工夫し，説明する

　本事例の特徴として，保育者が随時関わり助言するところが取り出されています。それに応じて，子どもが工夫をさらに進め，特にそこで子どもがイメージし，やろうとしていることに関連するところの工夫へと進めているところがわかります。さらに顕著な特徴として，その工夫がどういう点で目標の追究とつながるかを言語化することが出てきています。例えば，ヨーヨーのゴムの幅を広げて「こうやって広くしたらできるかも」と言う。「ぶっとかったら全然できんから」と説明します。そのような精度の高い工夫は言葉とものを示すことを組み合わせた説明により進められているのです。それは輪ゴムの長さと回しやすさの関係の気づきへと発展していくことになるはずです。

（3）仲間への広がりが成り立ち，そこからさらに納得して真剣な話し合いを通して折り合いをつけていく

　一人が始めたことに，そばにいる子どもが興味をもってそこに加わります。またそれを保育者が促し誘うこともよく見られます。ヨーヨーを一人の子どもが作ると，それを借りてやってみる子どもに面白さが伝わり，作ることを共に始めて，独自の工夫として，新聞紙の枚数を増やして，堅く丸めようとします。さらにガムテープで固定して，その色を様々にして彩りを付けると，それに刺激され，その始めた子どもも色付けを始めます。

　このようにして，子どもが熱心に独自の工夫をすることが周りにも見えて，また保育者がそれを言葉や身ぶりで明確にして周りに聞こえるようにすることで，そばにいる子どもが誘われて参加することはよく起こります。それは小さな面白さの発見とその追究の言葉や動作やそのときにできているものの構成が刺激となり，その面白く楽しい雰囲気が巻き込む力をもつかのようです。面白いことが起こる，そしてそれがもっと展開できて，さらに面白くなると感じられることが周りの事柄への情動的関与となり，それは何より遊びの雰囲気を形成し，何人もの子どもがそこに入って，気分を共有し，さらにその子なりの貢献を始めて，遊びを広げ，その小さな空間を楽しく遊びの雰囲気に満ちた面白さのあるところへと変えていきます。そこに起こる小さな渦のような動きがいくつも園の空間に起きていけば，それは園の空間を面白さのあるところとしていき，その記憶が日々の遊びを活性化していくようになるのでしょう。

　さらにカナヘビを家に持ち帰るところでの話し合いでは，保育者が介在しながら，2人の子どもが真剣に自分のところで飼うほうが利点があることを挙げ，さらにそれが両者同様だとなり，くじで決めたときに片方が責任をもって飼うことに同意が起こり，飼えないほうの子どもは自分の気持ちを涙ぐみながら抑えます。そのような相互調整過程が，保育者の支えがありながら，そして感情が大いに関与しながらも，ほどほどのところで話し合い，相互が納得することに比重を置くように働いています。まさにいずれ民主主義につながるであろう話し合い過程がここに芽生えをして生まれていることがわかります。

69

第Ⅱ部　「愛と知の循環」を実践から考える

（4）不思議や謎が大事にされ，細部を観察して気づき，追究に向かっていく

　子どもが何かしたくなり，それを実現したり，疑問を解決したりしていきます。それを子どもが多種多様にやっていくことだけでも大きな意義があるわけですが，それに加えて，この事例の中には子どもが不思議を感じ，謎としてそれが生まれることに立ちあい，それを考え，時にはそれを謎のままとして次へ残していくことが見られます。

　カメムシの動き方が不思議で，どうしてそうなるのだろうと疑問を発し，考えますが，わかりません。わからないながら，動きを身体で真似て，笑い合います。図鑑で調べて理解できることも出てきて，でもやはりわからないところがあります。動きに驚いて，不思議に思い，そういうものだとは思っても，謎として残り，おそらく子どもはその謎を忘れず，どこかで思い出して，そこでさらに追究し，そこで得る知識でわかったとなるかもしれません。知識への欲求が生まれ，それがその後の世界への探究の可能性を作り出します。

（5）保育者による繊細な援助の手立て

　ここに取り上げられる事例には保育者が子どもの活動に対して援助する様々なやり方が示されていて，それが微妙なところまで工夫したものであるのは，事例自体と神戸大学附属幼稚園による事例の検討でわかります。

　子どもの活動を最初のところで満足せずに，もっとレベルを上げるような指摘や誘導が見られます。子どものしたことや発言が曖昧なところを確認し言語化して，記憶として明確にしていきます。そこで，イメージが明瞭になり次の関わりが生まれるようにもなります。子どもの捉え方が細かくなるところも，ものの製作や生物の捉え方・飼い方でも出てきていて，子どもはそれを受け止めて，細部まで見て工夫するようになっていきます。時にもっと子どもの感じる面白さを強調して盛り上げることもしますし，子どものすることの意味を明確化して，やっていることが何かを子どもたちにわかるようにもしています。保育者の関わり方の，付いたり離れたりの自在な距離の取り方が見事です。園における子どもの活動の豊かさは，保育者の専門的な関わりを支えとしているのです。

第 **5** 章

生き物との出会いから多様に広がる
「愛と知の循環」

──────── 上田 晴之（国立大学法人福井大学教育学部附属幼稚園）

1. 園の概要

　本園は「夢をもち，未来を拓く子の育成」を目指し，「自主・自立・協同・創造」の教育目標のもと保育を行っています。「つながりが育む学びの深まり」という研究主題を設定し，子どもたち一人一人が，周囲のもの，人・自分，こと，さらには，遊びや過去・未来などと自らつながり，主体的に関わることによって，一人一人の可能性が引き出され，学びが深まっていくのではないかと考え，実践を行ってきました。これまでの研究を通して，すべての子どもたちの可能性を引き出し，幸せを保障していくには，一人一人の「好き」が大切であるということと，その「好き」を広げ，深めていくことが，子どもの資質・能力を高めていくためにもとても重要であることが見えてきています。そこで，研究副題を「好きが広がり，世界をひらく」として，研究を進めています。

　本章で取り上げる，5歳児にとっての「世界」とは，その子なりの専門性，分野を意味します。虫，泥団子，サッカー，色水，製作など，子どもたちの興味・関心のもと，さらに内容が細分化されていきます。そして，自分なりに具体的なイメージをもち，よりリアルにこだわったり，仕組みや造りについて興味・関心を抱いたりと，個の探究へとつながっていく姿も見られます。さらに，コミュニティの中で他者からの新たな視点や気づき，意見を受け入れていくことで，より好きの広がりへとつながっていくのです。

　つまり，年長児は遊びを通して，よりリアルな世界観の中で実物や仕組みにこだわり，他者からの新たな気づきや視点に心を動かされながら試行錯誤を繰り返し，自分が好きな分野を探究し，友達と一緒に作り上げたり高め合ったりしていく姿を目指しています。

2. 生き物との出会いから好きになっていく

　年少時より生き物が大好きなハナコ。そのハナコが田植えをしている途中，一匹のオケ

第Ⅱ部 「愛と知の循環」を実践から考える

ラと出会います。そのオケラとの出会いから，生き物に対する興味・関心が今まで以上に高まりました。さらに生き物と深く関わる中で，気づきと感動を重ねながら，生き物に対する思いは多様に広がっていきます。生き物を通して，人とのつながりが生まれ，様々な方法で広がりを生みながら自己を発揮していく様子を追いました。

（1）一匹の虫との出会いから生まれた広がり

エピソード1 「それは『ケラ』だよ！」（4月21日）

ハナコは何人かの子どもや保育者と一緒に好きな遊びの時間に田植えの準備をするために，コンテナの中の土を耕したり，水を入れたりしていた。すると土の中からオケラが出てくる。周囲の子どもが「これは何だ!?」と集まってくる。オケラを見たことがない子どもも多い中，ハナコは「それはオケラだよ！ ケラっていうんだけどね！」と自慢気に言っていた。オケラの存在を図鑑で知っていたハナコは，オケラを虫かごに入れると，嬉しそうに観察して，さらに周囲の子どもや保育者に見せに行った（写真5-1）。

写真5-1 「わぁ，オケラだ！」
出所：筆者撮影。

そして，保育者と一緒に図鑑でオケラについて調べると，虫かごの中に湿った土を入れてあげたほうがよいこと，餌は煮干しやリンゴを食べることなどを知り，虫かごの中に土を入れ，観察をした（写真5-2）。オケラの名前や存在は知っていたハナコだが，保育者と一緒に図鑑で調べたことで，空を飛ぶことや鳴くこと，モグラのような手をしていることなど，初めて知ったことも多かったようだ。

写真5-2 「土をいれてあげよう」
出所：筆者撮影。

エピソード2 「オケラのおうちね」（4月22日）

次の日，ハナコはシュウタと一緒にオケラに餌の煮干しをあげる。オケラは土の中にいるので，煮干しを土のところに刺しておいた。そして，ハナコは「看板作ろう！」と紙に"おけらのおうち"と書くと，虫かごに貼っておいた（写真5-3）。

写真5-3 「"オケラのおうち"っと！」
出所：筆者撮影。

第5章　生き物との出会いから多様に広がる「愛と知の循環」

エピソード3　「これはオケラとは違うよ」（4月25日）

　好きな遊びの時間，年中児が砂場で虫を発見し，「オケラかハサミムシのどっちかわからない！」との声が聞こえてくる。ハナコはその声を聞きつけるとすぐに保育室にあるオケラの図鑑の掲示を持って行き，出てきた虫と見比べ，年中の保育者にオケラについて説明する（写真5-4）。シュウタが虫を捕まえようとすると指を挟まれた。オケラにはハサミがないことからハサミムシだと判断した。そして，そのハサミムシが欲しいとお願いし，オケラの虫かごに入れた。「一緒に入れちゃうの？　大丈夫？」という保育者の問いかけに，ハナコは「どっちも土の中が好きだから，大丈夫！」と自信をもって言っていた。

写真5-4　「オケラはこんな手なんだよ！」
出所：筆者撮影。

　オケラという，みんなのあまり知らない虫の存在を知っていたハナコにとって，捕まえた虫をみんなに見せたり知ってもらったりすることは，自信や喜びを感じることにつながったのではないでしょうか。見つけた生き物について図鑑などを使って保育者と一緒に調べることで，より詳しく知ることができ，自分の知識をさらに生かせることに気づくきっかけにもなりました。ハナコにとってこの一匹のオケラとの出会いが，虫や生き物の分野への興味・関心を広げていく入り口となったのではないかと考えます。

（2）身近な生き物の変態との出会い，気づきが，より生き物への思いを高める

エピソード4　「サナギを見つけたよ！」（4月26日）

　この日は保育室外のコンテナのところにサナギがぶら下がっているのを見つけたハナコ（写真5-5）。「これ，ツマグロヒョウモンのサナギだよ」。これまでの経験から，ハナコは見つけたサナギがツマグロヒョウモンであることを知っていた。「サナギって知らない人が取ったらいやだな」ということで"4がつ26にちツマグロヒョウモンのサナギ"と紙に書いて貼っておくことにした。

写真5-5　「サナギ発見！」
出所：筆者撮影。

　みんなの時間（好きな遊びの時間後の遊びについてクラスや全体で共有する時間）で，ハナコはサナギがある場所をクラスのみんなに紹介し，みんなで見に行った。クラスの子どもからは，「いつ生まれるのかな？」「触ったらだめだよ！見るだけにしよう」などの声が聞かれた。

73

第Ⅱ部　「愛と知の循環」を実践から考える

エピソード5　「テントウムシの幼虫だ！」（5月11日）

　ハナコはグミの木の下でたくさんのテントウムシの幼虫を見つけた。見つけた幼虫を次々に虫かごに入れていくが，幼虫が小さいために，ふたの穴から出てきてしまう問題が発生した。保育者と相談して，ガーゼをふたの代わりとすることとした（写真5-6）。

　年中時の経験から，テントウムシの幼虫であることを覚えてはいたが，絵本で詳しく調べていくと，テントウムシにも様々な種類がいて，種類ごとに幼虫の姿が違うことを発見した。そして見つけた幼虫はナミテントウの幼虫であることがわかり，さっそく，給食後のひとときの時間にみんなに紹介した（写真5-7）。「種類によって幼虫が違うんだね！」と驚いた子もいて，ハナコは嬉しそうだった。

写真5-6　「テントウムシの幼虫って黒いんだね」
出所：筆者撮影。

写真5-7　「ナミテントウの幼虫です」
出所：筆者撮影。

エピソード6　「ツマグロヒョウモンが生まれたよ！」（5月16日）

　この日，登園すると，コンテナのサナギがあったところで羽を伸ばして乾かしているツマグロヒョウモンを見つけた。ついにツマグロヒョウモンのサナギが羽化した。「羽を乾かしてるから触らないであげよう」という声をよそに，「大丈夫！」と自信たっぷりに指で捕まえるハナコ（写真5-8）。そして，ケースに入れて好きな遊びの時間中，持って回りながら，花を摘んでケースに入れていた。飼うつもりで花を入れていたようだが，この日の終わりにはケースのふたを開けて，自然に逃げられるようにしていた。羽を乾かしている途中だったためか，この日ケースから飛んでいく様子は見られず，次の日の朝，空になったケースを確

写真5-8　「捕まえちゃった」
出所：筆者撮影。

写真5-9　「いなくなってる！」
出所：筆者撮影。

認していた（写真5-9）。「飛んでった？」と不安そうに尋ねてきたので，前日の夕方には姿がなかったため，無事に飛んでいったであろうことを伝えると，安心した様子だった。

> エピソード7 **「テントウムシが生まれたよ！」**（5月18日）

　この日の前日，テントウムシの幼虫を探しているとテントウムシのサナギを見つけた。ケースに入れておいたところ，この日の朝，サナギから出て元気に歩き回るテントウムシがいた。さっそくみんなの時間に紹介した（写真5-10）。「生まれました」。ハナコはいつも言葉少なで紹介するのだが，発見や感動をみんなと共有できることを喜んでいる様子だった。
　この日以降，虫かごに入れていた幼虫が次々とサナギになりテントウムシに羽化していった。テントウムシの飼い方を図鑑で調べたところ，アブラムシの他にリンゴを食べることがわかった。保育者や友達と一緒に，テントウムシを飼育できる環境を整えた（写真5-11）。

写真5-10 「テントウムシが生まれました」
出所：筆者撮影。

写真5-11 「リンゴ食べてくれるかな」
出所：筆者撮影。

　テントウムシやツマグロヒョウモンといった身近な虫が，幼虫からサナギ，そして成虫になっていく過程を目の当たりにすることで，生き物が様々な姿・形に変化していく面白さに気づいていきました。また，ハナコと同じように生き物に興味・関心をもつ友達と一緒に探し，言葉を交わしていく中で，生き物の不思議さを知るきっかけが生まれました。その生き物の不思議さや面白さは，ハナコにとって，すぐにでもみんなの時間（好きな遊びの時間後の遊びについてクラスや全体で共有する時間）で伝えたい意欲を駆り立てるほど強い思いだったと考えます。そして，その思いの強さが周囲の生き物への興味・関心を広めるきっかけとなっていったのではないでしょうか。

（3）未知なる生き物との出会いが，より探究心に火をつける

> エピソード8 **「なんかいる！」**（5月31日）

　色水広場に咲いているチェリーセージのところでイモムシを見つける（写真5-12）。チェリーセージは子どもたちが花の蜜を吸うために，よく目にしていた花だが，この日見つけたイモムシとは初めての出会いとなった。保育者も誘われてもっと見つけようと試みるが，この日は2匹目を見つけることができなかった。「なんて名前の虫なのか調べてみようよ！」

とハナコに誘われて，図鑑やタブレット端末を使って保育者も一緒に懸命に調べるが，この日はわからずじまいだった。"チェリーセージにいた正体不明のイモムシ"としてみんなの時間で紹介した（写真5-13）。

「他のお花も食べるのかな」とつぶやきながら，色水広場にある花や葉もケースに入れていた。

写真5-12 「なんかいる！」
出所：筆者撮影。

写真5-13 「正体不明の虫です」
出所：筆者撮影。

エピソード9 「モンシロチョウの幼虫を持ってきたよ！」（6月2日）

ハナコはこの日，家からモンシロチョウの幼虫を10匹以上持ってきた（写真5-14）。家で育てているブロッコリーに付いていて，園に持っていきたいと母親に言ったそうだ。そして，みんなの前でも「おうちの育てている野菜に付いてました」とモンシロチョウの幼虫を紹介した。モンシロチョウの幼虫を見たことのある子も多いが，あまりの数の多さに「うわぁ，いっぱいいる」と驚いた様子だった。

写真5-14 「幼虫持ってきたよ」
出所：筆者撮影。

エピソード10 「モンシロチョウの幼虫がサナギになった」（6月6日）

虫かごのふたに一つのサナギがぶら下がっていた。そして2匹は動かずサナギになる準備をしているようだった（写真5-15）。「ちょっと触ってみようかな」「取ったらどうなるかな」探究心旺盛のハナコだが，「取ったら死んじゃうよ！」と友達や保育者に止められ，静かに虫かごにふたをした。以前見つけたツマグロヒョウモンのサナギにはキラキラ光る部分があったが，モンシロチョウのサナギにはそれがないことに気づいたハナコは，「キラキラがないサナギもあるんだね」と言った。

写真5-15 「サナギになった！」
出所：筆者撮影。

第 5 章　生き物との出会いから多様に広がる「愛と知の循環」

> **エピソード11**　「アメリカピンクノメイガっていうんだって！」（6月7日）

　保育者が，正体不明だったイモムシの画像をようやく見つける。「これだと思うんだけど，どう？」タブレット端末で画像を見せると，「これだ！　一緒だ‼」と歓声があがった（写真5-16）。「アメリカピンクノメイガっていうんだって！」ハナコもようやく名前がわかって嬉しそうだった。成虫のときの写真も同時に見せると，ピンク色の小さな蛾であることがわかった。「ピンク色でかわいいね！」「ピンクの蛾なんているんだね」みんな思い思いのことを口にしていた。ハナコはさっそく紙を取ってきて名前を書き，ケースに付けていた（写真5-17）。そして，ひとときの時間にみんなに紹介した。「長い名前だね」「アメリカって付いてる！」初めて聞く名前に驚いていた。

写真5-16　「一緒だ‼」
出所：筆者撮影。

　このとき見つけた幼虫を羽化させることはできなかったが，後日アメリカピンクノメイガの成虫を保育室で女児が発見した。小さくて飛び回るので苦戦しながらも虫取り網を使って捕まえて，ケースに入れてみんなで見ることができた（写真5-18）。

写真5-17　「やっと名前がわかったね」
出所：筆者撮影。

写真5-18　「ピンク色できれいだね」
出所：筆者撮影。

> **エピソード12**　「なんかモンシロチョウの幼虫から卵生まれた！」（6月9日）

　朝の登園後，朝の会の時間までは，水やりをしたり生き物を観察したりする「わくわくタイム」という時間を設けている。ハナコはこのわくわくタイムのときに，モンシロチョウの幼虫から毛玉のような卵が生まれていたのを見つける（写真5-19）。保育者も前日の夕方に発見し，一見すると幼虫にカビが生えたようで，他の元気な幼虫やサナギのためにも取ってしまおうかと思ったが，ハナコの反応を見るために，あえて残しておいた。

写真5-19　「なんか卵生まれた」
出所：筆者撮影。

　ハナコは「幼虫が卵を産んだ！」と喜んでいた。しかし，よく見ると，卵の横にいるモン

77

シロチョウの幼虫は黒ずんで動かない。ハナコは不思議そうに見ていた。「先生，この卵，なんの卵かタブレットで調べて！」と言ってきた。そこで保育者はハナコと一緒にタブレット端末で検索していく。「モンシロチョウ」「綿」「卵」と検索していくと，同じ状態の画像が出てきて，ハナコも「これだ！」と興味津々に見ている。調べていくと「アオムシコマユバチ」の卵だとわかる。ハチについていろいろ説明していくと，ハナコは「モンシロチョウの幼虫は死んじゃったの？」と不思議そうに見つめていた。虫かごの中は，モンシロチョウの幼虫，サナギ，そしてアオムシコマユバチの卵が混在している状態だったので，卵をプラスチックスプーンで丁寧に取り，カップに入れて様子を見ることにした（写真5-20）。そして後日，大量のアオムシコマユバチがカップの中で生まれた。あまりの数に小バエがわいているようで保育者は驚きを隠せなかったが，ハナコは「いっぱい生まれたね！」と嬉しそうだった。

写真5-20 「どんな虫が出てくるかな」
出所：筆者撮影。

エピソード13 「モンシロチョウになった！」（6月13日）

ハナコが家から持ってきたモンシロチョウの幼虫がサナギからチョウに羽化した。「わぁ，モンシロチョウになってる！」ハナコは自分の持ってきた幼虫が成虫となり，とても嬉しそうだった（写真5-21）。しかも1匹ではなく5〜6匹が一斉に羽化したので，喜びはさらに大きなものとなっていた。早朝に羽化したばかりのようで，飛ばずに羽を乾かしている様子だった。

写真5-21 「モンシロチョウになった！」
出所：筆者撮影。

この日は「逃がしたくない！」というハナコの思いを尊重したが，一晩過ごせるのだろうかと不安だった。次の日，保育者の心配をよそに，モンシロチョウたちは元気に虫かごの中を飛び回っていた。だが，狭い虫かごの中を複数のモンシロチョウが飛んでいる姿を見ると，幼虫の頃からつないできた命が虫かごの中で途切れてしまいそうで，不憫に思えた。そこで「せっかくモンシロチョウになったんだからお空を飛びたいと思うよ」とハナコに話してみた。どうしようか考えた様子だったが，「お空を飛ばしてあげようかな」と，ハナコは保育者の言葉を受け入れてモンシロチョウを逃がした（写真5-22）。

写真5-22 「元気でね！」
出所：筆者撮影。

第 5 章　生き物との出会いから多様に広がる「愛と知の循環」

　オケラやテントウムシとの出会いを通して生き物に対する興味が深まったところで，ハナコは「アメリカピンクノメイガ」という，今まで見たことも聞いたこともない生き物と出会います。そこから，身の回りにはまだ知らない生き物がたくさんいることに気づき，その面白さを感じていく。その思いが膨らみ，自宅からモンシロチョウの幼虫を持ってきたり，アメリカピンクノメイガについて友達と一緒に調べたりという行動につながっていったのではないでしょうか。そこには，一緒に共感してくれる保育者や友達の存在があったことも，ハナコにとってより探究する原動力につながったのではないでしょうか。

（4）自分の「好き」を形として表現する

エピソード14 「私の生き物図鑑を作りたい！」（6月15日）

　日々，初めて見る生き物を探し，調べているハナコ。名前を調べ，紹介した生き物であっても覚えきれずに，「今日はあそこにいた，あの虫を探そうよ！」「この虫まだあそこにいるかな？」と，こそあど言葉で生き物を説明するようになっていた。そこで保育者は，「いろんな虫を見つけてきたよね！　せっかくたくさん見つけたし，見つけた場所とか書いてみるのはどう？」と"こんなのみつけたよ"シートに書くことを提案してみる。

写真5-23　"ウリキンウワバ"っと」
出所：筆者撮影。

　ハナコはサトコと一緒に，写真の下に，見つけた生き物の名前を書き始めた（写真5-23）。「これはウリキンウワバ！　キュウリの葉っぱにいたんだよね！」とつぶやきながら，シートを書き進める。「本みたいにしたいな」とシートを色画用紙に貼り，自分で図鑑を作った（写真5-24）。

　その日のみんなの時間，ハナコはサトコと一緒にみんなの前で，作った図鑑を紹介した。今までのみんなの時間でハナコがみんなの前で紹介してきた生き物も多く，「あ！　知ってる！」「僕も見つけた！」と周囲の子どもから様々な反応があり，ハナコも嬉しそうだった（写真5-25）。この図鑑作りをきっかけに生き物に対する新しい出会いをより求めるようになっていった。

写真5-24　「こんなふうに書きました！」
出所：筆者撮影。

写真5-25　「図鑑作りました！」
出所：筆者撮影。

第Ⅱ部　「愛と知の循環」を実践から考える

> **エピソード15**　「生き物クイズ屋さんがいいかな！」（6月23日）

　好きな遊びの中で，年長組でお祭りごっこをしようという声が出てきた。そこで，自分がやりたいお店を考えることになった。"焼きそば屋さん""金魚すくい"などの夏祭りでよく見るお店をやりたいという子が多い中，ハナコはサトコと2人で「生き物クイズ屋さんがしたい！」と言ってきた。保育者はその思いを受け止め，「どんなお店にするの？」と尋ねた。すると，ハナコは「お客さんに私たちが見つけた生き物を見せて，名前を当ててもらうの」と言った。

写真5-26　「なんて名前だったかな？」
出所：筆者撮影。

　次の日，ハナコらが今まで見つけてきた生き物の写真を保育者が印刷して渡すと，それを切り取り，ペープサートふうに棒に付けた（写真5-26）。そして，写真の裏には答えを書き始めた。「これってなんて名前だったっけ？」「たくさんいたから忘れちゃった。図鑑に書いてあるから，見てみようよ！」と掲示してある手作り図鑑を見に行くと，「あー，そうだ！ムネアカナガクチキだ！」「この虫，ホタルに似てるんだよね」などと生き物の名前や特徴を言い合いながらハナコとサトコは楽しそうにクイズを仕上げていった。

> **エピソード16**　「簡単にする？　難しいのにする？」（6月30日）

　お祭りごっこは，年中児，年少児をお客さんとして招いて行うことが話し合いの結果決まった。そこで，まずは年長児同士でお客さん，お店屋さんに分かれてお祭りをやってみることにした。ハナコはサトコとお店の用意をすると，生き物クイズカードを机の下に並べた。そしてお客さんが来ると，「このサナギは何の虫のサナギでしょう？」と問題を出した。客のシュウタが「うーん」と悩んでいると，「ヒント！　〇〇」とヒントを出した（写真5-27）。そして，景品として手書きの生き物カードを渡すことに決めた。

写真5-27　「これは何のサナギ？」
出所：筆者撮影。

　いろんな生き物を見つけて名前を調べてきたハナコやサトコにとって，用意してある問題はなじみのある生き物ばかりだったが，お客さんにとって答えにくい生き物も多かった。そこで，保育者と一緒に問題を"簡単""難しい"に仕分けし，お客さんに選んでもらうことにした。

写真5-28　「簡単？　難しい？　どっち？」
出所：筆者撮影。

　年中児，年少児を招いてのお祭りでは，「簡単に

80

する？ 難しいのにする？」と最初に聞き，回答に困っているときにはヒントを出していた（写真5-28）。最後に景品の手書きの生き物カードを渡し，満足そうな様子だった。

　生き物図鑑の作成や生き物クイズ屋さんをすることで，ハナコ自身がこれまで見つけてきた生き物たちを振り返るきっかけとなりました。そして，生き物を探して調べたことを形として表現していくことにつながりました。自分の経験や知識を自分で友達に伝えたりつなげたりしたい思いが強まっていきました。ハナコの新たな生き物との出会いへの探究心は続いています。

3．全体を振り返って

（1）学年全体への好きの広がりが，個人の好きをより高め，広げることにつながる

　身近な生き物の様子を日々つぶさに見ていくことにより，少しずつ成長していく過程や姿形が変わっていく様を面白いと実感するようになっていきました。そして，生き物を観察するだけでなく，保育者や友達と一緒に図鑑やタブレット端末を使ってより詳しく調べていくことで，生き物をより深く知ることに喜びを感じていました。知ったことをみんなの時間で伝えていくことや，生き物図鑑や生き物クイズ屋さんといった形で表現することにより，自信をもつきっかけとなっていったと考えます。ハナコがみんなの時間で生き物のことを繰り返し伝えていくことが，年長児全体の生き物への興味・関心を強める原動力ともなっていたのではないでしょうか。このことにより，ハナコも知らない，見たこともない生き物を友達が見つけてきたり，みんなの時間で発表したりすることで，ハナコ個人も年長児全体も，生き物への興味・関心をより一層広げていくことにつながっていきました。

（2）自分の好きを周囲に伝えた喜びが，次の遊びの原動力となる

　ハナコは，生き物を探しに行きたいときや新たな生き物と出会ったとき，まずは保育者に声をかけてくることが多かったです。しかし，ハナコは一貫してみんなの時間で伝えたいという思いをもっていました。最初のオケラとの出会いやツマグロヒョウモンのサナギの発見から始まり，新たな生き物との出会いや図鑑やタブレット端末で調べた発見がある度に，小さなことであっても発表していきました。ハナコにとってみんなに伝えることで得られる喜び，嬉しさ，楽しさが，生き物図鑑作りや生き物クイズ屋さんにつながる原動力となったのではないでしょうか。

第Ⅱ部 「愛と知の循環」を実践から考える

（3）「生き物との関わりに共感し，寄り添う」保育者の援助と環境構成

　園庭や色水広場では，季節に応じた草花や野菜を子どもたちと一緒に育てています。ハナコたちが見つけてくる小さな虫たちは，育てている植物にとっては害虫に分類される物も少なくありません。しかし，子どもたちの好きを広げていくには，単に害虫だから駆除しなくてはいけないと伝えるのではなく，保育者も子どもと同じ目線で虫そのものに興味をもち，一緒に探す時間を確保し，探す苦労を味わい，見つけた生き物の名前や特性を調べて共有することが大切なのだと考えます。

　また，虫かご，虫取り網を用意するだけでなく，飼育の仕方の図鑑や生き物の特性がわかる絵本を生き物コーナーに掲示したり，小さめのふた付き透明プラスチックカップを用意したりと，様々な種類の小さな生き物たちを観察したり飼育したりしやすい環境を整えることで，生き物を探したい意欲を次につなげることになったと考えます。

（4）個の好きの広がりは，家庭とのつながりも大事な要因の一つ

　ハナコにとって，名前は知っているけれど出会ったことのなかったオケラ。好きな遊びの時間にコンテナの田植えの準備をすることで，オケラと出会うこととなります。後日，登降園時の保護者とのちょっとしたやりとりから，ハナコがこの田植え準備に積極的に取り組んだのは，ハナコの兄も年長児の時に稲作りをした経験があり，兄から稲作りの面白さなどを聞いていたという背景があったことがわかりました。また，家庭で見つけたモンシロチョウの幼虫や，図書館で借りた虫に関する本を園に持参するなど，園と家庭とのつながりもハナコの好きを支えることとなったのではないでしょうか。ハナコが保護者に生き物の魅力を伝えるだけでなく，保育者もハナコの生き物に没頭している姿を伝えていくことで，園と家庭とのつながりが生まれ，ハナコの好きを広げていくことへとつながったのだと考えます。

第5章　生き物との出会いから多様に広がる「愛と知の循環」

編者からのコメント

好きが他の子どもの好きと共鳴して知的把握へ

無藤　隆

　福井大学教育学部附属幼稚園の5歳児の保育実践を巡り，愛と知の循環をよく表す事例として検討します。実は，本書第1章において「愛と知の循環」の基本的な考え方を述べているのですが，そのアイデアのひとつの始まりは，この福井の附属幼稚園において，好きなことから始まるという保育の捉え方を理論化する試みを2021年に始めたところにあるのです。

1．実践の概要

　一人の5歳児は以前から生き物が大好きだ。好きな遊びをする時間の田植えの準備のときに土の中にオケラを見つける。この子どもは，それが「オケラ」だと図鑑で知っていて，オケラを虫かごに入れ，他の子どもに見せていた。保育者と共に図鑑で生態を調べる。「おけらのおうち」と看板を書く。

　年中児が見つけた虫をきっかけに，子どもたちと保育者にオケラのことを説明する。年中児が見つけた虫はハサミムシだと判断する。ハサミムシはオケラの虫かごに入れる。

　サナギを見つけ，ツマグロヒョウモンだと知っていたので，紙に書いて貼って，クラスのみんなに紹介して見せた。

　たくさんのテントウムシの幼虫を見つける。虫かごに入れて，ガーゼでふたをする。絵本で調べて，テントウムシにいろいろな種類があり，この幼虫はナミテントウであることがわかり，みんなに紹介する。

　ツマグロヒョウモンが羽化して飛んでいった。かごのふたを開けておいたのだった。

　テントウムシのサナギを見つけた。サナギから出たテントウムシをみんなに紹介した。テントウムシの飼い方を調べ，飼育することにした。

　イモムシを見つけるが，名前がわからない。

　家からモンシロチョウの幼虫をたくさん持ってきて，紹介する。家で育てているブロッコリーに付いていた。

　虫かごにモンシロチョウのサナギを見つける。ツマグロヒョウモンのサナギと違い，「キラキラ」がない。

　保育者がイモムシの画像を見つけて，端末で画像を見て，アメリカピンクノメイガとわかる。成虫はピンクでかわいい。

第Ⅱ部 「愛と知の循環」を実践から考える

モンシロチョウの幼虫から卵が生まれたように見えた。画像を検索すると，アオムシコマユバチだとわかる。大量にハチが生まれる。

モンシロチョウがサナギからチョウに，数羽いっぺんに羽化する。狭い虫かごに入れているのが可哀想で，保育者が子どもと話して，「お空を飛ばしてあげる」ことにした。

いろいろな虫を見つけるので，保育者が図鑑を作ることを提案する。友達と一緒に写真の下に虫の名前と見つけた場所を書く。みんなに向けて発表する。反応がたくさんある。

「お祭りごっこ」で「生き物クイズ屋さん」をする。写真を見せて名前を当ててもらうよう，手作り図鑑を参照して，ペープサートふうに作る。実際のお祭りの日には，客にヒントを出して，景品として手書きの生き物カードを渡す。問題を"簡単"と"難しい"に分けて，客が選ぶようにした。

２．本実践から幼児教育・保育の在り方を考える

本実践ではまさに「愛と知の循環」が保育の質を高めるために働くことがよく示されています。そしてそれが新たな世界をひらき，そこへの「愛」を育む過程が見えてきます。ここで言う「愛」とは，好きであることの濃度の濃い在り方を指すものであり，人を好きで愛することの拡大として，周りのもの・活動を含めて好きでいつも気になり関わり続けようとすることです。それがいかに始まり，どう展開していくのかが，この事例でよく見えます。

（1）好きになることから循環を通して世界へ

まず，何かを好きになり，他のもの以上に気になり，目に入り，気がつきやすいところから愛のある関わりは始まります。どうしてそのものが，というのはわかりませんが，なぜかそこに関わるようになる。おそらく好きになればもっと何度も丁寧に関わろうとする。そうすると，それまで存在にも気づかなかったようなことを見出しやすくなる。その思いが持続して，繰り返し起こる中で，循環過程が開始され，それが感情的に深くなり，知的にも精細化していくのです。好きになることに理屈はなく，ただたまたまそうなったのかもしれませんが，一度好きになれば，さらにそれを追い求め，それが子どもの学びの成立に不可欠な過程を作り出します。

虫の場合には，特に園庭に植物が豊かにある環境では季節ごとに各種の虫が生息し飛来するので，見つけやすくなります。虫に気づいて，それを集めたり飼ったりすることが許されることで，その特徴に気づきやすくなり，好きである感情が深まります。いくつもの虫に繰り返し間を空けて出会うことが，一つの虫にとどまらせず，虫の世界へと興味を広げていきます。まさにこの，虫に代表される生き物の世界への愛が芽生えて，さらにその先があることを予感させてくれます。

（2）クラスでの共有がさらなる追究を生む

この園の保育の特徴として，個々の子どもがしたい活動をする時間帯の後にクラスで集

第5章　生き物との出会いから多様に広がる「愛と知の循環」

まり，一緒の活動をしたり，誰かが個々に（小グループを含めて）やっている活動の経過を報告し，さらにそれについて意見を言い合うという場があります。その「みんなの時間」で，本事例の子どもは度々，虫を見つけたことやその飼育した虫かごのことや飼い方を報告していました。その発表を通して自らが好きであることが自覚されるとともに，虫の特徴を述べることにもなり，知的な理解が広がっていきます。同時に，クラスの子どもたちに虫への興味を喚起し，仲間に入る子どもも出てくるのです。専門的な深入りは，他の子どもがよく知らないこともあり，あまり起こらないのですが，関心をもってもらえることは当人の関心を肯定的にしていき，さらなる探究を促すに違いありません。個人の好きがクラスの好きになり，さらにそれは学級の風土としての文化につながり，さらに図鑑を通して大きな意味での文化へと展望されていきます。

（3）図鑑で調べることが実際の出会いとセットになり体験を知的なものとしていく

　虫の名前を知りたい，飼い方を調べて，園で飼っていきたい。そういう気持ちが生まれて，図鑑で調べ，時に保育者と共にタブレットで動画を見ていきます。名前を知ることは単にそれにとどまらず，同種のものがいくつもあることの理解へとつながり，種類の区別という捉え方がわかっていきます。飼い方がわかるということはその虫の特性の理解と連動していて，その特徴を知ることになり，それは昆虫さらにその中の種類ごとの特性の理解へと発展していきます。

　それは単に言葉での理解というより，実際に虫を探し，飼うことを通して体験としての出会いを深めていくことです。実際に観察して図鑑での説明を確認し，実地に見たことを図鑑で探してなるほどと納得していきます。そこには実地での体験と図鑑での情報とが連動し循環して，全体として理解を深めるのです。図鑑で知ったことをさらに詳しく虫やその生態を見る視点として用いることで，細かく見ていき，また種類の特徴が実はかなり細かいところにあると教わり，丁寧にそこを探します。ひたすら見るという観察行為がそこで成立しています。それはまた，実物の生き物を観察して発見したことが，図鑑その他でよくよく調べると種別の特徴として意味があることを見出すことでもあります。

　それらが進むところで，図鑑での情報は実際の世界において意味があることなのだと実感して，まだその実地での体験とまではいかないことでもおそらくうまく体験できるようにしていけば，そのように世界へと対応するだろうという確信を作り出していきます。次第にファンタジーと現実とが区別され，それぞれを楽しむようになっていくのです。

　同時にそこから，自然界には名前だけでなく，似たものがいくつかの種類となり，それがさらに虫の世界へと拡大され，その虫が暮らす植物や土があり……と生態系の理解へと進んでいくでしょう。分類学的な知識と，その性質が生態学的な地球環境への知見へと拡大される始まりに入っていくのです。自然とは混沌としたものではなく，また雑多で片づけられるものではなく，独自の秩序をもつとわかるのであり，だからこそさらに深入りしていく様子が見えてきます。

第Ⅱ部 「愛と知の循環」を実践から考える

　この過程はまさに「愛」が「知」とつながり循環していくことなのです。資質・能力の言い方でいえば，興味をもって取り組むことが気づきをもたらし，どうやって工夫して探して飼うかと考えるところへとつながり，それが自然界への理解と参入へと発展していくのです。

（4）虫のもつ個性が誘導し，そこから知識を制作していく

　虫というもののもつ独自の不思議さ・面白さがこの活動を誘導したことは幼児期の特性と対応して大事なことです。虫は何より動き，変態し，また草むらに潜み，それを子どもが探し，見つけ出し，拾い，捕らえて，さらに全部ではないにしても飼育が可能です。それにより丁寧に観察することができ，また虫の生態への気づきが生まれます。飼育することは基本的にはその生物としての特徴に寄り添うことであり，当初は人形を使うごっこ遊びと区別しないにしても，すぐにその虫の特性を大事にしてこそ生かしていけることだとわかるし，チョウのように空を飛んだり，餌を用意するのが難しかったりするものは，捕まえてもすぐに自然に帰すことに納得します。この飼うということが活動の中に入ることで，おそらくそれを自分が作り出すわけではないが，それに近い有能感を子どもは感じるでしょうし，それは子どもと虫の近さをもたらします。自然物からの呼びかけに応えてする活動が多様に起こるのです。

　その呼応関係が続く中で，観察し，その特徴を写真や書いたもので残す形として，さらに子どもによる図鑑作りへと展開します。それはいわば自然というとりとめない漠然とも見えるところを秩序として図鑑というものの中に取り込み，新たなまとまりとしていくことです。いわば小さな自然類似の中に無際限に広がる自然を閉じ込めるのです。丁度それは虫を飼育箱に入れて飼う行為を表現形式の中で実施することです。図鑑作りはある意味で，この世界を記号と図形の世界に再現し，もっと秩序が明快な形で人間が把握可能にする営みです。その始まりがここに生まれているのです。

　それは体験ベースから自ら知識を制作していく活動の一端です。文化としての虫の知識であり，その図鑑的整理が子どもにより作り出されることは小さな文化を作り出すことでもあります。生態系という自然からの写しとしての知識世界は，まさに人間が自然に立ち入って構成してきた在り方を子どもが始めることです。その発展が小学校でも展開され，その後の人間社会の自然との関わりでの営みへとつながっていくでしょう。

第 **6** 章

探索を楽しむことから深まる
「愛と知の循環」

──────────── 天願 順優（社会福祉法人勇翔福祉会コスモストーリー保育園）

1. 園の概要

　本園は，沖縄県本島中部の東海岸に位置するうるま市にあります。うるま市の人口は約12万人で面積は約87 km²，「うるま」は沖縄の言葉で「珊瑚の島」を意味しています。闘牛，エイサーが盛んであり，近隣には海中道路や離島など名所等があります。このように，亜熱帯で近隣に海辺があることから，園庭に生えている植物や砂場の質感など本土とは異なる特徴をもっています。

　本園は，コスモストーリーという名前の由来の通り，子どもの心が揺れ動く世界に共感し，その連なりやつながりの物語を紡ぐことを大切にしています。また，保育の結果ではなく保育の過程に足を止めて，そこから見える景色を大切にしたいと思っています。園の環境は，遊環構造により，子どもたちの主体的な生活や遊びを展開できるような環境づくりを大切にしているので，窪みや隠れる場を保障しながら，子どもが様々な環境にアクセスできるようにしています。

2. 園環境一つ一つの謎に魅了され展開する

（1）じっくりと様々な園環境の中で探索を楽しむAくん

　Aくん（1歳児）は園庭遊びが大好きで，園庭に出るとほとんどの場合クラスで最後にお部屋に戻ってくるほど，探索を続けます。探索は，園庭の築山，草原，水場など様々なところで展開しています。担任保育者も，片づけの時間になったとしても次の活動へ向けて焦らすことなく見守るようにしていました。Aくんも，探索を続けるものの，時には同じクラスの子どもや保育者がどこにいるのか視線を向けて確認しながら遊び続けているようです。そして，満足のいくタイミングで自分のペースでお部屋に戻る姿がありました。

第Ⅱ部　「愛と知の循環」を実践から考える

> **エピソード1** 園庭の砂場と水たまりとの出会い
> 　〜身近にある環境に興味を惹かれる〜

　この日は，園庭の砂場にしゃがみ込むAくん。昨日は雨で，砂場には水たまりができていました。水たまりに手を入れてピチャピチャとその感触を楽しんでいます。すると，今度は近くにある小さなスコップを手に取って，そのスコップを使って水たまりにピチャピチャを繰り返しました。直接手を使ったピチャピチャとスコップを使ったピチャピチャは，感触も音も微妙に違うようです。そのような遊びを繰り返していると，そのスコップの窪みに溜まった水がたまたま上に跳ねました。それに気づいたAくんは，今度はそのスコップの窪みにそ〜っと水を溜めて，ヒョイと上に持ち上げます。そうすると，水がシュッと向こう側に勢いよく跳ねていきます。その水が私のところまで届くと，ニヤリと笑います。だんだんコツがわかってきたみたいで，スコップの窪みにもう一度水を溜めて，ヒョイとすくい上げていきます。今度は，その水の軌跡が地面にできるので，それを見て「おー」と言ってはもう一度。偶然生じた出来事に心を躍らせながら，水たまりでの遊びがまた展開しているようです。

写真6-1　水たまりに手を入れる
出所：筆者撮影。

写真6-2　スコップの窪みに水を入れる
出所：筆者撮影。

写真6-3　すくい上げた水が勢いよく跳ねる
出所：筆者撮影。

　雨が降った後の園庭は，日頃とは違った光景になり，砂場や水たまりもまた魅力ある環境になっているようでした。水に手を入れたときの感触や「ピチャピチャ」という音が素朴ながらもAくんの興味を深めているようです。また，素手とスコップでは水を弾く音が違うことなど，身体を通して感じているようでした。その日，Aくんにとって，園庭にある水たまりと容器は興味深い魅力ある環境になっていたのでしょう。

　また，偶発的に水をすくい上げると，地面に軌跡が残ることを発見したAくんは，今度は水をすくい上げて地面に水の足跡を残すことを楽しんでいたようです。偶然生じた出来事に興味をもち，Aくんなりの面白い遊びとして新たに展開していったのでした。

> **エピソード2** 様々な道具を使って何度も繰り返し試すことを楽しむ
> 　〜偶発的な出来事から新しいめあてに向けて〜

　今度はレンゲを使って，バケツの水を別の小さなカップの中に入れるということを思いつきました。そ〜っと左から右へ，水がこぼれないように移していきます。注ぐ先の容器が小さいということもあり，運んでいく途中に半分はこぼれ，残った半分をカップに注ぎます。

「おちた〜」「おちた〜」とつぶやきながら続けるＡくん。

写真6-4　小さなカップを見つける
出所：筆者撮影。

写真6-5　そ〜っと水を注ぐ
出所：筆者撮影。

　Ａくんの遊びは，縦横無尽に展開していきますが，一方でレンゲやカップという制約の中で，じっくりとダイナミックに遊びが展開していきます。しばらくして，今度は黄色い小さなカップに水をこぼさないで入れる方法に気づいたＡくん，黄色い小さなカップを右手に持ち，左手のレンゲの近くまで持っていき注ぐことに成功しました。その後も，バケツ→小さなカップ→タライ→バケツなど様々な容器に順不同に水を移すことに集中していました。

写真6-6　カップをレンゲに近づける
出所：筆者撮影。

写真6-7　レンゲの水をゆっくりと注ぐ
出所：筆者撮影。

　また何度も，繰り返しレンゲで水をすくうということを試すことを楽しんでいたＡくんですが，ふと周りに視線を移すと小さなカップが目に入りました。今度は，バケツよりももっと小さな容器にレンゲの水を移すという遊びを思いついたようです。バケツよりも小さい容器なので，水を入れるのがさらに難しくなるのですが，あえて自ら難しいめあてに挑戦していました。たとえ，水が半分こぼれてすべての水を小さい容器に移せなかったとしても，そのこぼれ落ちる瞬間に「おちた〜」と言いながら，多様な関わりを繰り返し楽しんでいました。

エピソード3　室内へ移動する道中も大切な時間
〜遊びの余韻に浸り思い起こす〜

　じっくりと上記の遊びを満喫したのか，スッと立ち上がって，最後に容器に入った水をこぼして，手をパンパンはたいて，室内に向かって歩き始めます。室内に一直線に向かうというよりは，ウロウロしながら少しぐるりと回って，その道中でこれまでの遊びの余韻に浸っ

ている様子です。そこで見つけた落ち葉を指さしては，「バッタがぴょんぴょんしてたよ」とつぶやきます。この前，虫探しをして捕まえた遊びの余韻を味わっているのでしょうか。全身でぴょんぴょんと飛び跳ねたり，両手を背中の後ろまで広げて羽のように動かしたりしながら，ゆっくりと進んでいきます。このように移動時にも，緩やかな時間の流れと保育者の温かなまなざしの中で，Aくんは園庭から室内までの道中も足を止めながら，一つ一つの園環境との対話を楽しんでいるようです。

写真6-8　室内へ移動する道中を楽しむ
出所：筆者撮影。

写真6-9　全身でバッタを表現する
出所：筆者撮影。

　園庭遊び後，室内へ向かう間も大切なひと時のようです。Aくんは，ゆっくり，一つ一つの環境に足を止めながら，これまで自分が経験したことを思い起こしたり，今日の遊びの余韻に浸ったりしていました。草っ原を見つけると，そこを指さして，以前バッタを捕まえたことを思い起こしているようでした。そこから，バッタを全身で表現するという遊びを思いつき，バッタになりきりながら室内へ戻っていました。

エピソード4　これまでの遊びの経験を活かして
～多様な関わりを楽しみながら～

　園庭遊び中に，BさんとCさんがホルトノキの実でままごとをして遊んでいるのを見て，「何してるの〜？」と気になったようで近寄ってきたAくん。「まめ！」とのBさんの返答に「Aもちょうだい」と手を出すと分けてもらいました。保育者が「プニプニしてるね〜」と言うと手で感触を確かめるように触っています。「中に何が入ってるのかな〜？」と，中身を確認しようと剝き始める姿がありました。その実は落ちて時間が経ってふやけていたので，簡単に指でも剝くことができるのですが，べちょっとした感触が嫌だったようで，遊んでいたレンゲで擦るようにして剝きだしました。だんだんと中の黄色い実が見え始めると「せんせーみて，なんか出てきた」と教えてくれるAくん。「ほんとだ。中にもあったね」と保育者が声をかけて見守っていると，緑の外皮部分をクルクルと回しながら器用に剝いています。これまでの遊びの経験が活かされているようです。

　「もっとは〜？」とお友達にもらった2つ目も剝くと，さらにキョロキョロと探すAくん。保育者から「あっちの木にあるんだよ。探してくる？」との提案を受けてホルトノキの下へ移動します。すると「あった！」とすぐに同じ木の実を見つけて手に取りますが，違いを感

じたみたいです。そのホルトノキの実は落ちたばかりで先ほどとは違って硬かったのです。少しだけ疑問に感じながらも先ほどと同様にレンゲで剝こうと挑戦します。しかしながら先ほどとは違って落ちたばかりの硬い木の実なので「できない～」とうまくいきません。しばらくすると，下に置いて足で踏んでみるAくんですが，自分の柔らかい足では難しかったようです。保育者の「これは硬かったね，なんでかな～」の声かけを受けて，木の実を手に取りまじまじと観察をしていました。後日も，いろいろな木の実を手に取り剝いてみようとするAくんなのでした。

写真6-10 硬い木の実の皮剝き挑戦
出所：筆者撮影。

写真6-11 足で踏んでみる
出所：筆者撮影。

写真6-12 木の実を持ちながら歩く
出所：筆者撮影。

　園庭に生えている木は，夏場に木陰を作るだけではなく，木の実を拾う機会も作ってくれます。ホルトノキの実は，時間が経つと柔らかくなり，感触が変化します。その木の実を剝くことを思いついたAくんは，実際に手に取りますが，その，時間が経ち柔らかくなった木の実の感触が嫌なようで，レンゲを使うことにしました。以前，水たまりで使っていたのと同じレンゲを手に取り，それを使って上手に剝いていきます。何度も試行錯誤しながら繰り返し道具を使った経験が活かされているようでした。2つ目の木の実を剝き終えると，また別の木の実を探しました。どこに行くと木の実がたくさん落ちているのか，保育者からアドバイスを受けながら落ちている木の実を探します。しかし，次に見つけた木の実は，まだ落ちたばかりで柔らかくありませんでした。硬い木の実を手に取ったAくんはその感触の違いにすぐに気づき少し疑問に感じながらも，レンゲや自分の足を使いながら木の実を剝くことに挑戦していました。その日は，ホルトノキの実を剝くことはできなかったのですが，木の実という自然物の魅力は感じているようで，後日も木の実探しは続いていました。

（2）自然の謎に魅了されながら活動を展開する

　沖縄の夏は日差しが特別強いこともあり，園庭には木陰を作れるようなガジュマルやモモタマナなど様々な木を植えています。そのモモタマナの木は，ある時期になると子どもの手のひらサイズぐらいの木の実がなります。その木の実が落ちているのをDさんが見つけて，担任保育者と話をしたことがきっかけで，クラスの子どもたちにとっても不思議な興味のある木の実になっていきました。また，園庭には，シークワサーやピタンガなど手

第Ⅱ部 「愛と知の循環」を実践から考える

に取って食べられる木の実もあります。2歳児はその木の実を発見するとすぐに手に取りますが、実ったばかりで完全に熟しておらず、酸っぱい表情をしながら木の実を食べる姿も見られました。

> **エピソード5** この木の実どんな木の実？
> 〜自然の謎に惹かれながら試行錯誤を楽しむ〜
>
> 「先生，これ，コウモリのごはんだよね」と，落ちていたモモタマナの実を拾って教えてくれたDさん。「そうだよ〜すごい！ Dさん，よく知っているね〜もしかしてパパと見たことあるの？」と保育者が聞くと「うん！」と嬉しそうな笑顔です。Dさんは家庭での体験をよく覚えていて，その出来事を園でも度々紹介してくれるのです。すると，「先生みて」と他のお友達も見つけたモモタマナの実を見せに来てくれました。そこで「これね，コウモリが食べるごはんなんだって〜Dさんが教えてくれたよ」と伝えると，お友達もびっくりの表情です。「これコウモリのごはんなんだよ」と新たにモモタマナの実と出会った子たちにも，興味が広がっていきます。そのことに興味をもった子どもたちと保育者は一緒に，「コウモリさんこれどうやって食べるんだろうね」「割ってから食べるんじゃない？」「どうやって割るのかな？」と，モモタマナの実についていろいろ考えを出し合ってみました。すると，Dさんは落ちていた木の枝を拾って，ガンガン！ と打ち付け始め，実を割ろうとしています。でも枝がポキッと折れてしまったので，保育者は「硬いね〜！ コウモリさんこんな硬いのどうやって食べてるんだろうね」と寄り添い声をかけました。

写真6-13 モモタマナの実の中身を観察
出所：筆者撮影。

写真6-14 木の実を手で握る
出所：筆者撮影。

Eさんは，自分の拾った木の実が動物の食べ物であるということを不思議に感じたのか，モモタマナの実をじっと見つめています。Eさんが拾ったものはぷっくりとした緑色，Dさんが拾ったものは乾いた茶色，見た目は異なるのですが「これとこれおんなじだよ」と話すと興味をもったのか，似ている色合いの落ちていた葉っぱを見ると，「先生，これもおなじ？」と見比べたりしながらモモタマナの実集めが始まりました。中身を見てみたいけど，どうやっても割れない，どうしようか，と考えている所へ，「先生コレ食べてみたい」とFくんがモモタマナの実をかじり始めました。Eさんも同じようにかじってみると，なんとそこに歯形が付いたのでした。歯形が付いたということは，割れる！ と思いついたようです。子どもたちのどうしても中身が見たい（食べてみたい）という思いを受けて，保育者がハンマーを持ってきて子どもと一緒に割ってみると，中から白い種のようなものが出てきました。

第6章 探索を楽しむことから深まる「愛と知の循環」

写真6-15 モモタマナの実を噛んでみる
出所：筆者撮影。

写真6-16 中身の匂いを嗅いでみる
出所：筆者撮影。

　このように，木の実を探して割るという探索が続いていたある日，沖縄に台風が直撃しました。台風が去った後に，子どもたちが園庭にある不思議な木の実を発見しました。「これは，もしかして（高級な木の実といわれている）ブラックサポテではないか？」ということで，ワクワクしながら，台風で飛んできたと思われる木の実を割って中身を見てみることになりました。

写真6-17 台風で飛んできた木の実
出所：筆者撮影。

写真6-18 ハンマーで割って中身を確かめる
出所：筆者撮影。

　中身を見ると，ブラックサポテとは全然違うものが出てきました（この実の中身は白と黄緑色でしたが，ブラックサポテの実は中身が黒いようです）。どうやら，この実の正体は近隣にあるフクギの実だったようです。保育者は残念がっていましたが，Gくんは，フクギの実の中身にも鼻をくっつけて鼻が白くなるほどクンクンと香りを楽しんでいました。

写真6-19 フクギの実の匂いを嗅ぐ
出所：筆者撮影。

写真6-20 フクギの実の中身
出所：筆者撮影。

93

モモタマナの木は，大きな木陰を作るだけではなく，子どもの手のひらサイズの木の実も落としてくれます。その木の実は，沖縄のコウモリにとっては好物になっています。その話を父親から聞いたDさんは，モモタマナの実に興味をもち，実際に手に握り，コウモリはどのように食べているのか想像力を働かせているようでした。そのDさんの姿に刺激を受けて，周りの子どもたちも木の実への興味をもち始め，手で握ったときの感触を確かめたり，香りを嗅いだり，時には噛んでみたりと多様な関わりを楽しみながら，様々な感覚を通して木の実のことを知ることに夢中になっているようでした。

そのような中，台風で見たことのない木の実が園庭に落ちていました。子どもだけではなく，保育者も一緒になって，木の実の謎に惹かれながらその実を調べることを楽しんでいました。仮説を立てていた木の実とは違っていましたが，その外見と中身の違いにまた面白さを感じていたようです。

エピソード6　木の実を使ったジュース作りへ
～木の実が飲み物になることの楽しさを感じる～

後日，年上の3歳児がシークワサージュース作りを行っているのを見て，木の実でジュースが作れることに気づいたDさん，今度はシークワサーに興味をもち始めたようです。保育者と一緒に，園庭に実っているシークワサーを見つけて匂いを嗅ぐと，「なんか，みかんの匂いがする」と言いながら，大事に両手の手のひらで包む姿がありました。数個のシークワサーを収穫した後，お部屋の前の縁側へ移動してジュース作りがスタートです。保育者が半分に切ったシークワサーを手に取って，そ〜っと匂いを嗅ぎます。外側よりも，香りが酸っぱいみたいです。

写真6-21　シークワサーを半分に切る
出所：筆者撮影。

写真6-22　匂いを嗅いでみる
出所：筆者撮影。

写真6-23　思ったより酸っぱい表情
出所：筆者撮影。

半分に切ったシークワサーをぎゅーっと絞っていきます。その様子を見て興味を示した子も集まってきて，一緒にシークワサーを絞ります。時折，果汁がパシャッと弾けて顔にかかると，「はねた〜」と言って笑いながら絞り続けます。絞っている間じゅう，周りはシークワサーの匂いに包まれていきます。

第 6 章 探索を楽しむことから深まる「愛と知の循環」

写真 6-24 シークワサーの実を絞る
出所：筆者撮影。

写真 6-25 果汁を集めていく
出所：筆者撮影。

　果汁はある程度集まりましたが，酸っぱいということで少し砂糖を混ぜて，待ちに待ったジュースができました。「ちょっと味見したい」と言って，少しずつコップに注がれたシークワサージュースを飲んでみると……少し間を置いて「おいしい」と一言。周りの子どもたちも集まってきてみんなで分けながら頂くと，「おかわり」が飛び交い，あっという間になくなりました。

写真 6-26 集まった果汁の観察
出所：筆者撮影。

写真 6-27 シークワサージュースの試飲
出所：筆者撮影。

　保育者が「また，みんなで作りたいね」と伝えると，少し考えて「つぎは，ピタン（ピタンガの実）で作ろう」と笑顔で提案。ピタンガとは，アセロラのような味がする木の実で，子どもたちはピタンガのことを「ピタン」と呼んでいます。保育者も「いい考えだね」と伝えて，その日のシークワサージュース作りは幕を閉じました。

　実は，丁度この時期はピタンガの実もなり始めていて，子どもたちはピタンガのツヤツヤしてぷっくりとしたおいしそうな見た目にそそられて，食べた経験があったのです。そのときは，まだ熟していないピタンガだったこともあり，「すっぱ」「んん～」となんとも言えない不思議な味に思わず顔がぐしゃっとなっていたのですが，シークワサージュースと同様においしいジュースが作れるかもしれないという思いが生まれたのでしょう。

写真 6-28 ピタンガの実収穫
出所：筆者撮影。

写真 6-29 ピタンガの実試食
出所：筆者撮影。

写真 6-30 熟していないピタンガ
出所：筆者撮影。

95

第Ⅱ部　「愛と知の循環」を実践から考える

　翌日さっそく，ピタンガの実を収穫するＥさんの姿がありました。Ｅさんは保育者に，「ピタンでジュース作る」と言って，自らピタンガがある場所まで行き，収穫して透明の容器の中に水と一緒に入れて大事そうに持っています。しかし，Ｅさんが集めたピタンガは黄色いものでまだ熟していません。というのも，熟しているものは奥側にあり，子どもたちの手ではなかなか届かなかったのです（逆にすぐに届かないからこそ，熟す前に収穫されることなく，いくつかの木の実が熟していました）。保育者が手伝って奥側のピタンガを収穫し，ピタンガジュース作りが始まります。ピタンガの実を剝くと，たまたま大きなピタンガだったからか種が２つ入っていたので，保育者が「おしりの形に似ているね」と伝えると，子どもたちにもヒットして「おしり」と笑い合う姿も見られます。

写真6-31　ピタンガの場所へ向かう
出所：筆者撮影。

写真6-32　奥側に実るピタンガを収穫
出所：筆者撮影。

　ゆっくり，ピタンガの皮を剝いて果汁を集めていくと，昨日のシークワサーの果汁の色とは違って，少しオレンジがかった色をしています。匂いを嗅いでみると「いい匂い〜」とシークワサーとはまた違った香りを楽しんでいるようです。果汁を混ぜながら，Ｆくんは「パーティーができるんじゃない？」と楽しそうにつぶやきます。ある程度果汁が溜まったところで水と砂糖と氷を入れて，混ぜ合わせていきます。先ほどの原液よりも冷たくてビニール袋越しの感触も気持ちがいいみたいで，笑顔もあふれ期待も広がっている様子です。ようやく完成したピタンガジュースを飲んでみると，これまた「おいしい〜」と笑顔で伝えてくれました。

写真6-33　ピタンガの果汁を観察
出所：筆者撮影。

写真6-34　氷や水などと混ぜる
出所：筆者撮影。

写真6-35　実際に飲んだ表情
出所：筆者撮影。

　園庭にある木の実がジュースになることを知ったＤさんは，自分も試してみたいという思いをもちました。シークワサーの実を使ってジュースを作る過程で，その心地よい香りが場を包み込みました。近くにいた子どもたちも一緒になってシークワサージュース作り

第 6 章　探索を楽しむことから深まる「愛と知の循環」

を楽しみ、頂きました。その経験から、今度は、ピタンガのジュース作りに発展していきました。このように、木の実を実際に手に取り、匂いを嗅ぎ、味見をしながら、自然物のことを知る喜びを感じていました。

> **エピソード7**　**続く木の実への興味・関心**
> ～自然物の変化を感じながら～
>
> 　子どもたちの木の実への興味・関心は、シークワサーやピタンガの実りの時期が過ぎた後も続いています。園庭に出たと思ったら、すぐにモモタマナの実を見つけて「先生！ これ割りたい！ ハンマー持ってきて」と伝えてきます。ハンマーの使い方もお手のもの。ガンガンと割っていきます。木の実だけでなく道具のほうにも興味があるようです。ある日見つけたモモタマナの実は緑色ではなく黒色の実だったので、試しに匂いを嗅いでみると、「くさっ」と強烈な匂いも感じ取りながら、自然物との様々な出会いを楽しんでいました。

写真6-36　ハンマーで木の実を割る
出所：筆者撮影。

写真6-37　中身の匂いを嗅ぐ
出所：筆者撮影。

写真6-38　ハンマーを使いこなす
出所：筆者撮影。

　木の実には旬の時期があり、その時期以外は園庭の木の実を収穫することはないので、子どもにとっては、季節の変化や自然物の時間感覚に気づく機会になっているのかもしれません。

（3）絵本の物語を味わいつつ身近な自然物に興味をもつ

　本園では毎日、絵本の読み聞かせを行っていて、子どもたちも絵本に親しみをもっています。そのような中、子どもが好きになった絵本の一つに『めっきらもっきら　どおんどん[*1]』があります。午睡前の読み聞かせになると、ほとんど毎日というほど、子どもからリクエストがあり、最後に絵本のタイトルにあるお決まりのフレーズをみんなで言ってから午睡に入ることが何度もありました。

[*1]　長谷川摂子（作）・ふりやなな（画）（1990）. めっきらもっきら　どおん　どん. 福音館書店.

第Ⅱ部 「愛と知の循環」を実践から考える

エピソード8 **ガジュマルにストーリーを投影する**
〜絵本のイメージに思いを馳せながら〜

園庭で遊んでいると，ガジュマルに大きな穴があることに気づいたHくん，「見て，木に穴があるよ」とつぶやきました。そうすると，隣にいたIさんが「中にバケモノがいるんじゃない？」とイメージを膨らませていきます。園庭に出るとガジュマルの前に数名が集まり「めっきらもっきら どおん どん」と歌って絵本の世界を楽しむ姿もありました。

写真6-39 ガジュマルの穴を発見する
出所：筆者撮影。

子どもたちの大好きな絵本『めっきらもっきら どおん どん』の中に出てくる大きな木の穴のイメージを実際に園庭に生えているガジュマルの木の穴に重ねて，遊びを楽しんでいました。ガジュマルの幹が太く，穴が開いていたので，そのように見えたのでしょう。大きなガジュマルを囲んで，みんなが大好きな絵本のフレーズを言いながら，虚構の世界と現実の世界を行き来し，ごっこ遊びを楽しんでいました。

エピソード9 **絵本の物語をもとにごっこ遊びを楽しむ**
〜仲間同士で想像（虚構）の世界を広げる〜

そのようなイメージは続き，Hくんや Iくん，Jくんら数名を中心に，お部屋にも大きな木と穴を作ろうということになりました。ダンボールの箱をいくつか重ねて木を作ると，今度は穴を開けていきます。「穴は確か暗かったよね」「そうだね。黒い穴だったね」「じゃあ黒いのを被せよう」と伝え合いながら，黒いカラーポリ袋を被せて作っていきます。お部屋にできた大きな木の下の穴をくぐる遊びを楽しむ姿がありました。

他方で，実物の木や絵本と見比べて「色が違う。茶色だ」と気づいたことを周りに伝えながら，また作り直していきます。画用紙を貼ったときにはみ出た部分を茶色に塗ったり，段ボールを大きい箱から順番に重ねたりしながら，「ここ，おさえてね」「おっけー」と声をかけ合い，イメージの世界を仲間と共に表現する楽しさを味わっているようです。

写真6-40 大きな木を作る
出所：筆者撮影。

写真6-41 木に色付けを行う
出所：筆者撮影。

写真6-42 役になりきる
出所：筆者撮影。

写真6-43 木の実作り
出所：筆者撮影。

第6章　探索を楽しむことから深まる「愛と知の循環」

　Hくんは，絵本に出てくる「しっかかもっかか」に興味をもち，そのオバケになりきれるように手作りの頭の飾りや洋服を身にまといながらごっこ遊びを楽しみ，Iさんは絵本に出てくる木の実を作って飾り付けを楽しんでいました。このように身近な自然物と想像（虚構）の世界を行ったり来たりしながら仲間と共に想像の世界を広げる楽しさを味わっている3歳児です。

　園庭にあるガジュマルを囲みながらのごっこ遊びだけではなく，絵本の登場人物になりきったり，そこで出てくるものを作ったりしながら遊びは展開していきました。ごっこ遊び時に製作で作ったものが室内に飾られることで，遊びはより活性化していきました。ちょっと疑問に思ったり，ふと思い出したりしたときには，絵本の物語に立ち戻りながら，園庭遊び，室内での製作やごっこ遊びなど，遊びは多様に展開していきました。

3. 全体を振り返って

　安心した空間の中で，様々な探索を楽しむ子どもたちの姿が見られました。園庭だけを見ても水や植物，虫など多様にあるのですが，そのどれもが子どもにとって，面白い魅力的な出会いになっているようです。また，大雨が降った翌日の砂場の水たまりや風で揺れて落ちた木の実があるように，出会いには偶発的な出来事も含まれています。その魅力に誘われて，何度も活動を繰り返す中で，その特徴についての理解が進み，少しずつ先のめあてをもちながら，そこに向かって遊びを楽しんでいるようでした。

　このように，一つ一つの環境には，謎が秘められていて探究する入り口がいくつも用意されているように思えます。木の実という自然物だけでも，様々な関わりを楽しみながら，数日間，数週間の探究活動につながりました。また，絵本の世界も同様に，一つの物語やテーマから室内製作や園庭活動につながり，様々な活動に展開していきながら，仲間と想像の世界を広げながら遊びを展開していました。

　上記の活動は，ささやかで小さな発見の連続ですが，その活動の発展には保育者の導きも重要だと考えられます。この世界につながる面白さや謎が園内のあちらこちらにあり，その一つ一つの出会いに足を止めてじっくりと面白さを味わいながら，子どもの探究を支えていけたらと思います。

第Ⅱ部 「愛と知の循環」を実践から考える

編者からのコメント

園環境に潜むいくつもの謎から探究の楽しさへ

無藤 隆

　沖縄県うるま市にあるコスモストーリー保育園による実践記録をもとに,「愛と知の循環」の具体的な在り方を考えていきます。この保育園は,園庭がかなり広く,傾斜地に立ち,いろいろな遊びができるところがつながり,それぞれの場でどの年齢の子どももよく外に出て遊んでいます。園舎の中も工夫が施され,回遊的な造りの中で動線が複雑でいろいろに仕切りや中二階などが設けられ,それぞれのところで落ち着いた活動ができるとともに,互いに何をしているかが見えやすく,特定の年齢だけでなく様々に交流が起こり,同時にクラスでの集まりの時間を確保するようにしています。

1. 実践の概要

(1) 1歳児のAくんの事例

　Aくんは園庭遊びが好きで,庭に出て,築山,草原,水場など様々なところでできそうなことを見て,またやってみている。ある日,砂場にしゃがみ込んでいる。水たまりに手を入れて感触を楽しむ。小さなスコップを使う。手を使うのと触感も音も違うようだ。その繰り返しの中でたまたまスコップの中にあった水が舞い上がる。それを次に自分からやってみる。それが地面に落ちて,そこに気づいて驚く。次にバケツの水をレンゲで小さなカップにそ〜っと移す。途中でこぼれて「おちた〜」と言いながら残りを注ぐ。その次にカップをレンゲのそばに持っていってこぼさないで注ぐ。その後も,バケツやタライなどに水を移すのに熱中している。

　室内に向かう。うろうろと回りながら室内に向かうのだが,落ち葉を見つけて,バッタのことを思い出してつぶやく。虫の真似の仕草をする。その前の遊びを思い出しているようだ。

　園庭で友達が木の実で遊んでいるのを分けてもらう。感触を確かめる。保育者の問いかけに,中身を見ようと剥き始める。黄色い実が見えてきて,保育者に示す。実がなる木を教わり,その下に移動する。同じ木の実を見つける。落ちたばかりなので剥けない。足で踏むが無理だ。保育者が「硬いね,なんでかな」と声をかけると,じっくりと見ている。

(2) 2歳児のDさんの事例

　モモタマナの木は子どもの手のひらサイズの実がなる。Dさんはその実を拾って「コウモリのごはんだ」と父親に教わったことを保育者に伝える。それを他の子どもに伝えると,

他の子どもの興味が広がっていく。保育者はコウモリがどうやって食べるのだろうかと疑問を出す。どうやって割るのだろうか。Dさんが木の枝で割ろうとするが，枝が折れる。「硬いね」と保育者が声をかける。2つの木の実が緑色，もう一つは茶色と違うのだが，保育者はそれが同じだと指摘すると，木の実集めが始まる。一人が食べようとかじると歯形が付いて，割れそうだと思いつく。そこで保育者がハンマーを持ってきて叩くと割れて，中から白い種が出てきた。匂いを嗅いだりした。

別のある日，台風の後，不思議な木の実を見つける。それを切って，中身を見る。白と黄緑の色だ。フクギの実であるらしい。その香りを嗅いでいた。

Dさんが3歳児がジュース作りをしているのを見て，シークワサーを見つけ，匂いを嗅ぐ。数個ほど集め，ジュース作りを始める。まず半分に切ってもらった実の匂いを嗅ぐ。半分の実を搾る。他の子どもも参加する。絞っているうち，匂いが立ち込める。果汁が集まるが，酸っぱいので砂糖を加える。味見をする。飲んで「おいしい」と言う。他の子どもも集まり，分ける。

次は「ピタンで作ろう」を提案する。保育者も賛同する。ピタンガの実（ピタン）も前に食べたが熟しておらず，酸っぱいだけだった。今度はおいしいジュースになるという期待が生まれただろう。

翌日，ピタンガの実を収穫する。しかし，それらは黄色くて熟していない。保育者が手伝って，熟したものを木から採取した。皮を剝いて，果汁を集める。オレンジがかった色合いだ。シークワサーとはまた違ういい匂いがする。水と砂糖と氷を加え，作ったみんなで飲んでみる。パーティーみたいになる。

その後も木の実への関心は続き，モモタマナの実を見つけるとハンマーで上手に割る。黒色の実は臭いなど感じている。

（3）絵本の読み聞かせから広がる事例

絵本を午睡の前に読んでやっている。『めっきらもっきら　どおん　どん』が人気になり，毎日のように読んでいて，そのタイトルのフレーズを午睡の前にみんなで言うこともあった。

園庭のガジュマルの木に大きな穴を見つけた。一人が中にバケモノがいるとつぶやく。数名が「めっきらもっきら　どおん　どん」と歌う。

それが続き，部屋に大きな木と穴を作ろうとなった。段ボールの箱で木を作り，穴を開ける。黒のポリ袋を被せて黒い穴として，そこをくぐる。絵本や実際の木を見ると茶色だとわかり，作り直す。協力して，画用紙を貼り，色を塗る。さらに，おばけの「しっかかもっかか」となって頭の飾りや服を身にまとい，ごっこ遊びをする。木の実を作り，飾る。自然物と絵本の想像の世界を行き来して遊びを展開していく。

２．本実践から幼児教育・保育の在り方を考える

本実践を「愛と知の循環」として展開している考え方から捉えてみると、まさにその様々な点が見えてきます。

（１）好きになることとわかっていくことが繰り返され循環して深まる

園庭が好きで、そこでのいろいろなものに興味を抱き、関わっていく。そうしているうちに、ここでは水をすくい、容器に入れるという活動に興味がいって、それを試し、すくい方を変えてみたり、さらに容器を動かし、道具を変え、入れる先を変えてみたりする。水が跳ねて地面に落ちて、そこに黒い模様を残したのであろうが、そのたまたまのことに気づいて再度試してみる。この過程はまさに身近な環境にあるものに興味を惹かれ、そこで関わり試すうちにどうやればよいかがわかっていき、その繰り返しを通して安定したやり方が身体的動作としてできるようになっていっています。好きになるという、周りのものとそこでの活動への「愛」とどうやればよいかのやり方が、水という液体とそれを運ぶ道具とそれが入れられそれを保持する容器との動作的関係として暗黙に理解されます。それは言葉としての理解以前の半ば身体的な関わりとしての理解です。それはいわゆる知識へといずれ至るであろうその始まりなのでしょう。それは目に見える面白い動きと共に獲得されていきます。

一つの道具と容器の関係とそこでの液体としての水の在り方の認識の始まりであり、同時にそれは環境にあるものとの呼応関係の発展でもあるのです。そこに器があり、自らあるから、そしていかにも触りたくなる魅力があり（例えば揺らいで光る表面とか手に取りやすいものの形とか）、そしてもちろんそれらを使っている光景が刺激になっていて、それがものがもつ可能性を示し、そこに自分も参加していこうとしています。園の環境とはそのようなものの刺激と他の子どもなどの社会的な刺激に満ちた空間です。

そのような環境に支えられ、それが展開していく空間の中での活動として愛と知の循環が成立し、その繰り返しが起こる中で試行錯誤され、そこでの偶然に取り組み、またおそらくめあてとしてのイメージをうまく実現したいと思うのでしょう。そのイメージとは環境と自分との活動の具体的な呼応関係の姿で、それがおそらくさほどに具体的でないとしても、その導きがあって、すぐ先に実現しようとする動きが誘発されます。

この過程では遊びとしての楽しさが思いつきを試してあれこれやってみることにつながり、そこでこうしたいと感じてそれを実現しようとするちょっとした動きが起こる、という特徴が見えます。遊びは関わりの多様性と特定のことの実現へと追求する動きのつながりでの楽しさを呼んだ言い方なのです。そこから実際に、環境とそこでの子ども側の関わりのもつ潜在可能性のあるものが活動として具体的に出現し、それが組み換えられて次の活動を生み出し、小さな追究活動を通して意志的目標的働きを成立させていくのです。それはすでに１歳児という時期に見られることがよくわかります。

第6章　探索を楽しむことから深まる「愛と知の循環」

（2）思い起こすことが遊びとなっていく

　園庭を歩いているときに，先ほど見つけたり遊んだりしたことを思い起こし余韻を味わっているようです。それは記憶が環境との出会いに入り込み，その関わりがその環境にあるものへと重ねられ，またそれを身体的に再現したりごっこ的な仮想的動きとして展開したりするところにつながります。園庭をゆっくりとうろつき横切るところでさえ，そこにはいろいろな気づきが改めて起こります。それは実際での出会いの活動を記憶として引き出し，また動きとしての連想を呼び起こし，環境への関わりをいわば複合化していき，さらに異なる場での記憶とのつながりを作り出すことでしょう。それは環境からの刺激がごっこ遊びとして展開する始まりとなるのではないでしょうか。

（3）感触や匂いという関わり方が視覚に加わることで気づきのリアリティが厚みを増す

　この園の庭には木の実がなる木々がいくつもあり，風が吹いた後などはいろいろな木の実が散らばります。手で触って感触を確かめたり，剥いてみたり，匂いを嗅いだりするのですが，木の種類により硬さも匂いも違うことがわかります。同じ木の実でも熟しているかどうかで変わってきます。あるものは動物の食べ物になるし，また別なものは人間が食べるものとかジュースになることも教わり，試すようになります。

　自然物はそれとしてそこらの光景の中に在りながら，木の実はそこからのプレゼントのように自分のところにやってきて，また探して見つけ出せるものです。まさに自然の中にある「なぞ」を示して挑戦してくるようであり，同時にその謎は中身を剥いて見たり嗅いだりして納得していく自然の姿です。それがさらに食べ物になるというのは現代の子どもには驚きで，食べ物はその自然からやってきて，大人の教えてくれる手段と手順で食べる・飲めるおいしい味になるのです。

　ここには何重にも周りの世界のリアリティ（実在性）を感じる仕組みが自ずと作られています。木の実は何種類もあって，種類ごとの特徴があり，それは見て，触って，匂いを嗅ぐことで実感的に把握できます。しかも自分の力と感覚で可能になるのです。そして普段飲んだり食べたりするものの材料がその木の実であったりして，庭の自然が突然，家庭などの生活の場で出会っているものに変身するのです。別な世界がつながり，それぞれにその奥行きがあり，それは同時に自分の身体と感覚を通した多重の捉え方でいくつもの面から成り立つことが把握されます。

（4）じっくりとした製作の時間はその自然物が自ずと変貌していく時間でもある

　いろいろなものを使った製作などは時間がかかる作業ですが，自然物についてはさらにそのものが変容していく時間が一定程度必要で，こちらの思うようになるとは限らず，いわば相手に合わせて付き合っていくことになります。ジュースは実の中身を潰す，果汁を搾り出す，味見して砂糖を入れ水を足します。木の実そのものも熟したものを探し，時には熟すまで待つことでしょう。自然物にはその固有の時間の経過があり，その時間を心得ていくこと自体が活動の一部です。それは環境に在るものへの時間をかけた呼応関係であ

103

第Ⅱ部 「愛と知の循環」を実践から考える

り，生態的な在り方の理解の始まりでもあります。

そこに腰を据えて作業することはじっくりとした時間の過ごし方であり，それはそこで
いわばじわじわとやってくる充実感を得るのです。同時に随時そこで味見をしたり，様子
を捉えたりして，修正を加えていきます。関わることと共にいわばちょっと距離を置くこ
と，さらに味見のようにこれからの先をちょっと想像して進んでいくやり方を直すことで
す。瞬時の関わりに対して，時間をかけた関わりへと活動の幅が広がるのです。

（5）絵本の想像の世界が現実の世界へと，ごっことしての空想を介してつながる

絵本で読み聞かせてもらっていたことを園庭の木に投映します。ガジュマルの木にある
穴にバケモノが住んでいるのだと空想します。もちろん本気でそう思うはずもなく，想像
してみただけですが，子どもはそういう空想をすると，その中に自分が入り込み，さらに
その想像が一つの世界として展開し始めます。それを支えるのが絵本での物語への接触で
す。そこでの筋の突飛さ，また台詞の笑えるような面白さが，何度も読んでもらうことで
クラスみんなの共有の記憶になっています。

そこで特に重要となるのが面白い台詞で，それが合図となり，子どもたちが共にその想
像の世界へと進み，絵本での空想と台詞を実際のもので重ねて，その本当は何もないはず
のところに想像して，あたかも本当にそこにあるような気持ちをかき立てます。それは本
当でないと知っていて，でも本当にあるのだと想像することの二重の在り方とその間のつ
ながりが子どもには近いところにあるのでしょう。絵本での物語はそこに描いてある通り
で変えようはないのですが，それをもとに実際のものに適用すると，それは子どもたちの
思いつきに委ねられ，遊びとして多様な活動に展開し，同時に活性化を絵本の物語が果た
すのです。

第 7 章

ときめき・ひらめきから生まれる「愛と知の循環」

平松 美和（京都市立翔鸞幼稚園）

1. 園の概要

　京都市立翔鸞幼稚園では「ときめき・ひらめきを生む保育をめざして！ 〜科学する心を育てる教師の援助や環境構成について考える〜」というテーマを掲げて保育実践を行っています。自園では"ときめき"を「子どもたちが好きで好きでたまらない思い」，"ひらめき"を「子どもたちなりのいい考え」と捉え，子どもたちが夢中になって遊ぶ姿を通して，子どもたちが何にときめき，そして，どんなことをひらめくのかに着目して保育者の援助や環境構成について研究をしています。以下の事例は4歳児（男児6名，女児4名　計10名のクラス）の事例です。

2. カブトムシへの愛にあふれる子どもたち

(1) カブトムシとの関わりの深まり

エピソード1　「カブトムシサーカス!!」（6月30日）

　毎年，幼稚園ではカブトムシを育て，一緒に遊ぶ経験を楽しんでいます。そして，カブトムシが産んだ卵を大切に育て，次年度に引き継いでいるのですが，今年はなぜか幼虫がサナギになる前にすべて死んでしまいました。「今年はカブトムシと遊べないな」と子どもたちも保育者も残念に思っていましたが，ラッキーなことに1週間前に保護者からオスとメス1匹ずつのカブトムシを頂きました。そのことがとても嬉しかったケント。次の日から毎朝，昆虫

写真7-1　「カブトムシがサーカスしてる」
出所：筆者撮影。

105

ゼリーを家から持ってきてくれました。カブトムシの入っている飼育ケースのふたを開けて，昨日入れた昆虫ゼリーがなくなっていると「今日も空っぽや！ 食いしん坊やなぁ！」と，とても嬉しそう。ケントが新しい昆虫ゼリーを入れるために切り株（昆虫ゼリーを置くための穴の開いた円柱型の木製の切り株）を外に出そうとしたとき，オスのカブトムシが切り株にしがみついていました。ケントがカブトムシの角を持ち，飼育ケースの外に出そうとすると，カブトムシの脚が激しく動き，切り株がぐるぐる回り始めました。その様子を見たケントが「先生！ すごい！ 面白い！ カブトムシがサーカスしてる‼」と大興奮‼ そばで見ていた子どもたちも「すごい！ サーカスや！」「私もやりたい！」「僕も！」と言って代わる代わる，カブトムシの角を手に持つ姿が見られました。

ケントは生き物が大好きで，家でも自慢のクワガタを育てています。そのため，「ぼくの家には昆虫ゼリーがいっぱいあるから！」と言って，家にある昆虫ゼリーを毎日1個ずつ持ってきてくれます。保育室にも昆虫ゼリーはありますが，ケントは自分の家のゼリーを園で育てているカブトムシにもあげたかったようなのです。カブトムシに対してときめきを感じているからこそ，大切に育てたいという思いがケントの心の中に生まれたのだと考えました。また，ケントが切り株にしがみついているカブトムシの角を持ち，カブトムシが脚を動かし，切り株を落とすことなくぐるぐると回す様子を見て「サーカスしてる！」と言ったことで，そばで一緒にカブトムシの様子を見ていた子どもたちのカブトムシに対するときめきが一気に高まりました。カブトムシが細い脚を巧みに動かし，切り株をぐるぐると回す様子に子どもたちは釘づけでした。この経験をきっかけに，今まであまりカブトムシに興味がなかったり，「カブトムシを触るのはちょっと怖いな」と感じたりしていた子どもたちも，「カブトムシって面白そう！」「ちょっと一緒に遊んでみたいな」という気持ちになったように感じました。

エピソード2 「カブトムシって，かっこいいー！」（7月1日）

昨日のカブトムシのサーカスの遊びに魅力を感じた子どもたち。「また，サーカスしよう！」と言って，カブトムシと切り株を飼育ケースから出して遊び始めました。カブトムシが，昨日のように切り株を回し始めると，ケントが飼育ケースの周りにどんどん中型積み木を並べ始めました。積み木を2段積み重ね，壁のようなものを作ったり，板を渡して橋を作ったり……。どうやら，カブトムシのサーカス場を作っている様子でした。並べた積み木の上にカブトムシをとまらせて，カブトムシがゆっくりと歩き出す様子をじっくり見ていました。

写真7-2 「こんな所も歩くんや！」
出所：筆者撮影。

保育者も子どもたちと一緒にカブトムシの歩く様子をじっくり見ていました。すると、ケントとトウマが材料置き場から細い紐を持ってきて、ガムテープで積み木に紐を固定し始めました。カブトムシが綱渡りのようにして渡り始めると「ヤッター！！！」と、大興奮！　トウマは虫眼鏡を持ってきて、カブトムシの顔をじっくり見て「かっこいいー！」と大喜びしていました。カブトムシが動くと、子どもたちはカブトムシの動きに合わせて、新たに積み木を運び、サーカス場をどんどん大きく構成する姿が見られました。

カブトムシに興味・関心をもち始め、飼育ケースから出して一緒に遊び始めたことで、カブトムシに対するときめきは高まったように感じられました。子どもたちがいつでも使える材料置き場には、新たに細い紐、カラーチューブ、段ボール、割り箸、ストロー等、いろいろな材料を増やして置いておくことにしました。ケントが中型積み木を並べてサーカス場を作り出したことで、子どもたちが「カブトムシってこんな所も歩けるのかな？」と思って、細い

写真7-3　「トンネルに入ったよ」
出所：筆者撮影。

紐を選び、綱渡りのコースを作った姿は、子どもたちのひらめきだと考えました。また、以前はカブトムシのことを「ちょっと怖い……」と感じていたトウマが虫眼鏡を使ってカブトムシの顔をじっくり見る姿を見て、カブトムシに興味・関心をもち、ときめきの気持ちを抱き始めていると思いました。この心の動きを大切に受け止めていきたいと考えています。

　7月4日〜6日まで担任不在。その間に、カブトムシのサーカス場には子どもたちからのアイデアで、牛乳パックや空き箱、カラーチューブ等をつなげて新たな道やトンネルが作られ、毎日、カブトムシを飼育ケースから出して、一緒に遊ぶ姿が見られたようでした。

エピソード3　「飛べ！　カブトムシ!!」（7月7日）

　朝の身支度を済ませると、カブトムシと一緒にサーカス場で遊ぶ子どもたち。するとケントが「あっ、今、カブトムシが羽を少し広げた！　飛ぶ！」と驚いた様子でみんなに伝えていました。しかし、カブトムシはすぐに羽を背中にしまってしまい、なかなか羽を見ることができません。保育者が長い棒を持ってきて「この棒、登らはるかな？」と言って、子どもたちと一緒にサーカス場に固定すると、カブトムシは勢いよくグングンてっぺん目指して登り始めました。一番上まで来たときに飛ぶのではないか！　と期待しながら見守っていましたが、なかなか羽を広げる様子はありませんでした。保育者は、「飛んでほしい！」と願う子どもたちの気持ちを叶えてあげたいと思い、長い紐を持ってきて、「この棒に結んでみたらどうなるかな？」と問いかけてみました。子どもたちは「棒に付けてほしい！　綱渡りや！」と言いました。さっそく、紐を棒に結び付け長い綱渡りのコースを作ってみました。

するとカブトムシは，子どもたちの頭上にある綱渡りコースをゆっくり，ゆっくり歩き始め，子どもたちは「がんばーれ！　がんばーれ！」と言って応援していました。しかし，子どもたちの「カブトムシが羽を広げて飛んでほしい！」という願いは，この日は叶いませんでした。しかし次の日，カブトムシは長い棒の先まで登りきると，部屋の中を元気いっぱい飛び，子どもたちからは「ヤッター！　カブトムシが飛んだ！」と，大歓声があがりました。

カブトムシは夜行性のため，昼間，羽を広げて飛ぶ姿はあまり見られません。保育室にはカブトムシの図鑑が3冊あり，そのうちの1冊にカブトムシが羽を広げてかっこよく飛ぶ姿が掲載されています。それを見ている子どもたちは「カブトムシはこんなふうに飛ぶんだ！」と思っていたのだと思います。そのため，少しでも背中から羽が見えると「あっ！　飛ぶ！」と期待感をもって見ていたのだと考えられます。保育者は子どもたちのその思いを何とか叶えてあげたいと思い，長い棒と紐を出して綱渡りのコースを作ってみましたが，その日は飛ぶ様子を見ることができませんでした。しかし，子どもたちの頭上をカブトムシが綱渡りしていく様子には，面白さがありました。次の日，子どもたちの念願叶って，カブトムシが保育室中を飛ぶ様子を見ることができ，いつもはゆっくりと歩いていたカブトムシが，音を立てながら重たそうに飛ぶ様子は，子どもたちにとって，とても印象的だったと考えられます。カブトムシが飛んでいる写真を毎日図鑑で見ていたからこそ期待も高まり，実際にカブトムシが飛ぶ様子を自分の目で見た経験は，その生き物についてより深く知ることにつながったり，「知りたい！　見たい！」という望みが叶えられ，満足感にもつながったりするのではないかと思いました。

（2）カブトムシが増えてきて……

エピソード4　「カブトムシの世界を作ろう!!」（7月11日）

この日，小学校からカブトムシを4匹頂き，以前からいたカブトムシと合わせると6匹になりました。カブトムシと遊べるようにと思い，すべてのカブトムシをタライに出すと，子どもたちは保育室に置いてあった小型積み木を持ってきて，壁のように並べたり，道のようにつなげてコースを作ったり，高く積んでカブトムシが登れるような塔を作ったりして，カブトムシと一緒に遊び始めました。そして，その隣では大きな円柱を立てて，カブトムシをその上に

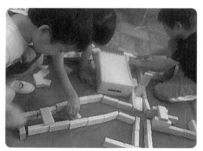

写真7-4　「どんどん迷路ができてきた」
出所：筆者撮影。

のせると，円柱の上部をカブトムシがゆっくり歩き始めました。しばらくすると，カブトムシが止まって，ピクリとも動かなくなったので，一緒に見ていた子どもたちが「どうしたのかな？」「動かないねぇ」と言うと，モモカが「おしりをね，優しく触ったら歩くよ」と

言ってカブトムシのおしりを数回優しくなでました。すると、再びゆっくり歩きだしたのです。「ヤッター！」とみんなで喜んでいると、ケントが「カブトムシのコースを作りたい！」と言って、保育室にあったカラーチューブを直線でつないだり、輪にしてつなげたりしてコースを作り始めました。シオリが「ゴールに、餌置こう！」と言うと、ケントは「そうや！ そら組さん（5歳児）とひかり組さん

写真7-5 「カブトムシの世界を作ろう」
出所：筆者撮影。

（3歳児）も呼んで、カブトムシの迷路に来てもらおう！ カブトムシの世界を作ったらいいんや！」と言い、トウマが「部屋は暗くしとかなあかんな」と言いました。保育者は「どうして、部屋は暗くしとかなあかんの？」と聞くと、トウマは「だって、夜が好きだから」と答えました。保育者は思わず「なるほどー！」とトウマの言葉に感心しました。その後、3歳児と5歳児のお客さんが来てくれると、部屋の電気を消して、カブトムシ迷路について紹介したり、一緒にカブトムシを触ったり、見たりすることを楽しむ姿が見られました。

　カブトムシの数が増えたことで、カブトムシに対するときめきが一気に高まったのではないかと感じました。そして、遊び方にも変化が見られ、一人一人の子どもたちのやってみたいことを試す姿が見られました。小型積み木を使ったり、大きな円柱を使ったりすることで、今まで使っていた中型積み木とは違う新たなコースができ、カブトムシのいろいろな動きに興味・関心をもって試す姿が見られました。また、モモカがなかなか歩かないカブトムシに

写真7-6 「おしりを優しく触ったら歩くよ」
出所：筆者撮影。

対して、無理やり押したり引っ張ったりせずに、カブトムシのおしりを優しく触る姿は、きっと、今までカブトムシと一緒に遊ぶ中で、モモカなりにいろいろな試しを繰り返し「おしりを優しく触ったら歩くんだ！」ということに気づいたからこそ、みんなに知らせてくれたのでしょう。そして、ケントがはじめは「カブトムシのコースを作りたい！」とひらめき、コース作りを始めましたが、シオリが「ゴールに餌置こう！」と言ったことで、カブトムシの"コース"は"迷路"のイメージになりました。カブトムシと一緒に遊ぶ楽しさを他の友達にも知らせたい気持ちになったことで「カブトムシの世界」という壮大なイメージとつながったのだと考えられます。さらに、ケントのひらめきは、トウマの「部屋を暗くしとかなあかん」というひらめきにもつながりました。トウマは普段からよく生き物の図鑑を見て知り得たことを保育者に教えてくれるので、その知識を遊びの中でも活かしているのだと思います。子どもたちから生まれたいろいろなひらめきが、園全体の子どもたちのカブトムシと一緒に遊ぶ楽しさや、ときめきを生んでいるのだと感じました。

第Ⅱ部 「愛と知の循環」を実践から考える

エピソード5 「シオリの大発見!」（7月13日）

　家からヨーグルトの容器を持ってきたシオリ。「これな，カブトムシの迷路に使うねん！ ゴールにしたいの！」と言って，大好きなピンク色のビニルテープをヨーグルトの容器に巻き，その中には2日前にゴールに置いていたカブトムシゼリーを入れ，ゴールに固定していました。シオリがカブトムシをゴールに連れてくると，カブトムシがヨーグルトの容器の中に入り，昆虫ゼリーを食べ始めました。シオリはカブトムシに懐中電灯の光を当てて，しばらくの間じっと見ていました。保育者が「何か見える？」と聞くと，シオリは「あんな，首の所，白いねん。そして，フワフワしてる」と教えてくれました。保育者もシオリと目線を合わせて，目を凝らして見てみると，確かにカブトムシの頭が動くと，カブトムシの首と体が接続している奥のほうが白く，毛が生えている様子が見えました。シオリの大発見でした。その大発見をクラスのみんなにも伝えると，さっそく代わる代わる懐中電灯で照らして，カブトムシの様子を見る姿が見られました。

写真7-7　「ゴールにしたいの」
出所：筆者撮影。

　シオリは家に帰ってからも，2日前から遊んでいるカブトムシ迷路に対する思いが続き，「ゴールには昆虫ゼリーの入った容器を置いておこう！」とひらめいたのだと思いました。その容器をシオリの大好きなピンク色のビニルテープで固定する姿は，カブトムシ迷路のゴールに，シオリなりの特別な思いが込められているのではないかと考えます。そして，昆虫ゼリーを食べているカブトムシに懐中電灯の光を当てながらじっくり見ていたシオリは，頭が動く度に首と体が接続している奥のほうが，うっすら白く，フワフワしていることに気づきました。シオリの大発見はクラス内でも共有され，シオリの自信や満足感にもつながったのではないかと考えられます。

エピソード6 「カブトムシが釣れたー！」（7月13日）

　数日間，幼稚園を休んでいたタクマ。この日は久しぶりの登園でした。タクマは最近，カブトムシが持てるようになり，部屋に入るなり「今日はカブトムシと一緒に遊ぶんだー！」と，とても張り切った様子。すると，ユウダイとケントがやってきて，タクマが休んでいた間に保育室内にできたカブトムシ迷路のことをタクマに一生懸命に説明する姿が見られました。さっそく，カブトムシを飼育ケースから出して迷路で遊び始めました。すると，以前，ザリガニ釣りをして遊んだときに作ったストロー製の釣り竿を見つけたケントが「これで，カブトムシが釣れるかもしれない！」とひらめきました。ケントはカブトムシ釣りを始めましたが，なかなか釣れません。ユウダイ，タクマも興味をもち，材料置き場から割り箸や竹ひご，ストロー等を持ってきて，釣り竿を作り始めました。釣り竿の持ち手を長くしたり，

110

針の部分にモールをたくさん付けたりする等，工夫しながら何度もチャレンジすると，見事，カブトムシがモールにしがみつき「ヤッター！ 釣れた!!」と，喜び合う3人の子どもたち。その様子に気づいたモモカ，サラ，シオリも「やりたい！」と言って，部屋に置いてある材料を使ってオリジナルの釣り竿を作り，カブトムシ釣りに挑戦し始めましたが，なかなかカブトムシは釣れず，繰り返し挑戦したり，釣り竿を作り直したりすることを楽しむ姿が見られました。

1週間休んでいたタクマですが，その間ずっとカブトムシと遊びたい思いがあったのだと感じました。以前は，カブトムシを持つことさえも怖がっていたタクマですが，カブトムシと一緒に過ごす生活の中で，次第にカブトムシにときめき，自分の手でカブトムシを持てるようになったことで自信につながったのだと感じました。ユウダイとケントも「タクマが登園したら一緒にカブトムシの迷路で遊びたい！」と思っていたからこそ，カブトムシ迷路のことをタクマに一生懸命に説明していたのだと考えます。そして，子どもたちが以前経験したザリガニ釣りの遊びが，今回のカブトムシ釣りの遊びにつながった姿は，「ひょっとしたら，釣り竿を使えばカブトムシも釣れるかもしれない！」という，子どもたちのひらめきだったと感じました。しかし，すぐには子どもたちの思い通りにカブトムシが釣れなかったことで，子どもたちなりに工夫して釣り竿を作り，どうしたらカブトムシが釣れるのかを試していたのです。そして，長期にわたり継続してカブトムシと一緒に遊ぶ場があったことや，遊びに必要な材料を自由に使って試しながら作っていたことで，子どもたちなりのひらめきが生まれたと考えます。そして保育者は，子どもたちがカブトムシと一緒に遊ぶ中で芽生える，「こんなことやってみたい！」の思いを受け止め，共に面白がりながら，子どもたちの思いに寄り添った援助と環境を構成していくことが大切だと改めて感じました。

（3）カブトムシの命に触れる

エピソード7 「おうち作ってあげよ」（9月1日）

1学期にカブトムシと一緒にいっぱい遊んだ子どもたち。夏休みが明けて2学期の初日，保育室に入るなり「カブトムシは？」と言って，カブトムシの飼育ケースをのぞく姿が見られました。ピクリとも動かないカブトムシの様子を見て子どもたちは「あれ？ 動かへん。生きてる？ 死んでる？」「今は寝てるだけや」と，心配そうに様子を見たり，触ったりしていました。するとシオリが「今は寝てて，きっと夜になったら飛ぶんだよ」サラ「そやな！」

写真7-8 「ここはお風呂！」
出所：筆者撮影。

シオリ「じゃあ，おうち作ってあげよ！」と，2人でカブトムシが夜，起きたときに過ごせる家作りが始まりました。空き箱の中には，梱包材を細かく切って入れたフワフワのベッドを作ったり，お風呂も作ったりしていました。サラがその家にカブトムシを入れようとした拍子に，保育者の手がカブトムシに当たってしまい，カブトムシの頭が取れてしまいました。保育者が「ごめん！！！ あぁ，どうしましょう……」と言うと，サラが「治してあげる」と言って，セロテープを巻いてカブトムシの頭と体を固定しようとしましたが，なかなかうまくいきません。その様子をそばで見ていた保育者は「サラちゃんはカブトムシのお医者様やなぁ」と声をかけました。しかし，手当はなかなかうまくいかず，サラは四苦八苦していました。保育者も手を添えながら一緒に手当を手伝いました。セロテープでは固定できなかったため，養生テープを何重にも巻き，ようやく手当ができました。その間，シオリはカブトムシの家作りを進め，滑り台付きの豪華な家を完成させました。サラは手当をしたカブトムシをそっと手のひらにのせて，2人で作った家の中に入れました。そして，サラとシオリは相談して，保育室の隅の壁とロッカーの間にある薄暗い隙間にカブトムシの家をそっと置きました。保育者が「どうしてそこにカブトムシのおうちを置いたの？」と2人に聞くと，「ここが一番いいねん。だってカブトムシは暗い所が好きやから」と言いました。

写真7-9　「治してあげる」
出所：筆者撮影。

　夏休み中にカブトムシが死んでしまい，子どもたちにその事実をどのようにして伝えようか悩みましたが，ありのままのカブトムシの様子を子どもたちが見て，触れて，感じる思いを大切にしたいと考えました。すると，子どもたちは，動かないカブトムシを見て「死んでる？生きてる？」と，戸惑う姿が見られましたが，「今は寝てて，きっと夜になったら飛ぶんだよ」と思い，今は寝ているカブトムシのために"起きたときに喜んでくれる家"を作るサラとシオリの姿は，1学期の頃から心ときめかせながら，カブトムシと一緒に毎日遊んだ経験があるからこそのひらめきから見られたのだと考えます。そして，せっかく家の中にカブトムシを入れてあげようとしたときに頭が取れてしまい，保育者は「きっとこれで子どもたちはカブトムシが死んでしまったと思うだろうな。子どもたちに本当に申し訳ない！」と思いましたが，子どもたちの思いはそうではありませんでした。頭が取れても，子どもたちは，カブトムシの手当をしたり，さらにカブトムシが喜ぶ滑り台付きの家にしたり，その家をカブトムシが好む暗い場所に置いたりしていたのです。そのひらめきの中には，子どもたちのカブトムシを思いやる優しさがあふれていると感じました。死んでいるという事実はいずれ子どもたちが気づくことです。だからこそ，今，カブトムシに対するとびっきりの優しさを大切に受け止めたいと考えました。

第 7 章　ときめき・ひらめきから生まれる「愛と知の循環」

> **エピソード8**　「カブトムシさん，ありがとう！」（9月6日）

　飼育ケースの中にいたカブトムシは，サラとシオリの作った家の中にいるため，飼育ケースの中をそろそろ綺麗にしようと思い，子どもたちを誘って，飼育ケースの中の土をタライに入れてみることにしました。すると，土の中でモゾモゾ動くものを見つけたユウダイ。「何これ？」と言って，そっと指でつまむと，なんと，それはカブトムシの小さな小さな幼虫でした。ケントが「カブトムシの赤ちゃんや！」と言うと，子どもたちは「ヤッター！」「赤ちゃんや！ カブトムシさん，ありがとう！」と大喜び!! 子どもたちみんなで幼虫を数えてみると，9匹生まれていました。

写真7-10　「何かいる！」
出所：筆者撮影。

写真7-11　「赤ちゃんや！」
出所：筆者撮影。

　子どもたちも保育者も，飼育ケースの中にまさかカブトムシの幼虫がいるとは予想もしていませんでした。3歳児の頃からカブトムシを卵から育てていた経験があるからこそ，今，目の前にいる小さな幼虫は，自分たちが育てていたカブトムシが生んだと理解し「カブトムシさん，ありがとう！」と，大喜びしたのだと考えます。命のつながりを感じた瞬間でした。死んで動かなくなったカブトムシを今でも大切にしている子どもたちの姿を見ていると，優しさや思いやりとは，このような経験を通して培われていくのだと感じました。

> **エピソード9**　「カブトムシはスイカが好きだから」（9月22日）

　毎日，家の中にいるカブトムシの様子を見ている子どもたち。しかし，日が経つにつれて，だんだんカブトムシの脚が取れ，テープで固定していた頭も再び取れてしまい，カブトムシの手当をすることがもう不可能な状態になってしまいました。すると，子どもたちも次第に「カブトムシ，死んでしまったんやなぁ」と話すようになりました。そして「このおうち，お墓のおうちにしてあげよう」とシオリが言うと，タクマが「あんな，ぼくのおじいちゃんが言ってたんやけど，カブトムシは木がいっぱいあって，蜜もいっぱいあって，土もいっぱいある山が大好きなんやって。そういう所で生まれたんやって。だから，このカブトムシも山に連れていってあげたらいいと思う！」と話してくれました。その話を聞いた子どもたちも「そうや！ 山に連れていってあげよう！」と大賛成。来週に大文字山に登る遠足に行く

113

予定だったので，カブトムシも連れていってあげることになりました。次の日の朝，タクマが家から大きなスイカの箱を持ってきました。そして，カブトムシの入ったお墓の家を，その箱の中に入れようとしました。保育者が「どうして，カブトムシのお墓のおうちをスイカの箱の中に入れるの？」とタクマに聞くと，「だってな，カブトムシは夏の生き物やろ。だからスイカが好きやと思って！」とのこと。タクマのひらめきに，子どもたちも保育者も「スイカの箱に入れてあげたら，きっとカブトムシも喜ぶね！」という思いになり，大文字山に行くときには，カブトムシの喜ぶものを子どもたちがそれぞれ考えて箱の中に入れてあげることになりました。

　だんだんカブトムシの体が傷んできている様子を目の当たりにして，自然と子どもたちが「カブトムシの死」を認識したのだと感じました。だからこそ，子どもたちは「このままカブトムシを家の中に入れたままではいけない」「お墓に入れてあげたい」と思ったのです。タクマの「カブトムシの大好きな山に帰してあげたい」と「カブトムシの大好きなスイカの箱の中に入れて山に連れていってあげたい」という2つのひらめきは，クラスの子どもたち全員が納得することでした。そして，子どもたちが，どんなときでも，「カブトムシにとってどうしてあげたらいいのか？」を考えようとしているからこそ，"カブトムシの喜ぶものを箱の中に入れてあげたい"という新たなひらめきが生まれたのだと考えます。4歳児のこの時期になると，このように自分以外のものや人の気持ちになって真剣に考えたり，ひらめいたことを実行しようとしたりするのだと，改めて子どもたちの心の成長を感じました。

エピソード10　「頑張って天国に行ってや！」（9月29日）

　大文字山登山の前日に，大きなスイカの箱の中に入ったカブトムシをどのようにして大文字山に連れていくのかを子どもたちと相談しました。山道ということもあり，安全面を考えて，箱は保育者が持つことになりました。しかし，スイカの箱はとても大きな箱だったので，保育者のリュックサックの中に入れることもできず，カブトムシが入る位の小さい箱の中に引っ越すことになりました。すると，子どもたちは「箱の中にカブトムシが喜ぶものを入れてあげたい！」「昆虫ゼリーいるよね」「手紙も入れたい」「スイカの絵をかいて貼ろう」と言って張り切って準備を始めました。そして，いよいよ大文字山登山の日。保育者のリュックサックの中には，カブトムシの入った大切な箱とスコップを入れて，みんなで大文字山の頂上を目指しました。頂上に到着すると，京都市内が一望できる素晴らしい景色が目に飛び込んできました。子どもたちも「うわぁー！　高い

写真7-12　「頂上まであと少し！」
出所：筆者撮影。

第7章　ときめき・ひらめきから生まれる「愛と知の循環」

なー！　ヤッホー！」と大喜び。しばらく頂上を散策すると子どもたちが「この木が一番高い木や！　先生来て！」と言って，その木の下まで連れていってくれました。確かにその木は幹も太く，頂上では一番高い木でした。保育者がスコップを取り出すと，子どもたちが木の下の土を掘り始めました。そして，そっと土の中にカブトムシを埋め，「頑張って天国に行ってや！」と声をかける姿が見られました。

　カブトムシを大文字山に連れていくためにはどうしたらいいのかを子どもたちと相談したときに，子どもたちなりにひらめいたことを伝え合う姿が見られました。カブトムシを入れる箱は変わったけれど，子どもたちの気持ちは変わらず「今まで大切に育ててきたカブトムシのために」という温かい思いがギュッと詰まっているのだと感じました。そして大文字山の頂上で子どもたちが，どの木でもいいのではなく，「一番高い木」を探していたのは，子どもたちが最後にカブトムシが一番喜ぶことを考えたのだと感じました。みんなで「頑張って天国に行ってや！」と言う姿はカブトムシに対する感謝の気持ちでいっぱいだったのだと考えます。カブトムシさん，子どもたちに素晴らしい経験と学びをさせていただき，本当にありがとう。

3．全体を振り返って

　生き物を最後まで育てるという経験を通して，同時に子どもたちの心も育っていくのだと感じました。保育室で生き物を育てていても，ただそこにいるだけの生き物では，子どもたちはここまで心を寄せないのではないかと考えます。生き物を大切に育てるために，毎日世話をし，一緒に遊び，楽しい時間を共に過ごすと，その生き物に対して，「好きで好きでたまらない！」という"ときめき"が生まれ，もっと楽しいことを一緒にしたい気持ちが高まってくるからこそ「子どもならではのいい考え」の"ひらめき"が生まれるのだと考えます。この，"ときめき"と"ひらめき"の連鎖が目には見えない無自覚の学びではないでしょうか。そして，保育者は子どもたちの"ときめき"に共に"ときめき"，心動かしながら関わったり，時には見守ったりする援助が必要だと考えます。また，保育者は子どもたちの"ひらめき"に驚いたり，共感したりしながら，子どもたちのやってみたいことを受け止めていきます。そして，遊びの中で共に面白がりながら，時には悩みながら子どもたちの"ひらめき"に向き合っていく援助や環境構成が大切だと考えています。

　そして，命あるものは，必ずお別れする日もやってきます。今回，子どもたちは死んでいるカブトムシを見て「今は寝てて，きっと夜になったら飛ぶ」という思いをもって，子どもたちなりにいろいろなことをひらめき，関わる姿が見られました。しかし，だんだん子どもたち自身で「死んでいる」という現実にも向き合っていく姿も見られました。この，

115

第Ⅱ部 「愛と知の循環」を実践から考える

生と死を巡って，心が揺らぐなんともいえない経験は，子どもたちの心を大きく育てるものなのではないかと感じました。そして，子どもたちがご家庭で大切に育ててもらっているからこそ，「カブトムシのために心を尽くしてあげたい」気持ちになるのではないでしょうか。人を思いやる気持ちや優しさは教えられて学ぶのではなく，このような実体験をもとに長い年月をかけて培われていくものなのではないかと，私自身改めて見つめ直す機会になりました。

第7章 ときめき・ひらめきから生まれる「愛と知の循環」

編者からのコメント

命への愛をやりきる

古賀 松香

　カブトムシと一緒に遊んで，ときめいてひらめいていく子どもたちの生き生きとした生活の記録には，子どもが育つ保育の素晴らしさを改めて感じます。

1．好きで好きでたまらない思い「ときめき」が育ちひろがる

　「今年はカブトムシと遊べないな」と残念に思っていたところに，オス・メス1匹ずつのカブトムシがクラスにやってくることになります。残念に思っていたところからの浮上。嬉しい気持ちが生き物大好きなケントを動かしていきます。ケントは「自慢のクワガタを育てて」いるとあります。「自慢の」と捉える保育者の言葉から，保育者がそれまでもケントから自宅のクワガタの話を聞いてきたのだろうと想像されます。そうやって生き物大好きなケントの姿がこれまで十分に受け止められてきていたのでしょう，ケントはカブトムシがやってきた次の日にさっそく昆虫ゼリーを家から園に持ってきます。ケントのこれまでの園生活で，虫が好きな思いを素直に表現することができていたからこその展開です。ケントはクラスの新たなメンバーとしてカブトムシの存在を喜び，その喜びはカブトムシが喜ぶことをしてあげたいというケントの行為として表現されていきます。

　「好き」は一日では終わらず，ある程度持続するものです。ケントは次の日も昆虫ゼリーを持ってきたので，入れ替えの際カブトムシが夜の間に昆虫ゼリーを食べていることに気づきます。そのとき「今日も空っぽや！　食いしん坊やなぁ！」と喜びを言葉にしていきます。このケントの言葉には喜びの情動が豊かにのっており，単なる言葉ではなく，そのケントの喜びが周囲に響くように伝わったのではないでしょうか。さらに昆虫ゼリーを入れ換えようとしたとき，切り株にしがみついたカブトムシの脚が激しく動いたことで，切り株がぐるぐる回りだします。その様子をケントが「サーカスしてる！」と表現するのです。目の前で起こっていることの面白さを端的に，そして魅力いっぱいに伝える比喩表現に，ケントのワードセンスが光ります。「サーカス」という言葉はイメージを伝えるとともにケントの興奮を伝えたのでしょう，周りの子どもも集まって，共に見ることからカブトムシの新たな魅力が伝わっていきます。ケントの「好き」はカブトムシとの関わりを生み，そこで感じられた喜びや面白さが周囲に伝わっています。

　「カブトムシと一緒に遊ぶ」という表現が何度も出てきます。あまり聞いたことのない表現ですが，ここで展開しているのは，「カブトムシと一緒に遊ぶ」様子であると読み手

としても感じます。おそらく重要だったのは，カブトムシを飼育ケースから出し，まさに自分たちがクラスで遊ぶように，カブトムシが遊ぶ場所を「サーカス場」として展開していったことでしょう。カブトムシを触ったり，よく見たり，ある動きをねらったしかけに誘ったりするプロセスの中で，カブトムシの存在がどんどん身近なものになっていったと推測されます。カブトムシのことをちょっと怖いと思っていたトウマも自分から虫眼鏡を使いだします。好きだから一緒に遊びたい，好きだからもっと近づいて見たい。好きで好きでたまらない，関心が関心を呼んでいくのです。

2．子どもたちなりのいい考え「ひらめき」が湧いてくる探究の場

　カブトムシが好きで好きでたまらなくなるプロセスは，カブトムシの動きをよく見ることとつながっていっています。サーカス場を作った子どもたちは，自分たちが作った場だからこそ，そこでカブトムシがどう動いているかをよく見ています。よく見ることがカブトムシの特徴を捉え，もし○○したらカブトムシはどうするだろう？　というさらなる関心を生んでいきます。

　積み木に細い紐をテープで付けて固定するケントとトウマの行為からは，「細い紐があったら，綱渡りのように伝って歩くのではないか」という，カブトムシの動きに対する予測や仮説，そして期待感のようなものが感じられます。見事にカブトムシが綱渡りのように渡り始めると，「やったー！」と大興奮している様子，またカブトムシがちょっと怖かったトウマが「かっこいいー！」と大喜びしている様子は，カブトムシに心を寄せて感じ考えたことをカブトムシが実現してくれることで，一層カブトムシのことを近しい存在と感じ，もっと好きになっていっているようです。

　また，サーカス場という場ができたことは，子どもたちがその場に集まれるようになることにもつながっています。積み木が積まれたり，「サーカス場」という場の名前が聞かれたりするようになると，そこはカブトムシと遊ぶことを目的とした場として認識され，関心をもった子どもが集まるようになります。それは，カブトムシへの関心を寄せ合う仲間との場になり，思いついたらやってみる探究の場となっていくのです。

　子どもたちは言葉にする前にひらめきに突き動かされるように動いていきます。だからこそ，遊びの自由感の中にいることが大切で，そしてそこにはすぐにやってみることができる環境が豊かにあることが大切になります。ひらめきは具体的な物と出会うことで形を得ていきます。おそらく，ひらめいたときには，「なんか細いもの」とか「長いもの」とか，ある種のイメージのようなものが浮かんでいると思いますが，そこに，細い紐があったり，カラーチューブがあったり，どんな形にも切って遊べる段ボールがあったり，割り箸があったり，ストローがあったりするわけです。それらは細くて長いもの（に加工できるもの）でありながら，おそらくカブトムシの脚と組み合わさると異なる特徴をもつ素材です。丸くて滑りそうなもの，四角くて掴まりやすそうなもの，まっすぐ歩けそうなもの，

第7章　ときめき・ひらめきから生まれる「愛と知の循環」

曲がりくねった道も作れる柔らかいもの，など異なる特徴をもつ素材を見て選ぶときに，子どもたちのひらめきはさらに刺激され，もう一段階考えることが引き出されていくでしょう。7月1日の子どもたちの紐の使い方を捉え，その姿からすぐに次に必要となりそうな環境を再構成していく保育者の細やかな働きが，子どもたちのさらなるひらめきの世界をひろげていくことにつながっています。

3．もっと知りたい，わかりたいと願う

　生きて動くカブトムシに触って一緒に過ごす生活は，子どもたちが実物に触れながらよく見て具体的に実感をもって，カブトムシという生命の特徴を知っていくことにつながっています。一方，保育室には，生きたカブトムシだけではなく，図鑑や絵本等が環境として潜ませてあります。このクラスにはカブトムシの図鑑だけで3冊あり，実物を見たり，図鑑を見たりと，行ったり来たりして考えたり工夫したりすることができていたのだろうと推測されます。目の前のカブトムシの姿と図鑑に書いてあることの違いから，見てみたい動きや姿を待ち望み，期待するようなことが生じてきます。ケントがカブトムシの羽の様子を見て「飛ぶ！」と言ったのは，まさにその期待感の表れでしょう。自分がこれまで関わってきた生きたカブトムシの姿にはない図鑑の情報が，目の前のカブトムシのほんの少しの動きから引き出され，期待をもってよりよく見ることにつながっています。保育者は子どもたちの中で盛り上がってきている思いを期待ではなく「願い」と表現しています。「期待」は，そのときを待つという意味がありますが，「願い」には，より実現へ向けた動きが含まれています。保育者はその願いを「叶えてあげたい」とさらに願って，その希望を託した長い棒を持ってきます。保育者もまたカブトムシに願いをかけ探究する仲間となっています。

　もし〇〇したらカブトムシはどうするだろう？　と，様々な問いをカブトムシと一緒に遊びながら試し，日々考えてきた子どもたちは，長い棒を見て予測を立てたのではないかと思われます。この棒を伝って歩くのではないか。先端まで歩いたら飛ぶのではないか。ちょっと不安定になると飛ぶのではないか。棒の形や長さ，紐でぶら下げた不安定な感じ，そしてこれまで毎日見てきたカブトムシの動き。それらが合わさって，「どうなるかな？」とみんなで心を寄せて，自分たちの頭の上で綱渡りしているカブトムシに「がんばーれ！」と願いを込めていく姿からは，好きで好きでたまらない情動が躍動しながらも，それだけではない，もっとカブトムシのことを知りたいという探究心の高まりが感じられます。釣り竿の事例でもそうですが，すぐにはうまくいかない難しさがあっても，あきらめないで工夫したり考え続けたりすることが楽しくなる環境が整えられています。

　また，シオリは図鑑にも載っていないようなことを発見します。まるで科学者のような細かい観察によって，首と体の接続部分の奥が白くてフワフワだと発見するのですが，その発見は，保育者がシオリの様子を見て，「何か見える？」と声をかけたことから共有さ

119

第Ⅱ部 「愛と知の循環」を実践から考える

れていきます。シオリがしばらくの間じっと見ている様子に，保育者は何か感じ取り，そのシオリの姿に関心を寄せていったのだろうと思われます。子どものちょっとした姿を見逃さず読み取ろうとする保育者がいたことで，シオリの繊細な発見は，毎日カブトムシと一緒に遊んでいる子どもたちもまだ知らなかった大発見として驚きをもって受け止められ，価値づけられていくのです。

　子どもたちはカブトムシのことをもっと知りたい，わかりたいと願い，保育者は子どもたちのことをもっと知りたい，わかりたいと願っているようです。保育者が子どもの願いを感じ取り，出すぎないで丁度いい具合で支えることが，子どもたちのもっと知りたい，わかりたいをつなげ，高めていることがわかります。

4．死を受け止めるにもプロセスがある

　カブトムシといっぱい遊んだ子どもたちは，2学期になって動かないカブトムシと出会います。保育者は，夏休みの間にカブトムシが死んでしまったことをどう伝えようか悩んだ挙句，あえて伝えず，子どもたちが，見て，触れて，感じることを大切にしたいと考えたとあります。改めて，死とは何か，考えさせられます。生き物を育てることを保育内容としていくということは，子どもたち自身がその生き物の命のありようを知るということであり，生きているとはどのようなことで，死んでいるとはどのようなことかを知るということを含んでいます。しかし，生きている間はあんなにも触れて感じて考えることを大切にしてきたのに，死んでしまったと大人が捉えたら，その死を言葉で伝え，どこに埋めるか弔いの場を決め，死を受け止めさせて終結に向かわせることが多いのではないでしょうか。この事例では，保育者がカブトムシの死をあえて伝えなかったことで，子どもたちはカブトムシの様子に心を寄せ，カブトムシの好みそうな環境を整えていきます。動かないことは死を予感させますが，子どもたちは希望をもち直すように，「寝ている」と捉え関わり続けるのです。それは子どもたち自身が，カブトムシが動かないこと，生きていること，死んでしまったことを自分たちなりに捉えようとするプロセスとなっています。

　その途中で，新たな命にも巡り合います。そのときの子どもたちの喜びの声に「カブトムシさん，ありがとう！」と感謝の言葉が出てきます。毎日楽しく遊んだカブトムシが，自分たちにまた大切な命を託してくれたと感謝する心の育ちに，改めて生き物に心を寄せて生活をする意味を教えられます。

　そうやって過ごす中で，だんだんと子どもたちは動かないカブトムシの姿，修復できないカブトムシの姿から，「死んでしまったんやなぁ」と話すようになり，弔いを考えるようになっていきます。そこでも，カブトムシが好きで好きでたまらないから，最後の最後までカブトムシが喜ぶことを考えています。スイカの箱を持ってくるタクマの思い，一番高い木を見つけて選ぶ子どもたちの思い，そっと土の中にカブトムシを埋めて「頑張って天国に行ってや！」と祈りを言葉にする姿。カブトムシが死んでもなお，カブトムシのこ

とを思い，精いっぱいの優しさを表現していく子どもたちの姿は胸を打つものがあります。命あることの具体を知るカブトムシと一緒に遊んだ日々が，自分とは異なる存在に思いを寄せて共に在ろうとする，これからの子どもたちの育ちにつながっていくことを願わずにはいられません。

5．好きが好きを呼び育ち合う

　好きで好きでたまらないという気持ちは，対象をよく捉えようとする動きを生み，さらなる面白さが感じられるようになる好循環へとつながっていきます。そのとき子どもは，周囲の人に自分が感じている面白さを伝えたくなるようです。園生活とは，ある対象に対して好きで好きでたまらない人が複数いることがあり，かつ，それぞれの捉えや関わりが許されています。その対象への捉えや関わりのそれぞれのありようが互いに影響し合い，さらなる捉えや関わりを生み出し，時にそれはクラスを越えて，好きが好きを呼んだり，深めたりしています。こういった好きが好きを呼ぶポジティブな関係が，明日またきっと楽しいことを自分たちで発見できる，自分たちで創り出すことができると，期待して生きる子どもを育むのではないでしょうか。

121

───── 第 **8** 章 ─────

創造力を育む「愛と知の循環」

───────────── 小河原 弘文・外薗 知子[*1]（京都市立楊梅幼稚園）

1. 園の概要

　本園では，「かかわりを楽しみ，よりよい生活を創り出す子ども」の育成という教育目標のもと，子ども一人一人が自ら心を動かし，夢中になって遊び込む楽しさを味わうことを願い，子どもと共に日々，遊びや生活を積み重ねています。本園は，同敷地内の小学校と連携・接続を深めながら教育活動を共に行っています。特に5歳児は，交流や行事参加等，小学生との関わりを3歳児の頃から続けて深めています。そのような5歳児に3・4歳児たちが憧れ，5歳児の遊びや生活に期待感をもっています。

　2018年に幼小合同の研究組織を立ち上げ，毎年，幼小で同じ研究テーマを設定し，幼小合同研究組織のもと，研究を進めています。2023年度は，幼小合同研究テーマを「創造力を育む教育の実践　～身近な人・もの・こと・社会とのかかわりを通して～」とし，実践を積み重ねています。これまでの研究の中で，幼小で共に学ぶからこそ，子どもたちが相手を意識することで目的をもち（相手意識），心が動き，工夫が生まれ，質の高い学びとなることがわかってきました。

　5歳児は，友達や保育者と一緒に楽しみながら様々な遊びや生活を創造しています。創造することを楽しむ中で，めあてを同じにする友達と，様々な思いを共有する関係を構築し，仲間意識や相手意識をもち，身近な人との温かい関係性が育まれていきます。そして，これまでに友達や保育者と一緒に経験してきた様々なことが，自分たちの身近なものとなり，積み重なっていきます。

─────────────
＊1　現在は京都市立下京雅小学校所属だが，執筆当時，京都市立楊梅幼稚園所属。

2.「ハーモニーピザパーティーへようこそ！」

（1）相手意識をもち，友達や保育者と一緒に遊びや生活を創り出すことを楽しむ

エピソード1「豆ごはんパーティードッキリ大作戦をしよう」（5月26日〜29日）

　昨年度，5歳児たちがエンドウマメの栽培活動をし，収穫したもので教職員と一緒に豆ごはんを作り，3・4歳児に振る舞って豆ごはんパーティーをしました。そして今年度，自分たちもエンドウマメの栽培活動をし，豊作をクラスみんなで喜び合いました。昨年度の5歳児にしてもらった思いが蘇り，さっそくイッペイやカズオたちが「パーティーしようよ」と楽しみにします。イッペイたちが思いをクラスみんなに伝えると，賛同が広がりました。

　そこで，25日降園前にみんなで話し合う時間をもちました。すると，「招待状を作ろう」「幼稚園のみんなでしたいから，たんぽぽ組，さくら組，先生たちに作って渡そう」，さらに「一緒に踊って楽しもう」と，いろいろな思いや考えが生まれ，共有されて豆ごはんパーティーへの思いが高まりました。踊りは，3・4歳児もその場ですぐに一緒に楽しめると子どもたちが考えた「アヒルのダンス」を選びました。

　26日，4〜5人の友達と一緒に1枚の四つ切画用紙に自分なりに絵や文字をかいて招待状を作りました。3歳児，4歳児，職員室（教職員），園長室（園長先生）の4つのグループに分かれ，各グループ，思いを込めて丁寧にかきました。タロウは，友達と一緒に絵をかきながら，渡す相手である3歳児のことを思い浮かべます。そして，お客さんたちに喜んでほしい思いから「豆ごはんパーティードッキリ大作戦をしよう」とひらめきました。タロウの思いや作戦名をクラスみんなが知ることで，誰に何をするのかといった相手意識を確かにし，クラスみんなで豆ごはんパーティーを成功させたい思いが膨らみます。もちろん，3・4歳児は豆ごはんパーティーのことは知りません。どうしたら相手に伝わるかを考え，招待状を渡すときに，思いを言葉でも伝えようということになりました。

　招待状をグループの友達と一緒に大事に持ち，階段を気をつけて降りたり，各部屋までゆっくり歩いたりしながら届けました。たどたどしい言葉ではありましたが，グループの友達と「月曜日，豆ごはんパーティーをするから楽しみにしていてね」などと一生懸命その思

写真8-1 「招待状をかこう」
出所：筆者撮影。

写真8-2 「豆ごはんパーティーに来てね」
出所：筆者撮影。

> いを伝えます。そしてサクたちが「一緒にアヒルの
> ダンスを踊ろう」と誘います。3・4歳児は招待状
> をもらったことを喜び，自分の担任と一緒に楽しみ
> にします。タロウは，相手の嬉しそうな様子を見て
> 「ドッキリ大作戦，大成功！」と嬉しそうに声をあ
> げてガッツポーズをとります。タロウの喜びに，ク
> ラスの友達も自然と喜びます。嬉しさが広がる中で，
> 一緒に「アヒルのダンス」を踊ることを楽しみまし
> た。いつもは5歳児の踊りを見ていることの多い
> 3・4歳児ですが，今日は一緒に踊れることがお互いに嬉しくて，一体感が生まれ，豆ごは
> んパーティーの期待感が膨らみました。
> 　29日，子どもたちは三角巾とエプロンを身に着けてクラスみんなで保育者と一緒に豆ごは
> んを作ってお客さんたちに振る舞い，みんながおいしそうに食べる様子を嬉しそうに見たり，
> 自分たちも味わったりして，幼稚園のみんなで，豆ごはんのおいしさと共にみんなでパー
> ティーをする嬉しさを味わうことができました。

写真8-3　「豆ごはんどうぞ」
出所：筆者撮影。

　昨年度，豆ごはんパーティーで5歳児にもてなしてもらった嬉しさやおいしさといった心地よい思いと経験がもとになり，次は自分たちが創り出してみたいという思いが生まれました。また，3・4歳児や教職員という園生活を共にする自分たちにとっての身近な人たちに相手意識をもち，豆ごはんパーティーで喜んでほしいという願いを子どもたちがもち，その為に必要なことを考えて，友達と一緒に進めることを楽しみました。思いの実現に向けて，教職員間で連携を図り，関わることで，子どもたちがめあてを達成する喜びと，園のみんなで豆ごはんパーティーをする楽しさや豆ごはんのおいしさを共に味わうことができました。

　子どもたちが相手意識をもつことで，招待状を作って届けたり，一緒に楽しめることを考えて踊りを踊ったりしたいという考えをもち，クラスみんなで豆ごはんパーティーを創り出す思いが膨らみました。その思いが3・4歳児や教職員へと伝わり，幼稚園のみんなの思いへと膨らみました。

　豆ごはんパーティー当日，普段は幼稚園では身に着けることのない三角巾とエプロンを身に着けて自分で豆ごはんを作ることを楽しみました。自分たちが中心になって育てたエンドウマメで，自分たちの身近な人である3・4歳児や教職員という幼稚園のみんなに思いを巡らせ，もてなして喜んでもらう嬉しさをクラスみんなで共有することができました。みんなでめあてに向かって協力してやり遂げる達成感を味わい，クラスみんなの関係性の構築，そして園全体の一体感につながりました。

第Ⅱ部　「愛と知の循環」を実践から考える

（2）相手意識をもち，共通の経験から自分たちでめあてをもって遊びや生活を創り出す達成感をもつ

エピソード2　「ハーモニーピザ屋さんにしよう」（6月初め頃〜12日）

〈パーティーのメニューは，"たまじゃがピザ"〉

　エンドウマメ同様，昨年度から玉ねぎとじゃがいもを栽培していた子どもたちは，収穫をして新たなパーティーを幼稚園のみんなでしたい思いをもちました。

　遊びの中で，ヒナコ，ナツコ，サオリが大型積み木でツリーハウスを作ったり，ままごとのごちそうを作って一緒に食べたりすることを楽しみ，自分なりのイメージをもったり，互いの思いを出し合ったりしながら一緒に遊びを進めるようになり始めていました。そこで，イメージを膨らませたり共有したりして友達と一緒に遊びを進めることを楽しんでほしいと願い，イメージが膨らむような絵本を一緒に見たり，メニュー表やツリーハウスなどを掲示したりしていました。すると，ヒナコたちが大型積み木に加えて巧技台やゲームボックスを組み合わせたり，保育者と一緒にままごとのキッチンや机を運んだりして，友達と一緒にツリーハウスごっこを進めることを継続して楽しんでいました。保育者も遊び仲間に加わりながら，ヒナコたちが自分たちで遊びを創り出す思いがもてるように認めたり，見守ったり，共感したりして関わりました。その中で，ヒナコたちは絵本に出てきたピザに興味・関心をもち，遊びに取り入れて楽しんでいました。その遊びをもとに，新たなパーティーのメニューをクラスみんなで相談し，玉ねぎとじゃがいもを使ったピザ，"たまじゃがピザ"を作って，幼稚園のみんなに喜んで食べてもらいたいという思いが生まれ，クラスみんなの思いになりました。

写真8-4　ツリーハウスごっこ
出所：筆者撮影。

〈お店の名前は，"ハーモニーピザ屋さん"〉

　同敷地内で教育活動を共にしている小学校の学習発表会である五大フェスティバルに毎年，5歳児が園を代表して参加しています。丁度この頃（6月6日），五大フェスティバルの一つである音楽科の学習発表会"ハーモニーフェスティバル"に参加した子どもたち。小学校のアリーナ（体育館）のステージで大好きな歌を歌ったり，踊りを踊ったりして小学生や保護者等大勢の前で発表をし，緊張感を味わいながらも，めあてに向かってクラスみんなで最後まで取り組み，達成感をもち，自信につながりました。

　なお，ハーモニーフェスティバルの間，3・4歳児や教職員は園におり，5歳児の発表は見ることができませんでした。それにより，子どもたちに，3・4歳児や教職員にもハーモニーフェスティバルでの発表を見せたいという強い思いが生まれました。

　幼稚園のみんなで"たまじゃがピザ"を食べてパーティーをしたいという思いと，お客さんにもハーモニーフェスティバルを見せたいという思いが合わさり，マサトがピザを食べて

第8章 創造力を育む「愛と知の循環」

もらったり発表を見てもらったりしようと考え、お店の名前を"ハーモニーピザ屋さん"と名付けたことでクラスみんなの思いが一つになり、自分たちでパーティーを創造したい思いが高まりました。

〈さぁ、ハーモニーピザパーティーの準備〉
　子どもたちは、豆ごはんパーティーの経験から、ハーモニーピザ屋さんでお客さんに楽しみにしてもらい喜んでもらうには、準備をする必要があることとその楽しさを実感しています。なお、豆ごはんパーティーでは、3・4歳児が落ち着いて食べることができるようにと保育者間で話し合い、5歳児が各保育室に豆ごはんを届けて食べられるようにしました。その経験と、今回のハーモニーピザ屋さんで自分たちがしたいこととをもとに、タツオが「今度は遊戯室でしたい」と大勢で集いやすい広い場を選んだり、「パーティーができるようにお店屋さんの飾りを作ろう」と考えたりしました。その考えを聞いたマサトは「ハーモニーピザ屋さんの看板も作ろう。できたら遊戯室の入り口に飾ろう」と考えを友達に伝え、賛同の声があがりました。タロウは「また、招待状をかいてお知らせしよう」と言ったり、サオリ「おうちの近くのピザ屋さんにポスターが貼ってあったよ」ナツコ「それなら幼稚園のいろんなところにポスターを貼ろうよ」と自分の身近な生活から考えたりして、友達と協力しながら準備を進めることを楽しみました。そして、お客さんに招待状を届け、いよいよハーモニーピザパーティー当日となりました。

〈いよいよ、ハーモニーピザパーティー当日！〉
　12日当日、会場となる遊戯室には、入り口に大きなピザの看板が飾られ、室内にはタツオやイッペイたちが作った様々な飾りが飾られ、ハーモニーピザ屋さんの賑やかな雰囲気が広がりました。また、1階から2階の遊戯室に向かう階段には、ハルキたちがかいて自分で貼った色とりどりのポスターがお客さんをハーモニーピザ屋さんへと誘っています。普段から使っている机に保育者がテーブルクロスを敷き、ホットプレートやフライ返し、そして食材となる玉ねぎとじゃがいもの他に、餃子の皮やケチャップなどを用意し、場が整いました。
　登園時からハーモニーピザパーティーを楽しみにしている子どもたち。試しに保育者が作ってみると、子どもたちも喜んで自分のピザを作り始めます。最後に玉ねぎとじゃがいもをトッピングし、ホットプレートでじっくりと焼きます。少しずつ焼けていくピザを見つめたり、イッペイたちが「いい匂いする！」と香りを嗅いだりしてできあがりを楽しみにしながら友達や保育者と一緒に過ごしました。そして、頃合いを見て、できあがったピザをクラスみんなで食べました。「おいしい！」と笑顔があふれたり、イッペイ「たまじゃがピザ、最高やなぁ。もっと食べたい」と味わったりしました。自分たちで考え、作ったたまじゃがピザを味わったことで、お客さんにも早く勧めたくてたまらなくなったサクは「早くお客さに

写真8-5 「たまじゃがピザ、いい匂い」
出所：筆者撮影。

127

第Ⅱ部 「愛と知の循環」を実践から考える

写真8-6 「味はどうかな？」
出所：筆者撮影。

写真8-7 「踊りも見てね」
出所：筆者撮影。

も食べさせたいわ」と楽しみな思いがあふれました。
　そして，いよいよお客さんのピザが焼きあがると，サクたちは急いで3歳児の保育室に向かい，自分たちから積極的に誘いかけます。サクは，フミと手をつなぎ，歩くペースを合わせて遊戯室にやってきました。席へ案内し，しゃがんで目線を合わせて「おいしいピザ持ってくるから，ちょっとだけ待ってね。待てる？」と話しかけます。フミはサクの目を見て頷きました。サクはピザを受け取ろうと並んで待っている間，後方に座っているフミを振り返り，確認します。そして，お皿に盛った焼きたてのたまじゃがピザを保育者から受け取ると，両手で大事に持ってゆっくり歩きながらフミに届けました。フミの目の前でしゃがみ，「熱いから気をつけて食べてね」「たまじゃがピザ，めっちゃおいしいよ」と優しく声をかけながらフミがおいしそうに食べる様子を嬉しそうに見守り続けました。フミが食べ終わると，2人で余韻を味わうように嬉しそうに話をしていました。
　そして，最後に，座席に座っている年少児たちの前に5歳児みんなで並び，ハーモニーフェスティバルで発表した「たいようのサンバ」を踊りました。ハーモニーフェスティバルの緊張感とは異なり，楽しそうな雰囲気が広がり，5歳児からは誇らしげな雰囲気が伝わってきました。踊りを最後まで一生懸命見ている3歳児もいれば，途中から一緒に踊りだす3歳児もおり，その様子は様々で，子どもたちはどのような思いも受け入れながら最後まで踊り，会場全体に心地よいハーモニーが生まれました。
　その後，4歳児や教職員も順に招待し，焼きたてのたまじゃがピザを食べてもらったり，踊りを見せたりして，ハーモニーピザパーティーを最後までやり遂げた達成感をみんなで味わうことができました。

　豆ごはんパーティーで味わった様々な心地よい思いが，玉ねぎとじゃがいもの収穫を通して次なるパーティーをしたい思いへとつながり膨らみました。パーティーには，クラスのみんなはもちろんのこと，やはり，自分たちにとって身近な3・4歳児や教職員に喜んでほしいという思いがあり，その思いはクラスみんなの共通の思いでした。子どもたちの園生活を共にする身近な人たちへの思いを感じました。
　ハーモニーフェスティバルを見ていない3・4歳児や教職員にも発表を見せたい思い，そして，栽培物の収穫，ツリーハウスごっこの遊びから生まれた様々な経験や思いが織り

第8章　創造力を育む「愛と知の循環」

なす中で生まれたものが，ハーモニーピザパーティーでした。豆ごはんパーティーとは違い，園として初めてとなるピザパーティーを，今，楽しんでいるツリーハウスごっこの遊びの中からクラスみんなと保育者とで考えて決めたことで，みんなで考え，協力してやり遂げたい強い思いが生まれました。創造力は，強い思いをもち，友達とその思いを共有してめあてに向かうことで発揮されるのだと強く感じました。豆ごはんパーティーの経験から準備の必要性とその楽しさを知り，期待感や相手意識をもってやり遂げたい強い思いを膨らませ友達と一緒に考えて，協力してかいたり作ったりしながら準備を進めることを楽しみました。

　当日，自分でたまじゃがピザを作って味わったことで，お客さんたちにも味わい，喜んでほしい思いが実感として生まれました。サクはフミと手をつなぎ，歩く速度を合わせて座席まで案内しました。しゃがんで身をかがめて目線を合わせたり，優しく声をかけながら終始思いを寄せて見守っていました。誰に言われるのでもなく，自ら自然とそのような関わりをするサク。フミの立場に立って最後まで心を配ってもてなすひたむきな姿に心を打たれました。

　マサトがひらめき，みんなの思いが合わさったハーモニーピザパーティーの最後を，ハーモニーフェスティバルで取り組んだ踊りで締めくくりました。子どもたちは，自分たちで考えて進めたことを最後までやり遂げることができた達成感，そして，お客さんに喜んでほしいという思いをもち続けてその思いを実現することができた喜びを味わうことができました。自分たちで創り出す喜びと楽しさを味わい，それがクラスみんなの共通の経験となりました。

（3）友達と思いを出し合いながら，一緒に思いを実現して遊びを創り出すことを楽しむ

エピソード3　「彦星にも見てもらいたかった」（6月下旬〜7月7日）

〈アイドルショー〉

　ヒナコは気の合う友達ナツコと一緒に2階踊り場でアイドルになりきって踊ることが好きです。ヒナコは興味のあること（主にアイドルごっこや製作活動）をナツコと一緒に楽しみますが，遊びや友達関係の広がりはこれからに期待しているところです。ナツコは欠席が多く，経験が積み重なりにくいところがあります。そのような2人がアイドルごっこを通してナナトやサオリたちと一緒に遊ぶことが楽しくなり，友達関係の広がりが見られるようになってきました。ナツコの長期休み明けの6月下旬からヒナコがナツコを誘い，ミナミとサオリも加わり，身近な材料を使ってなりきるために必要なもの（冠やステッキ）を作り，先生たちを客席に誘うことが増えてきました。すると，マサトやタロウ，3・4歳児たちもお客さんになって見ている中で，リズムにのって踊って毎日のようにアイドルショーを楽しむようになりました。

〈降園前の振り返り〉

　6日，ヒナコがクラスの友達に認められることが自信となって明日への遊びの創造につながってほしいと願い，降園前にヒナコたちの遊びの様子や思いをみんなで聞くひと時をもちました。ヒナコは恥ずかしそうにしながらも自分で作ったお気に入りのステッキを見せます。ナツコは，ピザ（ままごと）を食べながら踊りが見られることを知らせます。それを聞いたマサトが「ハーモニーピザ屋さんと踊りが合体してパーティーになってる！」と興奮して言いました。マサトもナツコも6月12日のハーモニーピザパーティーが欠席だったことから，ピザパーティーごっこが新鮮なのでしょう。すると，カズオが「そうだ！　明日は七夕だから，僕たちが彦星様で，ヒナコちゃんたちが織姫様になって七夕パーティーができるね！」と目を輝かせて言います。5月末に豆ごはんパーティーで3・4歳児や教職員に喜んでもらえた喜びから，友達と一緒に楽しいパーティーをしたり，身近な人たちに喜んでもらったりしたい思いが膨らんでいます。タツオはカズオの話を聞き「いいじゃん！　じゃあ，これ（ハルキが家で折り紙で作って園に持参したあみ紙）飾ろうよ」と，踊り場に飾って天の川を作ることを伝えると，ハルキも賛同します。サオリは「プラネタリウム（6月下旬に園外保育で出かけた京都市青少年科学センターでの経験からの遊び）を動かそうよ」と場を踊り場に移動することを提案し，「それいいね」とクラスで話が弾んでいきます。そこで，保育者がヒナコたちの思いを聞くと，ヒナコは少し考えた後「着物（葵祭ごっこで遊んだ布）がほしい」とつぶやきます。葵祭は，毎年5月15日に行われます。祇園祭，時代祭ならび，京都の三大祭りの一つに挙げられます。子どもたちは葵祭を見学し，それを遊びに取り入れ，布をまとって行列を作って葵祭ごっこを楽しみました。その布をヒナコは思い出したのでした。声は小さいけれど，表情は明るく，楽しみにしている気持ちが伝わってきます。カズオ「おー，いいねぇ。僕も着たい。七夕パーティー，楽しみ！」タツオたちも「僕も！」と期待感が膨らむ中，降園しました。

写真8-8　葵祭見学
出所：筆者撮影。

写真8-9　葵祭ごっこ
出所：筆者撮影。

〈七夕パーティー当日〉

　7日当日，七夕の集いの行事でブラックシアターを見たり，プールで織姫と彦星になって遊んだりして朝から七夕への思いが膨らんでいました。なお，行事とプール遊びがあるため，七夕パーティーの遊びは限られた時間になることを考慮し，6日降園後に保育者が予め踊り場にあみ紙を飾り，プラネタリウムの場を移動してすぐに自分たちで場を作って遊びだすことができるようにしました。

弁当後，ヒナコとナツコはさっそく織姫になりきって七夕パーティーを始めようと，和柄の布を選び，保育者に身に着けさせてもらいました。さらに，昨日までに自分で作った花や星の冠を付けたり，リボンを付けたステッキを持ったりして踊り場で用意を進めていきます。そこへ，ミナミやサオリ，そして弁当後に遊戯室で大型積み木で車を作っていたカズオ，マサト，タツオ，タロウ，ユキオも次々やってきて布や風呂敷を選び，彦星になりきって加わります。ヒナコたちが冠に笹の葉を付けているのを見て，カズオたちも自分なりに付けます。タロウたちはその姿を見せるためにお客さんを呼びたくて，さっそく職員室やさくら組の保育室に向かいます。そして，七夕の集いで見たブラックシアター（七夕の由来の話）を貸してもらい，自分たちで始めようとします。お客さんとして3歳児担任と一緒にフミやショウたち，4歳児のマサとユウがやってきて始まるのを心待ちにしています。踊り場の照明が消され，ブラックシアターの手元照明とプラネタリウムごっこで楽しんだスポットライトが照らされています。頭上には，プラネタリウムごっこで作った星座やハルキのあみ紙，大きな染め布が吊るされ，七夕パーティーの雰囲気が踊り場全体に広がっています。タロウやサオリたちの思いは一緒で，とにかくまずはブラックシアターをしてみたい。しかし，自分たちだけで進めることは難しく，保育者に話を進めてもらいながら自分なりに貼り付けることを楽しみます。一方，ヒナコとミナミは加わってきません。それが気になり，七夕パーティーの内容の相談をすることを保育者から投げかけました。すると，タツオ「まずは，お話。それで，織姫と彦星がなかよしになって，次は踊り」カズオ「そうそう。それで最後はごちそうを食べるんだよね」ナツコ「それがいい」と思いが合いました。しかし，ヒナコとミナミに聞くと，浮かない表情で首を傾げます。ヒナコなりの思いはあるが，言葉にするのはすぐには難しそうだと思いました。そこで，ミナミに「どうしたい？」とさらに聞くと，「アイドルショーみたいに踊りたい。太陽のサンバも」と言いました。保育者はその思いに共感し，ヒナコにも再度投げかけると「それがいい」と小声で答えました。タツオたちは気分が高揚しており，たくさんの友達が集っていたので，保育者が2人の思いを代弁して伝えました。マサト「じゃあ，最初に織姫様と彦星様で太陽のサンバを踊って，最後に織姫様たちでアイドルショーの踊りを踊れば完璧じゃん」と言います。その考えに周りの友達も賛同し，気持ちが高まります。ヒナコとミナミも嬉しそうに頷きます。

いよいよ，お客さんに見てもらう中，太陽のサンバを踊りだします。ヒナコとミナミも生き生きと踊っています。普段は離れたところから見ていることの多いミホが自ら風呂敷を持ってきて踊りに加わり，大勢で賑やかな雰囲気が広がります。踊り終えるとタツオたち彦星役の男児たちは遊戯室へ行き，車で遊びだします。踊りきり，少し離れた場でホッと一息ついているようでした。

そして，サオリが「小さな世界」の曲を流し，ヒナコ，ナツコ，ミナミが踊りだします。保育者もお客になりきって座って見守る中，最後まで堂々と踊りきりました。客席から拍手が起こり，フミたちは帰りだします。すると，ヒナコたちがフミたちのもとへ行って手を差し出し，握手やタッチをし始めました。ヒナコたちが近頃アイドルショーの終わりにしている"ファンサービス"です。保育者が「七夕パーティーにお客さん見に来てくれたね」と話すと，ナツコ「嬉しかった」とジャンプ。ヒナコ「またしたい！」と周りに響くほどの元気

な声の後，少しの間を置いて「でも，彦星にも見て
もらいたかった」とつぶやきました。「私も」とナ
ツコ。ヒナコたちの思いに共感し，誘ってカズオた
ちのいる遊戯室に向かうと，車に乗って星空を運転
していました。彦星から気持ちは離れていません。
保育者は，今，ヒナコたちが踊り終えたことと聞い
てほしいことがあることを知らせます。カズオたち
の動きが止まり，聞こうとしています。ヒナコは緊
張しながらも声を振り絞って「彦星にも見てもらい
たかった」と言いました。カズオは意図がわかり
「そっか，ごめん。踊り見るよ。じゃあ乗って，
乗って」と，車に乗るように促します。さらに，ヒ
ナコ「先生，うちわがほしい。彦星に応援してもら
うの」と言います。保育者が急いでうちわを用意し
に行く間に，他の遊びをしていたハルキやアタルた
ちも集まり，クラスみんなで車に乗っていました。
保育者「どこまで連れて行ってくれるの？」，カズ
オ「天の川だよ」，サク「うわぁ，真っ暗」，アタル
「星がいっぱい見える」と，イメージが膨らみ，共

写真8-10 「天の川まで行くよ」
出所：筆者撮影。

写真8-11 「織姫様にタッチ！」
出所：筆者撮影。

有されていきます。そして，カズオ「到着～。降りてくださーい」のアナウンスで，みんな
で踊り場に向かいました。

　ヒナコたちは，客席のみんなにうちわを配り，「小さな世界」の曲のリズムにのって踊り
だします。友達と一緒の中で，のびのびと自分なりの踊り方で踊ることを楽しんでいます。
ヒナコは，途中でカズオたちのほうへ行ってタッチをし，ナツコは得意になってステッキを
投げてキャッチしたり，スツールを逆さにして投げ入れたりして自分なりの技を披露します。
客席からは「すごーい！」「僕にもタッチして」「織姫様～」と歓声があがります。盛り上が
りの中で踊り終え，拍手が起こりました。額に汗をかき，客席をしっかり見つめるヒナコた
ちの表情からは達成感が伝わりました。
　ナツコが「最後はみんなでごちそうを食べようよ。ほら！」と，七夕の集いでもらったお
やつを食べることを提案します。みんなで賛同し，踊り場で余韻と共におやつを味わい，七
夕パーティーを終えました。

　ヒナコがナツコと一緒に遊ぶ中で，保育者も一緒に遊びつつ，ミナミやマサトたちとも
アイドルショーを一緒に楽しみ，友達に自分の思いを表して自己発揮している今を大事に
したいと思い，6日にクラス活動で振り返りのひと時を作りました。それまでの中でもカ
ズオたちが彦星になりきって遊ぶ姿があり，ヒナコたちから遊びの様子や思いを直接聞く

第8章 創造力を育む「愛と知の循環」

ことで，カズオたちの心も動いたり，新たな思いや考えが生まれたりするのではないかと期待していました。

しかし，自分なりのペースや思いがあるヒナコにとっては，7日当日に，大勢の友達がパーティーをしたいと集い，勢いよくブラックシアターが始まったことに対しては自分のペースや思いがついていけなかったのかもしれません。日頃，思いを言葉で表すよりも，表情や態度で表現することが多いヒナコには，特に様子をよく見て，自分の思いが出しやすいように，時には，一緒に遊ぶミナトたちの思いを聞いたりしながら思いを言葉で表せるように関わることもあります。また，思いや考えを言葉で表して遊びを進めていこうとするカズオやタツオたちが，ヒナコの思いを感じ，考えるひと時を作ることも必要だと思い，内容を相談することを投げかけました。

七夕の集いで教員がしたブラックシアターに興味をもち，やってみたいと思ったことを七夕パーティーに取り入れてみようとすることはヒナコの思いとは違ったかもしれませんが，年長としての喜びや期待感の強い5歳児1学期は，友達と一緒に遊びを進めようとする中で，一人一人が自分の思いをもち，友達と思いを出し合って試行錯誤しながら楽しさを共有し，自分たちなりにめあてを達成させた思いをもつことを大事にしたいと考えています。そのために，その時々の思いや様子を見取りながら保育者も遊び仲間に加わり，自分たちで考えたり進めたりしたことへの思いがもてるように認めたり，関わりをつないだり，思いを共有したりしたいと思っています。

ヒナコが少しずつ自分の思いを保育者に言葉で表し，そして，保育者がヒナコと友達との関わりをつないでいくことで，友達に自分の思いを伝え，そして，受け入れてもらったことへの思いをもつことができました。友達と一緒にのびのびと踊り，その姿を3・4歳児のみならず，クラスの大勢の友達に見てもらうことができ，思いを実現することを楽しみ，やりたいことができた満足感や自信につながりました。

7日当日は，七夕の集いの行事やプール遊びがあり，時間は限られていました。また，週末ということもあり，七夕への思いが膨らむ今日，ぜひとも七夕パーティーを楽しんでほしいと保育者は願いを強くもちました。そのために，予めある程度場を整えておき，すぐに自分たちで場を作って進められるようにしました。また，イメージが膨らむような染め布や笹，ヒナコの思いであるうちわを用意して，思いを実現することを楽しめるよう環境を整え，創造力を働かせたくなるような環境の土台作りをしておきました。

ヒナコたちの遊びをクラスみんなが知ることで，マサトやカズオたちから生まれた思いが友達に広がり，七夕パーティーにつながっています。これまでのクラスみんなの共通の経験と思いをもとに，やりたいことを試しながら新たな遊びを一緒に創り進めていく姿は，創造力につながる姿です。また，布を身に着けて友達と一緒になりきってイメージを膨らませて遊んだ葵祭ごっこや，園外保育の経験から始まったプラネタリウムごっこといったこれまでに楽しんできた遊びや生活を子どもたちが経験値として，今，興味・関心をもっ

133

第Ⅱ部　「愛と知の循環」を実践から考える

ている遊びや生活である七夕へと活かしてみようとする姿も，創造力につながる姿として今後も大事にしていきたいと考えます。

③．全体を振り返って

　5歳児の一学期の事例をもとに，もの，人，ことと関わりながら，創造力がどのように子どもたちの中に育まれるのか探ってきました。エピソード1「豆ごはんパーティードッキリ大作戦をしよう」では，子どもたちにとって身近な人である，3・4歳児や教職員に対しての思いをもつことで，子どもたち自身が必要感をもち，遊びを進めていきました。子どもたちは，身近な人に喜んでほしいという思いがあることで，目的が共通のものとなり，パーティーへの思いが膨らみました。私たちは，このような思いを「相手意識」と呼び，小学校と共に研究を進めていく中でのキーワードにしています。相手に対しての思いが子どもたちの意欲をより膨らませて，必要感を生み，遊びが創造されていきます。5歳児の子どもたちがこのような相手意識をもつことができるのは，3歳児のときから，交流保育や授業の中で，また，日常の中で，小学生に思いを聞いてもらったり，受け入れてもらったりなど，小学生からの幼児に対しての相手意識をもった関わりをたくさん経験しているからです。小学生に受け入れてもらった心地よい経験が，自分も他者を受け入れる経験につながり，それこそが，幼児の相手への思いを育てています。

　エピソード2「ハーモニーピザ屋さんにしよう」では，豆ごはんパーティーの経験をもとに，子どもたちの思いが学級全体の思いになり，それが，さらに園内全体への思いへと広がりました。4歳児のときからの継続した栽培活動，小学校での表現活動の発表，自分たちが楽しんでいるごっこ遊び，それらの幾重にも重なったこと（出来事）がハーモニーピザパーティーを創り出しました。たまじゃがピザもハーモニーピザパーティーも，学級みんなで相談して決めたオリジナルです。まさに子どもたちが自分たちで創り出した遊びです。学級みんなでやり遂げたという思いが子どもたちの満足感や達成感となりました。

　エピソード3「彦星にも見てもらいたかった」では，ヒナコの揺れる心の動きと担任の思いの中で，仲良しの友達や遊び仲間，クラスの友達へと関わりを広げながら，自己発揮とそこに至る葛藤の中で，創造力が育まれていく様子を考察しました。

　人と関わることが心地よい，様々な多様な思いをもつ他者と協力することでより楽しい遊びを創造することができる，子どもたちにそのような思いを育むことができるように，今後も幼小9年間の育ちを見通しながら，幼稚園と小学校の全体で子どもたちと一緒に遊びを創造していきたいと思います。

134

― 編者からのコメント ―

相手への思いがあふれ関わり合う日常の循環

古賀 松香

　こんなにも人とつながり合っていくことを楽しめる人たちが育つとは，2020年新型コロナウイルス感染症が流行し始めたときには想像もできませんでした。幼稚園に入園した頃は，どこに行くにもマスクをし，集まることは許されず，間隔をあけて座り，食事をするときにはパーティションで1人ずつ空間を区切ったうえで黙食をする，そんな中で育ってきた子どもたちです。だからこそ，今大切にしたい人とのつながりを，保育者はあらんかぎりの専門性を振り絞って，保育の日常を最大限豊かにしていこうとしているのだと感じます。

1．楽しかった経験を起点に，自分たちのパーティーを創る

　エンドウマメ，玉ねぎ，じゃがいもはどれも4歳の頃から育てることが必要な野菜です。それだけに収穫のときにはみんなでどうやって食べるかを考えることが一層楽しみになります。園では前年度の5歳児が豆ごはんパーティーを開いてくれた経験があったとあります。1年前の出来事でも覚えていたようですから，子どもたちにとって嬉しい経験だったことがわかります。

　しかし，パーティーというのは，開く側と招待される側では，まったく求められることが異なります。4歳児のときに憧れを感じた5歳児の姿が何となく印象に残っている子どもがいたとしても，おそらくは自分たちで新たに考える部分が多くあることでしょう。パーティーをするには，何をどう準備していくか，考えていくことになります。

　話し合いでは様々なアイデアが出されます。豆ごはんパーティーで「一緒に踊って楽しもう」という思いも出てきます。一人一人がパーティーのイメージを言葉にし，共有していく過程で，どうすれば3・4歳児にとっても楽しく実現できるかが考えられていきます。そこでは相手のことを思いやる気持ちと共に，これまで得てきた知識や経験が生かされています。子どもたちは，相手がどう受け止めるかを想像しながら考えることが楽しいようです。招待状に思いを表してかくこと，その思いいっぱいの招待状をグループのみんなで1階に持って運んでいくこと，渡すときに伝えたいことを自分たちで伝えること，渡した後には一緒に踊りたいこと！　伝える相手のこと，パーティーのことを想像しながら考えてやっている中でどんどんと楽しみで仕方ない気持ちが膨らんでいったことが，タロウの「豆ごはんパーティードッキリ大作戦」という作戦名に表現されているように感じられま

第Ⅱ部 「愛と知の循環」を実践から考える

す。その楽しみな気持ちがぎゅっと詰まった「豆ごはんパーティードッキリ大作戦」は「大成功！」というタロウの声で，クラスに喜びや嬉しさをひろげています。自分たちが楽しいと思うことを，相手も楽しんでほしいと願う。そのためにどうしたらいいか，友達と考え合わせることを楽しんでいく。子どもたちの楽しみな思いは，具体的な活動のプロセスの中で生まれ，膨らむこと，膨らむから表現されて伝わり，他の子どもたちや大人たちにもひろがっていくことがわかります。だからこそ，一つ一つの工程を子どもたち自身のものにしていくこと，子どもたちが思いを膨らませながらじっくり取り組めるようにしていくことが大切であると教えられます。

２．「みんなで」「一緒に」は子どもが求めるもの

　実は「みんなで」「一緒に」という言葉は，教育現場では大人が発しているのを聞くことが多いものです。この事例では，子どもたちの言葉として「みんなで」「一緒に」楽しみたいということが何度も出てきます。豆ごはんパーティーを考えるときにも「幼稚園のみんなでしたいから」招待状を作って渡そうと言っています。招待状は四つ切の画用紙にかかれ，それをグループの仲間で一緒に持って，３・４歳児それぞれのクラスに順番に入っていきます。いつも２階にいる体も大きな５歳児がグループで３・４歳児のクラスに入ってくることは遊びの中ではそう多くなく，いつもと異なる何かが起こる雰囲気が漂うでしょう。当然３・４歳児は関心をもって「何だろう？」と寄ってくるでしょう。ワクワクした気持ちが自分たちに向けられていることを５歳児たちは感じるでしょう。「豆ごはんパーティーをするから楽しみにしていてね」と一生懸命伝えたら，３・４歳児たちは，よくはわからなくてもなんだか楽しそうなことがあるらしいと喜んだことでしょう。この瞬間のことを楽しみに，みんなを喜ばせたいと思ってやってきた５歳児たちは，３・４歳児の喜びを受けて，嬉しく，またみんなを喜ばせることができる自分たちを誇らしく感じたのではないでしょうか。この「みんなで」「一緒に」やりとりをするときに生まれるエネルギーは，他ではない力強さをもっているように思います。

　招待状を渡した後には「一緒に踊って楽しもう」となりました。３・４歳児も楽しめるダンスを予め考えていたことが生かされ，自分たちの目の前で楽しそうに踊る３・４歳児の姿は，ただ単に一緒に踊って楽しかったということを超えて，自分たちで相手のことを考えて実現できた喜びとして感じられていたことでしょう。そして，いつも憧れの５歳児のステージを見るお客さんをしている３・４歳児にとっては，自分たちも一緒に仲間になった嬉しさを感じたのではないでしょうか。みんなでリズムに合わせて体を動かしているときの一体感や高揚感は，招待状を渡すときのちょっとした緊張感やドキドキ感とは異なる，開放的な楽しさがあります。それは，豆ごはんパーティーもきっと楽しいに違いないという期待感となって園全体を包んでいったのではないかと思います。

　この２つの場面から，大きな招待状やダンスの曲という，みんなで一緒に共有していく

第8章　創造力を育む「愛と知の循環」

ものごとの重要性が浮かび上がってきます。ここでは，そのどちらにも5歳児たちの思い
が詰まっているのです。だからこそそれが相手に受け止められたとき，自分たちのよさ，
素晴らしさとして，嬉しく感じられるのではないでしょうか。

3．楽しさ，嬉しさに向かって，それぞれの知っていることを生かし考える

　次は玉ねぎとじゃがいもの収穫。また新たなパーティー計画が始まります。豆ごはん
パーティーは「みんなで」「一緒に」やりたいと子どもたちは願っていましたが，3・4
歳児が落ち着いて食べることができるように，それぞれの保育室で食べました。そのこと
は，「今度はお遊戯室でしたい」という具体的なパーティー会場を自分たちで考えること
につながっていきます。

　そして，次のパーティー計画には日常のごっこ遊びも交差していました。保育者は日頃
の保育で，子どもたちがイメージをもって友達と思いを出し合って遊べるようにと，絵本
を見たりイメージが湧く物を掲示したりと，援助を工夫していました。その絵本に出てき
たピザのイメージが，パーティー計画に生かされていきます。また，小学校で少し緊張し
ながらもクラスみんなで取り組んだハーモニーフェスティバルの経験も，今度は園のみん
なに見てもらいたいと生かされていきます。そこで出てきたのが「ハーモニーピザパー
ティー」という言葉です。もっと楽しいものをと願う子どもたちは，生活の中で出会った
知識やイメージ，経験をどんどん取り入れて，一緒に合わせてやってみようとしていきま
す。サオリが生活の中で知っていた「ポスター」は，ナツコに受け止められ「いろんなと
ころにポスターを貼ろう」と展開しています。それもいいね！　これもいいね！　と知識
や経験を生かし合うことが，さらなる楽しさや期待感の共有の膨らみにつながっているよ
うです。

4．もう一つの「一緒に」

　ピザパーティー当日には3・4歳児をもてなす姿が出てきます。サクはフミと手をつな
ぎ，ペースを合わせて歩き，目線を同じ高さにして話しかけ，離れても大丈夫かなと思い
やり，離れてからも時々相手のことを振り返って見て確認し，フミとのつながりをしっか
り感じながら動いています。興味深いことに，みんなで一緒に楽しもうとしているパー
ティーで，同時に一人一人がつながって一緒に話したり目を合わせたりする嬉しさや喜び
を感じていくことが起こっていることがわかります。サクは「おいしいピザ持ってくるか
ら（フミが楽しみにしてくれるだろうものを先に伝え），ちょっとだけ待ってね（ちょっとという
3歳児にとっての時間を考えて伝え），待てる？（フミの思いや不安はないか確認する）」と話し
かけています。また，ピザをおいしそうに食べる様子を嬉しそうに見守ったり，食べ終
わった後，余韻を楽しむように嬉しそうに話をしていたとあります。「みんなで」「一緒
に」という全体を包む楽しさや嬉しさの中で，じっくりと相手を感じ，思いやりながら関

137

第Ⅱ部 「愛と知の循環」を実践から考える

わり，自分たちのピザをおいしそうに食べてくれたことを喜ぶ，そんな一人一人の「一緒に」もまた生まれているのです。そこでは，自分の喜びと相手の喜びが混然一体となって増幅しているようにも感じられます。

5．今の状況の中で援助が必要なところを見極めて動く

　すっかりパーティー大好きになった5歳児たち。明日は七夕だから「七夕パーティーができるね！」と言いだします。大人はつい「明日⁈」と驚きますが，子どもたちはどんどん話を進めています。あみ紙を踊り場に飾って天の川を作ること，プラネタリウムを動かすこと，いいじゃん！　と勢いがあります。そこで保育者は，きっかけとなったアイドルごっこをしていたヒナコたちはどうだろうと思いを確かめています。思いが出しにくいヒナコの「着物がほしい」というつぶやきからは，表情が明るく楽しみにしている様子が伝わり，カズオ，タツオにも「着物を着たい」と受け止められ盛り上がりにつながりました。七夕の日は，もともと園内行事もあり，真夏の時期でプールもあり，週末の金曜日。時間は限られていても，保育者は「七夕への思いが膨らむ今日，ぜひとも楽しんでほしい」と強く願い，すぐに遊びだせるように準備をしています。大人の事情で言えば，また別の機会にと思いそうなところですが，子どもたちの思いが膨らみ，実現に向かって自分たちで考えてイメージを出し合っている今，時間がなくても楽しんでやりきってほしいと保育者は願ったのでしょう。保育者の，子どもの今を大切に思う気持ちと，やるからには子どもたちがやりきれるように具体的にしっかり援助する覚悟の両方を感じます。

　しかし，途中ヒナコとミナミが加わっていかない様子があり，保育者はそのことを気にかけて相談の場をもちます。みんなで動くとき，勢いのいい人たちと乗りきれない人たちが出てくることはよくあります。でも今日は時間がないし次回へ持ち越し，とはしません。どうしたいか聞くと，ヒナコは浮かない表情で，言葉にするのは「すぐには」難しそうだと保育者は見取ります。そこで，ミナミに尋ねると，ミナミからアイドルショーと太陽のサンバのイメージが出されます。そのことを保育者が仲介して伝えると，マサトがその思いを受け入れてアイデアを合わせていきます。子どもたちもまた，友達の思いを合わせていくほうがより楽しく嬉しいパーティーになると知っているようです。ヒナコとミナミも嬉しそうに賛同しました。

　しかし，太陽のサンバを踊り終えた後，彦星役の男児たちは遊戯室に戻り車で遊びだします。保育者はその様子も見逃していませんが，「ホッと一息ついているようだ」と捉えて見守ります。ヒナコたちはそんな中でアイドルショーをやりきります。踊り終えた後に保育者が「お客さん見に来てくれたね」と話すと，元気な声で「またしたい！」と言ったヒナコですが「彦星にも見てもらいたかった」とつぶやきます。保育者はヒナコが自分で言葉にした思いをしっかりと受け止め，一緒に彦星たちに伝えにいきます。遊戯室では，カズオたちが星空を運転しており「彦星から気持ちは離れていない」と保育者は捉えます。

138

ヒナコにはヒナコの，カズオにはカズオの思いがあり楽しんでいますが，なかなか言葉にしにくいヒナコの思いが言葉にされたそのとき，保育者は，今だ！ とばかりにヒナコが自分でその思いを伝えることを支えるのです。ヒナコが声を振り絞って「彦星にも見てもらいたかった」と言うと，あっさりとカズオは「そっか，ごめん。踊り見るよ。じゃあ乗って，乗って」と，なんと車に乗るように促すのです。きっと力んでいたヒナコの体も脱力したのではないでしょうか。ヒナコはすんなり車に乗って保育者に「うちわがほしい」とさらなるアイドルショーのイメージを伝えてきます。筋書きのないストーリーを，それぞれのやりたいこと，実現したいことをつなぎ合わせて創っていきます。相手の思いと実現していることの素敵さを受け止め，歓声をあげて楽しんだ達成感の中で，七夕のおやつを食べることを子どもたちが決めている場面も印象的です。

6．自分たちでできた喜びが明日を創る

　園生活とは，子どもたちが創るものです。ただそれは，時にすれ違い，ある子は思いが出しにくくなり，ともすると誰かが誰かの思いに巻き込まれて終わっていることも生まれ得る，ごちゃごちゃと入り組んだものです。その整理されないそれぞれのストーリーの絡み合うところを，保育者は一つ一つよく見て感じ，共に遊びながら聞き取り，大切にしたい思いが出てきた瞬間を逃さずそっとつなげていくのです。その繊細な働きが，子どもが思いを生かし合い自ら創造する生活を支えるのです。

第 **9** 章

おしゃべり（対話）が紡ぐ
「愛と知の循環」

──────────────── 中井 佐栄子（亀岡市立第六保育所）

1. 園の概要

　子どもたちには保育所で存分に遊びながら，自分を感じ自分を見つけてほしいと願っています。保育者は，子どもたちの中にある好奇心や「知」そして感じ考えたことを，子どもと同じ世界で共に楽しむことを大切にしています。子どもたちが主体的に何かを見つけ，友達や保育者，家族と対話しながら深く学んでいく姿が日常にあふれることを追い求めています。

　本園は，０歳児から５歳児までの子どもたちが学年やクラスの枠を越えてつながり，一人一人の思いが大切にされる暮らしや遊びがあります。保育所のあちらこちらで自分の好きを見つけて繰り広げられる遊びを共に楽しみ一緒になって面白がる保育者がいます。子どもと保育者の探究心が動きだしたとき，遊びはさらに面白さを増します。そこで見えてくる子どもたちの世界を語り合うことを大切にしています。

2. 「給食」と「こども給食研究会」

　保育所の暮らしの真ん中にある「給食」は，子どもたちの元気に遊ぶ身体と豊かな心を育みます。毎日，栄養豊かで愛情のこもった「給食」を食べて育つ子どもたちは，「給食」からたくさんのことを感じ「給食」を通して多くのことに出会います。そして「給食」をきっかけに，自分の「知」と出会い，友達の「知」に触れ，友達や保育者とのおしゃべりを通して，気づいたり発見したり考えたり感じたりしています。

　これは，食材を４色の栄養素に分けて考えることを「４色表」と，仲間と集いおしゃべりすることを「こども給食研究会」と名付け，楽しんだ２年間のお話です。

　お昼ごはんの後は給食について研究をしている年長児の研究員たちが集い，毎日「こども給食研究会」が開かれます。

第Ⅱ部 「愛と知の循環」を実践から考える

　子どもたちにとって給食とおやつは最大の関心事です。どの子にとっても身近で，どの子も経験しているみんなの共通体験です。朝の早い時間から，お茶の沸く香りや，鰹節をたっぷり使った出汁の香り，カチャカチャとなる食器ややかんの音が子どもたちを迎えます。

　子どもたちは登園してきて鞄を持ったまま，朝の支度を済ませたとき，遊んでいる途中にも，そしてお腹がすいてきたとき，そろそろ給食の時間かなと思うとき，導かれるように給食室をのぞきに行きます。その香りや音，エプロンをつけた給食の先生の姿が，子どもたちの心と身体に寄り添って，"今日もいっぱい遊んでおいで，おいしいお昼ごはんいっぱい作っておくからね" と語りかけているようです。

　そんな日常の中で，「食べること」を大切にし，暮らしの中の当たり前の習慣になってほしい，「食べること」を楽しんで生きる力と幸せを見つけてほしいと願っています。

　「4色表」と「こども給食研究会」，それはとても面白く，子どもと保育者の「この場が好き，面白い，話したい，聞きたい，考えたい」が重なりながら研究が日々繰り返されています。

（1）給食は楽しみ，そして感じ考える

① 給食4色表

　筆者は2年前に園長として本園に異動してきました。本園では何十年も前から，年長児の食育活動として，給食の4色表に関わる当番活動が行われていました。それは，子どもの興味から始まった活動ではなく，保育者の願いから始まったものです。

　当番の子どもがその日の献立名を書き，給食に使われる食材を調べてマグネット付きの食材カードを「赤・黄・緑・白の食べ物」に分類し，「4色表」と呼ぶホワイトボードに貼っていきます（写真9-1）。そのボードを数人で持ち，年長クラスの部屋をスタートし，年中から年少クラス，乳児クラス，職員室へと順々に今日の献立を知らせに行きます。

　各クラスの入り口に立ち，ボードをそのクラスの子どもたちに見えるようにして「おはようございます。今日の給食は○○です。おいしく食べてください」と話します。その言葉は決まった台詞のようでした。それも含め，とても定着している活動ではありますし，子どもたちも当番活動としての役割を感じ生き生きとしています。他のクラスに伝えに行くことで，小さい子たちに見てもらえる喜び，伝えたことや伝える姿を保育者に受け止めてもらい「ありがとう」や「○○ちゃん上手に言えたね，よくわかったよ」と言ってもらうことが喜びにつながります。また当番がしたいという思いをもつことができる活動です。

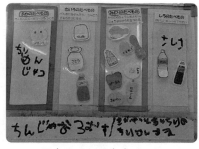

写真9-1　4色表ボード
出所：筆者撮影。

第9章　おしゃべり（対話）が紡ぐ「愛と知の循環」

> **エピソード1**　「4色表」がしたい
>
> 　登園して身支度を済ますと，「4色表がしたい」と当番が集まってきます。はじめに献立名を書きます（写真9-2）。保育者の書いた文字を真似てみたり，自分で書いてみたりする子もいます。そして食材を調べて食材カードをボードに貼っていきます。
>
> 　その間にも様々なやりとりがあり「私が書きたい」「もっと書きたいのに」「一人で書いてずるいわ」「私は書いてへんし書きたい」と言い合ったり，「字わからへんし先生書いて」と保育者に手本を書いてもらったりもします。食材カードを貼るときも「私が貼りたかった」「僕や」「そこ違うで」「それ赤やで」「違うで黄色」「あっほんまや」などのやりとりがたくさんあります。
>
> 　各クラスに伝えるときもいろいろあります（写真9-3）。誰がボードを持つのかでもめたり，「持たしてもらってへん」とすねたり，言いたい子が先走って言ったり，「一緒に言わなあかんで」と言葉をそろえようとしたり，「私は言ってへん」と訴えたりします。
>
> 　聞いてくれる小さいクラスの子どもたちの姿も，日に日に変化していきます。年長児が何を話そうとも興味を示さなかった子たちが，いつの間にか，年長児がお部屋まで来るのと同時に集まってきて聞いたり，遊んでいる手を止めて振り向いてその姿を見たりしています。

写真9-2　献立名を書く
出所：筆者撮影。

写真9-3　「今日の給食は……」
出所：筆者撮影。

　前日から，明日「4色表」をするんだと決めて帰る子がいたり，「4色表」がしたいから"早く保育所に連れていって"と保護者に催促する子もいます。大好きな給食について，"献立名を書く""食材カードを貼る""友達とする""伝えに行く"などそれぞれの"やりたい"に自由に向かえることが，子どもたちの"やりたい"につながっています。

　それは，友達との思いが重なったり違ったりすることも経験でき，仲間と考えて工夫してその場を作り直したりすることもできる機会です。

　そして，みんなの関心事「給食」が大きい子と小さい子のつながりも作り出します。

② 「こども給食研究会」の始まりと研究，そして今

　「こども給食研究会」は，ある春から始まり2年目を迎えています。筆者はその春に着任しました。子どもたちとのおしゃべりが大好きな筆者は，初めて出会う子どもたちとさっそく，おしゃべりを始めました。それが「こども給食研究会」を始めるきっかけの一つです。

143

第Ⅱ部 「愛と知の循環」を実践から考える

エピソード2 「こども給食研究会」の始まり

　その始まりはこうでした。春，年長になりたての子どもたちが，昨年の年長から引き継いだ「4色表」の取り組みを始めました。その姿は生き生きとしていました。教えてもらった方法を覚えていて，同じように真似をして進めていました。

　当番になった数名がパネルを持ち各クラスに伝えに行きます。その内容は「今日の給食は〇〇です。おいしく食べてください」という決まった言葉です。伝えると「はい，わかりました。ありがとう」と保育者から返事が返ってくるというものでした。

　毎回必ず言う「おいしく食べてください」という言葉は，タイミングやメンバーが変わっても，いつも同じ台詞です。

　そこを筆者は不思議に思い，子どもたちがどう考えているのか知りたくなり「なんで"おいしく食べてください"って言うの？」と聞いてみました。すると「そう言うに決まってるの」と言うのです。そこで，さらに「おいしく食べてくださいって，どういうふうに食べることか教えて？」と尋ねてみました。

　その問いに「楽しく食べること」，「よく噛んで食べること」，「嬉しく食べること」，「おいしいなぁって笑って食べること」，「味を食べること」と口々に答えてくれました。その豊かな答えに「なるほど」とたいへん納得しました。

　「なるほど，よく噛んで嬉しくて，おいしいなぁって笑って，味を食べるわな」と子どもたちの表現したことをそのまんま子どもたちに伝えながら「今日の給食楽しみやなぁ……」と話しました。

　同じパターンの繰り返しは確かに安定的で，毎日当番活動として生き生きとしていることも伝わってくるけれど，タイミングやメンバーが変わっても，いつも同じ台詞であることを子どもたちはどう思っているのだろうか？　子どもたちの中にきっと豊かな思いや考えがあるはずだと質問をしてみました。

　台詞であった言葉も，その意味を問われることで子どもは自分の考えに立ち返り，自分なりの言葉で表現しようとします。

　この会話をさかいに子どもの中にある考えや「知」を知りたくて質問する筆者と，問われることに答えることが面白い年長児が「給食」についておしゃべりすることが増えていきました。今から思えば，それが「こども給食研究会」が始まるきっかけの一つでした。

　研究会のおおまかな流れはこうです。お昼ごはんを終えた子が「先生，研究会しよう」と誘いに来ます。筆者は喜んで紙と鉛筆を持って参加します。そして今日の給食で発見したことを自由に話し始めるのです。その自由さを大切にし，話の行方を辿りつつ，その日のメンバーに共通している話題や，子どもたちの表情，話す勢いや声色を感じながら，今日はこの話題について話すのが面白いのではと思ったことに対して，筆者は問いを立てていきます。また，一人の子に注目したり，互いに影響し合えるような内容にしたりもします。そして，子どもたちの言ったことをそのまま紙に書き留めていきます。内容が関連し

第9章 おしゃべり（対話）が紡ぐ「愛と知の循環」

写真9-4 研究冊子
出所：筆者撮影。

写真9-5 研究会の様子
出所：筆者撮影。

合って拡がったり深まったりする様がわかるようにマップのように記すこともあります。子どもたちも書き加えたりしながら毎日1枚の研究記録になっていきます。

「研究したことは本にしたい」という一言をきっかけにファイルに綴じていくことになりました。それが研究冊子（**写真9-4**）となっています。前の同じ献立の日にどんな話をしていたんだろう？　前の年長さんはどんな研究をしていたんだろう？　などと話しながら振り返って見たり考えたり，追記することもある大切な研究資料です。

そんな日が毎日になり，特に興味をもつ子どもたちが「毎日当番がしたい」と言うようになりました。そこで担任は，当番活動として決まったメンバーや順番ではなく，やりたい子がやれるようにしようと考え，子どもたちに任せることにしました。そして，興味のある子どもたちが，進んでし始めました。はじめは同じメンバーで活動していましたが，人数の増減があったりしながらも「こども給食研究会」（**写真9-5**）の様子がクラス内にも拡がり，いつの日かいろんな子どもたちが参加するようになっていきました。時には，年中児・年少児も一緒でした。その中で1年間ずっと変わらず興味をもち続けた子もいました。

担任は年度の後半になった頃，クラスのみんなに拡がればいいな，研究会参加を通してみんなが自分の意見を言ったり，聞いたりできるといいなと考えました。子どもたちと相談し，クラスで考えたグループや保育者の意図の入ったグループでの活動にもなりました。

子どもたちの「面白いからやりたい，やってみるとまた面白い」が繰り返されて今に至る，そして「知」はどんどん拡がり深まりながら，まだまだ続く。そんな「こども給食研究会」です。

（2）子どもたちと保育者が紡ぐ物語

エピソード3 ある日の「こども給食研究会」（研究会って？）

ある日，「こども給食研究会ってなんで楽しいんだろう？」「研究って何だろう？」という話になりました。「なんで，こども給食研究会が好きなん？」と聞いてみると「言いたいことが言えるやろ」「ごはんのことが知りたいし」「知ってることが言いたいし」「会議がしたいから」「言うのが好きやから」とのことでした。

145

第Ⅱ部　「愛と知の循環」を実践から考える

　「給食を食べながら，味も確かめながら，隠し味をさがしていろんなことを確かめるねん」「野菜が何個入っているか数えるねん」「何を食べたらどんな力になるか，おいしいかどうかを研究するねん」「わからへんかったら給食の先生にも聞けるし，ママに聞くこともできるで，ママは何でも知ってるもん」「自分で考えたらええねん」と口々に話してくれました。

　そしてあるとき，研究員の役割を分担しようということになりました。それは，「〇ちゃん何でもよく知ってるな」という発言からでした。みんなの話の中で，それぞれが違う視点で話していることに気づいた子が言いだしました。「何でも知っているリーダー」「何でもできるリーダー」「味を確かめるリーダー」「食べて確認するリーダー」と4つの役割ができました。そして，どの人もリーダーで，いつでも誰でも研究員になれるということもその場で話し合われました（写真9-6）。

写真9-6　研究員たち
出所：筆者撮影。

　「こども給食研究会」と名前が付いたのは，大人が給食について考える「給食研究会」という会があることを知ったときでした。会を重ねる中で，子どもたちは，自分たちなりに研究や会議，役割についての定義を見つけていました。目的は1つだけど，それを見つけるために一人一人が自分の役割を果たすことでできるのがチームなんだと知っていました。互いの魅力を出し合いながら，互いの違いを面白がりながらいろいろな遊びを経験してきたことがわかります。

　また，少人数ということもあり自分の知っていることが言えるし聞いてもらえる場であることが面白いのだとわかりました。一人一人がそれぞれにリーダーで，そしていつでも誰でも研究員になれるという会です。自分と友達，仲間はいつも平等で，いつも受け入れ合っていることがうかがえました。

エピソード4　ある日の「こども給食研究会」（献立ごとの食材）

　ある日研究会では，4色の分類をもとに，献立ごとにどの食材が入っていたのかを確かめる話になってきました。「人参はどっちにも入ってたから真ん中（ボードの中央あたり）に貼ろう」「ゴマはこっちやった」「お砂糖は，んーーーどっちもかな？」などと言いながら「違うで」「そうやで」「入ってたって」「入ってなかったって」と言い合いにもなりながら研究は続いていきました。

　そして，献立名の文字のそばに貼り分類し始めました。子どもたちの頭の中にはお皿があり，お皿ごとに使われている食材や調味料を食べながら確かめているんだなということが伝わってきました。そこで「それってどんなお皿に入っていたの？」と聞いてみました。すると，「今日は，汁があったからこれ」「こういうおかずはいつも小さいお皿に入ってる」「大

第9章 おしゃべり（対話）が紡ぐ「愛と知の循環」

きいお皿には2つ（2種類のおかず）とものることもあるで」など，どんな献立なのか，どんな様相ならどのお皿を使うのかも，ちゃんと知っていることがわかりました。

そこで，3種類のマグネット付きのお皿を作ってみました。お皿ができたことをきっかけに，さらに視野が拡がり対話が増えていきました。食材カードをお皿にのせていくことで（写真9-7），子どもたちの伝えたいこと，考えたことは一気に共有でき，そのことに関する情報のやりとりが，格段に増えました。

写真9-7　献立ごとに食材を分ける
出所：筆者撮影。

朝「4色表」をしているとき，子どもたちは今と給食の時間とその後の研究会の時間までを予測しています。今の面白さはその先の面白さにつながることを知り，それを楽しんだり期待したりしています。4栄養素の分類から，次は献立ごとにどんな食材が使ってあるのかという興味へと変化していきました。そうなると，朝から予測を立てて，食べながら確かめて，発見したこと感じたことを伝えたい，話したい思いが増し，朝の予測と合っていたか検証することがさらに面白くなったようです。

エピソード5　ある日の「こども給食研究会」（給食の先生と）

ある日，食材に砂糖があるのに食べたら砂糖の味がしなかったということで，「なんでだろう？」と考え合うけれど答えに辿り着かずにいたとき，ある子が「給食の先生に聞いたらいいねん」と一言。さっそく聞きに行きました。給食の先生は「それは隠し味っていうの，入ってないみたいに隠れてて，少しだけ入っているの，そのほうがおいしくなるんやで」「マヨネーズにもちょっとだけ隠し味に砂糖を入れると優しい味になるんやで」と教えてくれました。味がしないのに入っているという隠し味に興味が湧き，「今日は，こっちの献立に隠し味が入っていたわ」「甘くないけどちょっとだけ甘かった」とか，「バターも今日は隠し味やったわ」「カレーの味は完全にばれてたから隠し味ではないわ」など，朝の「4色表」から予測が始まり，食べながら実際に舌で味を探し，感じ，考えてから研究会で意見を交わしたり自分の考えを確かめたりすることが流行りました。

実は昨年の年長も隠し味について給食の先生に質問していたことがありました。そこで当時の研究冊子を見てみると，そこには同じように隠し味のことを質問していたことが記録されていました。

こんなふうに，給食の先生に質問すると何でも教えてもらえます。そのことは，子どもたちにとって新たな視点になり，そこからまた考え感じることが拡がるということがあります。

給食の先生も，子どもたちと共有したい話題が見つかると研究会に提案してくれます。も

のすごく太いごぼう，きれいに連なったレンコンなどを実際に見せてもらって触って香りを感じ，手をいっぱいに広げて長さを比べたり，太さや重さを感じたりします。
　また，いつでも質問に答えられるよう献立名の意味や食材のことなどを調べて子どもたちを待ってくれている給食の先生です。

「給食の先生は栄養を考えて作り方を知っていて，おいしく作ってくれはる」と子どもたちは言います。給食のことは給食の先生に聞いたらいいし，なんでだろうと思ったことは聞きに行けばいいことを知っています。「おいしかったーー」と感想を言いに行ったりしながら給食の先生とのつながりが深まり，子どもたちの興味によってお互いに響き合う関係になっています。

エピソード6　ある日の「こども給食研究会」（調査）

　ある日，「ほうれん草の胡麻和え」に砂糖が入っているけれど〇先生の家では砂糖は入れないということを聞いた子がいました。「〇先生のとこは入らへんのやて，〇先生のところは入れるんやて」という話になり，調べてみることになりました（写真9-8）。研究員がいろんな保育者のところへ聞き取りに行きました。自分の家はどうなんだろう？　と家族に聞いてくることにもなりました。

　何日かかけて調査したところ，「入れない」が16，「入れる」が15，「わからない」が1という結果になりました。入れるけれどちょっとだけという人や，砂糖じゃなくみりんを入れるという人もいることがわかり，調査の結果「入れる家もあるし入れない家もある」という研究結果になりました。その後，麻婆豆腐でも各家によって使う具材が違うことや，唐揚げでも揚げる油の量が違うなど，様々な調査がされました。

写真9-8　「僕はそう思う」
出所：筆者撮影。

　なんでだろう？　不思議だなと思ったことを聞いたり調べたりすることの面白さを知っている子どもたちは，保育所中を駆け回っていました。「入る・入らない」と書いてある紙を持ちながら質問していました。わからないことを問うと答えが返ってくること，集めたい情報が，自分から問うことで増えていくことが面白いようでした。また，家に帰ってもその話題になり，子どもたちの"知りたい"が保育所と家庭をつないでいました。

第9章　おしゃべり（対話）が紡ぐ「愛と知の循環」

エピソード7 **ある日の「こども給食研究会」**（色・形・文字・数）

　　ある日の献立は，麻婆大根でした。「麻婆やのに豆腐が入ってへん，豆腐の代わりに大根やな」と話し始めました。さらに，「油は透明，ねぎは緑，大根は白で，人参はオレンジ色，色がきれいやな」と彩りを意識していました。

　　また，「ミンチは種類のこと，三角にも四角にも丸にもなるで」と形を意識したり，「生姜と醤油は，"しょう"が一緒で，"が"と"ゆ"が違うだけ」と気づき「『しょう』が付くもの，他にある？」と問うと，「"しょうがっこう""よいしょう""しょうしょうおまち"がある」と答えていました。

　　また「高野豆腐は普通とは違って，柔らかさが豆腐は100％，高野豆腐は80％くらいの柔らかさ。油揚げは50％くらいの柔らかさやな」と言う子もありました。色，形，文字，数を通して考えることは毎日のようにあります。

　楽しく話していると，その内容はどんどんと拡がっていきます。色や形，文字，数，言葉のもつ意味や面白さなどの視点は子どもたちにとって関心の高い視点で，どんどん研究が進みます。その視点の面白さを見つけて問いを続けたり，焦点を絞って問うたりすると，いくらでも考えが湧いてくるようです。

エピソード8 **ある日の「こども給食研究会」**（子どもは知っている）

　　ある日，小さい子に「よく噛んで食べてください」と言っているのを聞いて，「なんで"よく噛んで食べてください"って言うの？」と聞いてみました。「だって，喉詰まったらあかんから，だからよく噛まないとあかんねん」とのこと。「噛むって何？」と問うと，「味を出すってこと，噛んだら味が出るで」，さらに「よく噛むって何？」と問うと，「味を出したり味がなくなったりすること，噛んだら味がどんどんなくなっていくやろ，味が身体の中に入っていくっていうこと」と教えてくれました。

　　また，お手伝いの話になり，「おうちでお手伝いする？　お手伝いって何？」と聞くと，「お母さんが忙しそうやからお手伝いするで，仕事から帰ってきて忙しいときとかあるんやで」。そんなことも知らんの？　と言わんばかりにお母さんの忙しさを教えてくれました。

　　また，「いただきますって何のこと？」の問いには「食べ物の栄養をもらっていること。作ってくれた人の気持ちをもらっていること」「給食の先生が頑張って作ってくれるからとってもおいしかった，毎日毎日おいしい給食を作ってくれる」「人参とかを育てている人がいるからおいしくなる，水とかあげて。料理人の給食の先生は切り方とか作り方を考えていくからおいしくなる」と話してくれました。

　子どもたちは大事なことをちゃんと知っています。自分に気持ちを向けてもらっていること，人に気持ちを向けること，温かな心が巡り巡っていることなど子どもたちはちゃんと知っていて，自分なりの考えをもとに暮らしていることがわかります。

第Ⅱ部 「愛と知の循環」を実践から考える

エピソード9 **ある日の「こども給食研究会」**（豊かな考えと表現）

　　ある日，「おいしかったぁ」と飛び跳ねて研究会にやってきた子の第一声は，「行儀悪いけど，給食の途中に踊りだしたくなるくらいおいしいときがあるで。甘いダンスが踊りたくなるほどや」でした。こんなふうに話してくれることで，心を溶かしてもらったり，思わず笑ってしまったりすることもたくさんあります。

　　どんな問いでも必ず答えが出てきます。「味付けって何？」と聞いたら「めっちゃ味があるってこと。混ぜるってこと。おいしい魔法がかかるってこと。魔法がなくなったら，苦い辛いが出てくるんやで。ピーマンは魔法がとけやすいで」「生姜は辛いで，でも豚肉に合う」と言うので「なんで合うってわかるの？」と聞くと「今日おいしかったから」とのこと。生姜に続いて「辛いと口臭いの仲間はな，とうがらし，わさび，からし，マスタード，生姜，にんにく。生姜とにんにくはほとんど味が似てる。にんにくは臭くなる，辛くはないけどラーメンに入れたらおいしいで。辛い仲間は大人が好き，小さい子どもも大きくなったらおいしいと感じるねん，大きく成長したら大人の味がわかる，辛い仲間は困ったときにも元気になるんやで」とのこと。

　　「人参て毎日出てくるな。人参は大活躍やな」と人参に敬意を払った表現や，「豚の命をもらってる。牛肉は牛の命をもらってる。鶏肉はにわとりの命をもらってる。ちょっとだけ命が違うねん。鶏肉は栄養がある。豚と牛はあんまり栄養がないねんとママが言う」と思わず食卓の中心は鶏肉が多いのかなと勝手に想像してしまうお話もあります。

　　「野菜がいっぱい入っていても栄養がたっぷりってわけじゃない。なんでかと言うと野菜でも栄養がないやつがある。種があるものは栄養がある。トマトは栄養がある，きゅうりはちょっとだけ栄養がある。肉は栄養があるけど野菜がないと喜ばない。ワカメは種がないけど栄養がある。なんでかって言ったら海の水に栄養があるからやで」と栄養について教えてくれます。

　　「おはしって何でもできる。ハンバーグがきれる。すくう。つまむ」等々，子どもたちの体験から生まれる考えや表現はとてつもなく豊かです。そしてなんとおはしとは「汁がついたらなめたらおいしい」ものだそうです。

　　子どもたちはどんな疑問にも必ず答えてくれます。その答えは大人の予測をはるかに超えてきます。伝えたい思いにどこまでも興味をもち耳を傾けることで，その返答は深みを増していきます。友達の話を聞くことで，自分なりの表現を見つけていくこともあります。

　　その言葉一つ一つに“豊かな経験”と“心”があると感じます。いつまでもいつまでも話していたい気持ちにさせてくれる子どもたちとの時間です。

（3）保護者と

　　研究会での研究内容や，その場で起こる心震えるエピソードや面白い出来事，一人一人の活躍や思いや成長の姿を保護者に話します。「すごいですね」「そんなふうに思ってたん

第9章　おしゃべり（対話）が紡ぐ「愛と知の循環」

や」と感心したり，「そんなふうにしているんですね」と家庭では見つけられなかった姿に感動したり，面白すぎて一緒に大爆笑したり。「今日も研究会の話を聞くのが楽しみで早く迎えに来ました」とか，「家でも毎日話してくれます」「私も研究会に入りたい」と言う保護者もいます。子どもたちの世界は大人たちの心に灯をつけます。

写真9-9　参観日
出所：筆者撮影。

　そこで，研究したことをもっと伝えたい，研究冊子も手に取って見てもらいたいと，参観日に合わせて研究冊子を展示しました（写真9-9）。

　特に熱心な研究員たちは，保護者の手を引いて，冊子を見てもらって，詳しく説明していました。保護者はとても興味をもって聞いたり，我が子と友達が一緒になって楽しそうに語る様子を微笑ましく見たりしていました。

　園の遊びが家庭とつながり，子どもの不思議や問いに答える保護者のおかげで，情報が行き交い，研究会がさらに豊かになっています。

（4）伝えたい・つながりたい

① 1年目の終わりにシンポジウム

　1年目が終わろうとする頃，年長児はもうすぐ卒園することを理解し，年中児へこの活動を引き継いでいくことを意識します。自分たちも年長から譲ってもらった経験があるからです。

　引き継ぐにあたって，何をどんなふうに引き継ぎたいのかと相談したところ，「4色表を渡す」「研究したことを言いたい」という2つの思いがありました。そこで「シンポジウムっていうのを見たことがあるよ，研究してきたことを一人一人が順番にマイクを持って話してはったよ」と提案したところ，「マイクを持って喋りたい，言いたいことがある」ということでした。そしてお客さんを呼んで研究発表会をすることにし，その場で「4色表」を年中児に引き継ぐことになりました。

　卒園式が近づく日の中で，子どもたちとじっくり練って作り上げることはできなかったのですが，一緒に準備を進めました。話すときはマイクを持って言うこと，話したい人はみんなの前に出るということが決まり，今まで作ってきた研究冊子を見直しながら，一人一人が何を話すかを決めていきました。

　当日は，年中児以外の子たちも多くの先生も来てくれて，研究員の一人一人が自分の伝えたいことを話す姿（写真9-10）をじっと見つめていました。保育者たちは，研究員が話す一言一言に，その表し

写真9-10　研究発表中
出所：筆者撮影。

151

方に，成長を感じたり感心したり感動したりしながら，とても微笑ましく頷きながら拍手を送ってくれていました。

　研究員たちは自分で伝えたいことを決めてマイクで話せたことが，とても嬉しい様子でした。ちょっとドキドキしながら，話すと決めていたことを自信をもって語っていました。今までたくさんのことを重ねてきたうえでの発表から「研究会」が楽しかったことが誰にも伝わるものでした。話している年長児，聞いている年中児の姿を見ていると「面白いから集う，考える，話す，聞く」が文化としてつながっていくように思いました。

② 年中さんに託す

　さて，研究発表会の次の日から「4色表」は年中の活動になりました。「年長さんに何を教えてもらったの？」と問うと「4色表のやり方やで，いろんなクラスに言いに行くこと，味とか切り方とかのことを考えるんやで」と自信満々に教えてくれました。

　年長の研究員たちは，朝から年中児の保育室へ行って，その方法を実践を交えて教えています。その姿は，相手に寄り添う言葉やスピードで，優しく思いやりにあふれています。人と人はこうして教え教えられていくんだなということを見せてくれます。

　各クラスに献立を伝えに行くときも，絶対に手は出さず，口を挟まず，適度な距離を保ちながらも少し先に行き，場所を示してあげていました。そして，温かなまなざしで一部始終を見つめ，うまくできたら「いい，いい」とつぶやき，うんうんと首を縦に振りながら，話し終わると同時に思わず拍手をしていました。全身でそれでいいんだよと表現し続けていました。もちろん，年中児だけの初めての研究会にも，少し後ろに下がった所から寄り添うように参加し，その中で話される一つ一つの内容を聞きながらその度ごとに満足気に頷いていました。

③ 2年目の今

　2年目に入った「こども給食研究会」は，昨年から引き継がれたことが続いています。とても興味をもった新たな研究員，何となく面白そうだと思って集まってくる研究員，今も子どもたちが思うままに自由に，何を言っても，どんなふうに参加しても OK です。

　小さな輪の中で，自分の発見したことが言える，言いたいことが言える，聞いてくれる人がいる，考えることが面白い，そんな姿が，毎日の研究会を支えています。

　昨年の研究冊子を見てみると，そこには今年も疑問に思ったことと同じことや似たことが記録されていることがあります。研究冊子を見返すことで，そこからまた刺激を受けてさらに研究が拡がったり深まったりすることもあります。

　最近では，歌もできました。「♪赤の食べ物血筋肉骨歯をつくる，緑の食べ物体の調子をよくし丈夫な体をつくる，黄色の食べ物体の調子を整える，白の食べ物味のお手伝い（手拍子2回）♪」とご機嫌で歌っています。そして，何だろうと思ったことは辞典で調べたり調査したり，保護者や給食の先生に聞いたりもします。「今日は令和〇年〇月〇日〇曜日」から会議が始まるので，毎日，「令和〇年やなあ，昨日が〇曜日やから今日は〇曜

日や」なんて言いながら始まります。

　今年も昨年同様「こども給食研究会」には，子どもたちに多くの経験と育ちのチャンスがあります。

3．全体を振り返って

　筆者が昨年の春に，この研究は続けたい，この場での子どもたちが表現すること，そこに向かう姿，子どものもつ魅力を多くの人に伝えたいと思ったきっかけがありました。それは，○ちゃんとのおしゃべりです。

　その日の献立は「ほうれん草の胡麻和え」で食材はほうれん草と人参，ゴマ，砂糖，醤油でした。「ほうれん草って緑やで」「人参はオレンジ」「胡麻は小さい」なんて数人でわいわい話している中で，「和えるって何なんやろな？」と聞いてみました。「野菜が入ってること」とか「胡麻が入ってること」などとそれぞれが答えている中で，いつもおしゃべりの○ちゃんが黙ったままでした。しばらくみんなの意見を聞いていた○ちゃん，次の瞬間すっと背筋が伸びて「あっ!!　わかった，野菜と野菜が"出会う"ってことや」と言ったのです。

　筆者はその瞬間，心も身体も震えました。なんという感性と表現力，自分が感じ取り考えたことを自分なりの言葉で表現していました。きっと○ちゃんにとっての"出会い"は素敵なことなんだと思います。自分が体験してきた"出会い"から生まれた表現です。筆者は子どもの世界の奥深さ，神秘，魅力にがっちり心を掴まれました。その日から「和え物」に対する見方が変わり，今でもそのときの感動は色褪せません。そのときの感動を今も胸に，毎日の研究会に参加しています。

　子どもたちの興味は尽きることなく，変わらず2年目の研究会が続いている理由は，きっと大好きな「給食」のことであって，「やりたい」という気持ちで参加でき，「言いたいことが言えること」「考えたことが言えること」が楽しくて，あてもなく，答えもなく，思いつくままに自由におしゃべりすることが好きだからだと思います。「面白い」「気になる」と心が動いたことが，子どもの思いによって，子どもの「知」によって，毎日毎日繰り返される「研究」を，一緒になって楽しんでいきたいと思います。

　「えのきだけって，えのき"だけ"みたいやん。えのき"だけ"って変やん，じゃあ"えのき"って名前でいいやん」という○ちゃん。こんなふうに概念にとらわれず自由に思ったままを語るためには，この日々が安心で安全であること，その子の存在が素晴らしいと思い，支えたくなる大人がそばにいることが大切になります。そしてこの研究会は，やりたいがあふれ，話したい「知」が湧き上がり，「知」の交流が面白くて，飽きることなく繰り返したくなる「問い」と「何だろう」「なんでだろう」の共鳴により作られてい

第Ⅱ部 「愛と知の循環」を実践から考える

写真9-11 おしゃべりは続く
出所：筆者撮影。

きます。

また，文字を獲得しきっていない幼児期だからこその表現があります。自分の体験の中にその子にとっての意味や答えがあり，体験が言葉の意味や定義を作っていっていることがわかります。

友達の表現する意味や定義に触れ，共感したり，自分との違いや自分の中のズレに出会ったりしながら自分を見つけていくのだと思います。文字がわかり始めると，文字を入り口にしてその物事の概念や定義が形成されていき，いつの間にか文字で物事を考えるようになってしまいがちです。しかし子どもたちが自分で主体的に関わり，生み出す「知」たちは，文字の概念に縛られることはなく，とても自由で奔放で愉快で，そして豊かな発想，想像，言葉が生み出されていきます。目，耳，手，舌で，心で感じたままの体験をもとに表現します。子どもたちとおしゃべりしていると文字のない世界の魅力と豊かさを感じます。

研究会には，常に多くの「知」があふれているので，気になった話題について，もっと深めたり拡げたり追究したりすることはできるかもしれません。しかし，子どもたちは話しにくることが好きで，自由にわいわい話すのが好きなのです。その日々の時間を保育者と共有することを楽しみにしています。その願いが叶う場を作ることを大切にしたいと思います。やりたいことがこうして毎日繰り返されて重なっていくことを子どもたちと面白がっていたいと思います。

明日もいつものように賑やかに，「先生，給食研究会しよう」とやってくる子どもたちの姿が目に浮かびます。

さて，誰が来るの？　誰が筆者を誘うの？　どんなふうに誘ってくれるの？　献立は何なの？　どんな字で書いてあるの？　誰がどんなふうに書くことに決まったの？　何を発見したのだろう？　また，筆者の心はどう動き，どんな質問をするのだろう？　その日のメンバーによってどの位置に座り，どんな声のかけ方をする？　送り出した担任の意図は見つけられるの？　発見や研究をどんな言葉で話すの？　どんな方向に話は進むの？　と考えると，ワクワクとにやにやが止まりません。

「食べる」「給食」はどの子にも経験があってそれぞれに何かを感じています。みんなに共通してある「給食」の体験を真ん中に，これからも子どもの世界に寄せてもらっておしゃべり（写真9-11）を楽しもうと思います。

いつものように「先生，研究会しよ」と誘ってくれる明日がとっても楽しみです。

 編者からのコメント

子どもの生きる意味世界の中で問うことを楽しむ

古賀 松香

　保育者が意図をもって子どもたちに提案する活動が，いかにして子どもの活動になっていくのか。どの園にもある重要な保育の課題です。この「こども給食研究会」の展開には，大人も子どももワクワクするプロセスが生まれています。この事例をもとに，保育者主導型保育から子ども主導型保育へ展開するための大事なポイントを考えてみます。

1．違和感への抵抗ではなく子どもにとっての経験をよく見る

　この事例のキーパーソンは間違いなく異動してきた新しい園長先生でしょう。それまで何十年も伝統的になされてきた給食4色表の活動に出会い，「不思議に感じ」たとあります。同じパターンの繰り返しであることの安定感，子どもたちの生き生き感は伝わってくるけれど，いつも同じ台詞であることに引っかかっています。ここで重要なのは，毎日繰り返されるその台詞に「子どもの思いがのっているとは思えない」という引っかかり方をしている点です。子どもの思いがのっている，とは感覚的な捉えです。当番であることには「生き生きしている」のに，言葉には「思いがのっていない」と感じています。子どもたちは当番をやりたくてやっているようだけど，当番活動を通して何をやりたいと思っているのか，伝えたいと思っているのか，子どもにとってこの活動の意味はどのように感じられているのか，生き生きとして見える子どもたちの思いとはどのようなものか，という園長先生側の「知りたい」思い，疑問が次々と湧いてきたのではないでしょうか。そこで「子どもたちがどう考えているのか知りたくて」質問したことから，「おいしく食べる」ことに対する子どもたちの思いや考えが引き出されていっています。

　子どもに経験してほしい活動を進めていく際，活動を行う方法を大人の側が指定して，子どもがその行為を遂行することができるようにする進め方は，保育では必要な側面もあります。問題はそこからです。やり方がわかるようになった子どもたちが，そのやり方を用いて，またはそれを超えて，何をしたいと願うようになるかが重要です。例えば，ハサミを使い始めるときは，大人がハサミの持ち方を教えたり，一回切りに丁度いい紙を用意したりして，切ることが楽しめるようにし，次第に一人でハサミが使いこなせるようになると，作りたいものを作ることへ，子どもの思いが主となる活動へと展開していくでしょう。ここでの難しさは，「給食4色表」という，遊びに展開することがおおよそ難しそうな内容であることです。でもだからこそ，子どもが主となるためには，そこに子どもの思

いがどのようにあるのかを探る必要があったのです。きっと子どもは何か考えているに違いない，もっと言いたいことがあるに違いない，そこにある子どもの世界のひろがりを見ようとする大人が投げかける言葉に，子どもたちは自ら答えようとすることを通して，言葉で考えを伝える楽しさを知っていったのだと思われます。

2．子どもの意味世界を面白がる大人の存在

　「おいしく食べる」とはどういうことか教えてほしいという問いを受けた子どもたちの気持ちを想像してみます。決まり文句として言っていた言葉の意味を改めて問われ，「おいしく食べる」という言葉が自分に跳ね返ってきたのではないかと思います。改めて，「おいしく食べる」とはどのようなことか，考えを巡らせたことでしょう。そこで引き出された子どもの考えは非常に興味深いものでした。楽しいや嬉しいという情意，よく噛むという非常に具体的な行為，おいしいなぁって笑って食べるという幸せな情景，そして味というキー概念が出てきます。「味を食べる」という表現に，子どもが自分なりに考えたことが表されているようです。私たち大人は「味わう」と言うかもしれませんが，子どもの表現は先に言葉が思い浮かぶのではなく，自分が給食を食べている経験や感覚を思い起こして，それに合うような言葉を探し，組み合わせ，何とか表そうとするものなのかもしれません。子どもが考えてオリジナルな表現で伝えてきたことを園長先生がしっかり受け止めて，「味わって食べるね」ではなく「味を食べるわな」と伝え返しています。また普段の研究会でも，子どもの発言をそのまま紙に書き留めていく，とあります。そうやって，子どもが考えて表現してきた言葉を，そのまま園長先生が言葉で返すことで，きっと，自分たちの考えは肯定的に受け止められることを知り，言葉で表現することが楽しくなり，給食を食べるときに「おいしく食べる」ことをさらに感じようとしたのではないでしょうか。それまでは給食の当番が，各クラスに「おいしく食べてください」と伝えたら終わっていた活動だったかもしれませんが，子どもたちの中に問いが残ることにより，自分たちが毎日食べている給食や食べている自分が感じていることにより意識が向けられるようになり，当番としての活動を終えてもなお，給食に関心をもって関わろうとすることが生じています。

　よい問いとは，私たちの中にとどまり続けるものです。あのときああやって答えたものの，どうだったかな，本当にそうかな……。振り返ったり，経験しながら確かめようとしたりしているうちに，新たな問いが自分の中でも湧いてくるものです。問いが子どもの中にとどまり，新たな問いを生む。そのとき，問いは，園長先生の問いではなく，自分の中の問いになっているのです。子どもが意味づけた世界を面白がる園長先生の問いは，子ども自身が世界をどう意味づけるか探究する問いを生み出していったのだと思われます。

3．子どもの「知りたい」「やりたい」が生きる仕組み

　子どもの中で問いが問いを生む循環のプロセスが始まると，今度は，大人の役割は，子どもの中で生まれてきた新たな発見やさらなる問いを受け止め，その面白さを共に見出し，共に考え，問い続けるエネルギーを生み出し，支えることになります。いわゆるファシリテーターといってもいいかもしれませんが，こういうことはとかく塩梅が難しいわけです。大人が方向づけすぎたり，概念として統合してしまったりすると，子どもの意味世界を離れてしまい，子どもはあっという間に関心を失って，他に遊びに行きます。子どもたちが意欲満々に園長先生を研究会に毎日誘いに来て話しだすと，園長先生は「自由さを大切に」「話の行方を辿り」「共通している話題」「表情」「勢い」「声色」を感じながら面白そうな話題に「問いを立てていきます」。ここが非常に重要なポイントではないでしょうか。子どもが話したいと思って話していることには，関心が表れます。子どもの語り方や聞き方には，そのときの関心の度合いや関心をもっているポイントが表れており，園長先生は場を共にしながら感じ取っていきます。大事なことは，たいてい言葉よりもむしろまなざし，ちょっとした表情や手の動きといった，言葉にはしがたい質感に表れており，場を共にすることで，身体的な感覚でその質感を捉えながら，子どもにとって意味がありそうな，大事そうなポイントを探っていくのです。この話題が今日は面白そうだと問いを立てるとき，それは決して園長先生にとって面白い問いというだけでなく，子どもたちがどうも共通してよく聞いていたなとか，さらに話すことで新たな視点が出てきそうな勢いがあるなとか，子どもたちの中にある関心の芽を読み取り，場に返していくのです。

　また，活動の方法も次第に子どもたちの中から提案されていきます。「毎日当番がしたい」という関心の強い子どもたちが出てきたのです。すると，何十年も続いた当番の形を変える決断がなされています。大人が子どもの意欲と意思を受け止め，子どもが自ら動きやすくなるように仕組みを変えていったのです。

　最初はほとんど同じメンバーでの活動だったようですが，じわじわと広がっていっています。そのじわじわと広がるというのは，子どもたちの中で給食研究会の活動が「楽しかった」「またやりたい」と感じるものだったからこそ，周りにその様子が伝わり，魅力的に感じられていったのでしょう。「こども給食研究会」は，名前と場所と園長先生と給食という話題をコアとして，そのメンバーや参加の仕方についてはルールや境界を曖昧にしていく実践へと展開していきました。誰もがメンバーになれ，誰もが探究できる。受け入れられ，認められ，考えを共に深めることが楽しい。そうやっているうちに，メンバーの特徴やよさが共有され，役割ができ，誰もがリーダーという協同的な組織へと展開しています。その時々の子どもの発言の意味や価値をしっかりと受け止めて，教育的な意図を含めて仕組み化していく大人の働きも重要です。

第Ⅱ部 「愛と知の循環」を実践から考える

４．その日の楽しさと継続する楽しさ

　給食研究会の楽しさは，そこで語る楽しさが中心にあるようです。「知りたい」「知っていることが言いたい」ということが出てきます。その知っていることとは，子ども自身が食べて確かめて，数えたり言葉にしたり，わからないときは尋ねたりして，身体と言語，体感と思考を行き来し，また自分との対話，友達や先生との対話を行き来して生み出されていることがわかります。そしてなんといっても，給食は食べるという根源的な人間の欲求が関わるテーマであり，日々，形も数も色も量も味も材料も共通する内容と異なる内容が含まれています。そのことで，毎日新たにその日の面白さを見つけることと共に，「人参は大活躍」といった，継続しているからこそわかることがある面白さも生じています。

　そこに，その日の楽しさ・面白さが引き継がれていく仕組みが導入されていきます。その一つは，記録です。研究会の最中に考える手助けになるものとして，発言の記録を園長先生が書いています。そして，「研究したことは本にしたい」という子どもの言葉をきっかけに，その記録をみんなでいつでも見返すことのできる資料化がなされています。それは研究の履歴になり，自分たちの自信にも，また新たな研究の種にもなる重要なものになっていきます。また，４色の分類をするときに，子どもたちにとって給食は実際に配膳されるイメージで理解されているとわかり，言葉だけでなく図解的にホワイトボードで表現できるように工夫されていきました。そのことで，朝の予測と食べて確かめたこと，感じたことを照らし合わせて，さらに考えることができるようになっています。

　人とのつながりも継続する楽しさにつながっていっています。研究においては「すぐにはわからない問いを持ち続けること」も重要ですが，それは子どもたちだけでは難しいところでもあります。そこに専門家である「給食の先生」が近くにいる環境が生かされています。そして，保護者との共有です。日々生み出される子どもたちとの面白い研究話を，迎えに来た保護者に語っていくと，保護者はそれを楽しみに早めに迎えに来るほど，大人たちの楽しみになっていきます。きっと帰り道に話したり，食事をするときに話したりと，楽しい話は広がり，さらに家庭での食事と園での給食をつなぐ問いも生まれていきそうです。

　そして，卒園間近になって，活動を引き継ぎたい思いが出てきた様子を受けて，園長先生はシンポジウムというやり方を提案します。ここでも「知っていることが言いたい」子どもたちは，その提案がまさに自分たちのやりたいことと合致したのでしょう。何を伝えたいかを吟味しながら準備し，当日，楽しみに聞きに来てくれた聴衆を前に話したことで，日々の楽しさを超えた充実感が得られたのではないでしょうか。そして，活動は４色表と研究冊子という道具と共に引き継がれていきました。その後も大事なことは研究員たち本人が楽しんで話すこと。園文化が子ども主体のものとして展開していくとき，今の楽しさも継続する楽しさも両方感じられるような新たな手立てを，子どもと話しながら積極的に

158

取り入れていくことが大切なのだと教えられます。

5．言葉の力・子どもの世界・感動する大人の感性

　この事例は改めて言葉の力を教えてくれます。まず子どもと給食について話すことを「子ども給食研究会」と名付けることが，無形の園文化に構造を与えています。そして，定型文に園長先生が問いかけたことで，言葉が経験と照らし合わせながら語られるようになり，一人一人のオリジナルの表現として育っていっています。子どもも大人も心を動かして語り，語りを受け止め合うことで，人も思いもつながっています。生み出される言葉はその内容と表現の面白さにあふれています。そして，それら一つ一つを面白い！　すごい！　と受け止める大人によって価値づけられ，さらに言葉の表現を楽しむことが力強く促されているようです。また，文字が用いられることで，子どものそのときの発言は形としても残り，時を経てまた引き出され，他者に伝わっていくものとなっていくことを，子どもは活動を通して知っていったことでしょう。

　子どもは，経験して感じたことをもとに，世界についての自分なりの理解を発信することのできる存在です。しかし，発信するには，受け止めてくれる相手が必要です。子どもにとっての意味世界を，子どもが思う言葉を使って発信することを楽しみ，受け止め，感動できる，豊かな感性をもつ大人でありたいものです。

第 **10** 章

一人一人の思いが広がり，
みんなで世界を味わう「愛と知の循環」

———————————————— 岡山 佳耶（高浜町立認定こども園 cocokara）[1]

1. 園の概要

　本園は福井県の最西端に位置する高浜町にある公立のこども園です。高浜町は「人権尊重の町」を宣言しており，町内の公立こども園・保育所では，子ども一人一人の人権を大切にした「人権保育」を実践しています。

　その中で，子どもの主体性という部分に注目し，町内の4つの公立こども園・保育所が協働で，「主体性を引き出し，その子らしさがいきる保育　〜おもしろいが広がり，響き合う〜」というテーマで保育実践研究を進めています。0歳児から5歳児までの子どもたちの育ちについて，園の垣根を越えて，職員同士が保育を見合ったり，保育事例を読み合ったりして，学びを深めています。

　毎日の遊びでは，子どもだけでなく，そこに関わる保育者も遊びの面白さを分かち合う仲間として，主体的に遊びに向き合いたいと考えています。遊びに没頭していると，保育者の想像を超えた発想や提案，問いが子どもたちから出てきます。そのようなとき，保育者は遊びの仲間としてそこを認めるだけではなく，学びの広がりも意識しながら遊びが展開するように支えていかなければなりません。学びの広がりとは，その子自身の学びが広がることはもちろん，周りの友達，時にはクラス，学年，園全体に学びがつながっていくことも意味しています。そして，それが繰り返し重なることで個が育ち，集団も育っていきます。それが本園で一人一人を大切にすることで生まれる学びだと考えています。

———————————————————————————

[1]　現在は高浜町立和田保育所所属だが，執筆当時，高浜町立認定こども園 cocokara 所属。

第Ⅱ部　「愛と知の循環」を実践から考える

2. 年賀状を出そう──郵便の世界を様々に楽しみ、「面白い」が響き合う

（1）本物の経験をする

エピソード1 「63円ではがきを買おう」（11月24日〜25日）

〈郵便局ではがきを買う〉

　年末になると年長児は郵便局ではがきを購入し、年賀状を書いて投函するという活動をしています。この年も子どもたちに活動を提案すると、「出してみたい」という前向きな声があがったので、各家庭からはがき代63円を集金し、郵便局へ行って購入することが決まりました。

　数日後、準備が整ったので郵便局へ向かいました。郵便局の方のご厚意で、一人ずつ窓口に並んで買うことになり、子どもたちは握りしめた63円を手渡し、次々にはがきを購入していきました。そのような中、ユウキは自分の番が回ってくると「これ（お金）全部出すんかな？」とつぶやき、迷い始めました。そばにいた保育者は思わず、「全部でしょ！　全部！」と口を挟みます。するとユウキは慌ててお金を出し、はがきを受け取ると逃げるようにその場を去って行ったのでした。

　全員がはがきを買い終えると園に帰り、気づいたことや買ったときのことをみんなで振り返りました。その中ではがきの値段について話題が出たのですが、誰からもその金額が出てきませんでした。印字されている63という数字を見ても「これ何の数字だっけ？」というような反応でした。

　自分たちが63円という金額で買い物をした感覚がなかったようです。さらに、一口に63円と言っても50円玉を使った63円を持っている子もいれば、10円玉を6枚使った63円を持っている子もいて、それぞれ握りしめていた硬貨の枚数が違っていました。そのため、それぞれ手持ちの金額が別だと認識し、困惑していた子どももいたようです。その一人がユウキだったのです。

〈お金の数や価値に触れる〉

　はがきを買った翌日から、保育者がユウキを誘って、まずは様々な硬貨があることや、はがきは63円であることを掲示にまとめることにしました。本物の硬貨を使って1円玉10枚も10円玉1枚も同じ価値であることを確認すると、不思議そうにしつつも納得するユウキでした。掲示を作っていると、次々に興味をもった子どもたちが集まってきて、今度は一緒に年賀はがきの値段である63円を作ってみることになりました。10円玉や50円玉を使い、

写真10−1　郵便局ではがきを購入
出所：筆者撮影。

第10章　一人一人の思いが広がり，みんなで世界を味わう「愛と知の循環」

写真10-2　様々な硬貨をまとめる
出所：筆者撮影。

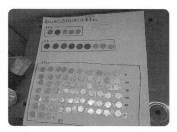

写真10-3　1円玉を63枚集める
出所：筆者撮影。

　2通りの63円を一緒に作っていくと，ユウキは「10円玉5個集めたら50円玉になるんか。そしたらお金は全部で5枚でいいな（50円玉1枚，10円玉1枚，1円玉3枚）」「10円玉使ったら9枚もいるやん（10円玉6枚，1円玉3枚）」などとつぶやいていました。

　実際にお金を触って数えているうちに，ユウキも含め，子どもたちの中に「じゃあ1円玉やったら63枚いるってこと？」という疑問が浮かび，保育者に尋ねてきました。「そうだよ」と答えると「多すぎる！」と驚いていました。当初は郵便局で子どもたちが手にしていた10円玉を6枚使う63円と，50円玉を使う63円しか作るつもりはありませんでしたが，子どもたちのほうから「1円玉も63枚集めたい」という声があがり，1円玉集めをすることになりました。保育者の手持ちだけではとうてい足りず，相談の末，他のクラスの保育者に両替をしてもらって集めることになりました。各クラスを回り，事情を説明して両替をしてもらい，時間をかけて何とか63枚集めることができました。集めた63枚を紙に貼り出すと相当な重さになり，ユウキたちは「63枚出すんは重いし疲れるなぁ」と話していました。

　お金集めが一段落着いたところで，「ユウキくんは郵便局でどうやって63円出したの？」と保育者が尋ねると，「9枚のやつ。でも○○くんは5枚やった気がする」と答えました。「だから何枚出せばいいかわからんし困っとったん？」と尋ねると，「そう」と頷いていました。「枚数が違っても同じ63円やったんやな」と保育者が声をかけると，「もうわかっとる」と返すユウキでした。

　毎年この時期になると，年長児は，「年の瀬の社会を知り文化に触れてほしい」，「文字に興味をもつきっかけになってほしい」という保育者の思いから，年賀状作りの活動に取り組んでいました。今年度も同じねらいをもち，はがきを買いに行ったのですが，自分でお金を払ってはがきを買うという経験の中で，「枚数が違うのに同じものが買えるのはなぜ？」という問いが生まれ，年賀状を書く活動に入る前に，はがきの金額や硬貨の価値を考えることにつながっていきました。

　ユウキは誰よりも早く，窓口の前でこの問いに直面していましたが，そのときの保育者は，ユウキが何を考えているのかわからず，後から一緒に考え直すという展開になりました。そこに，周りの子どもたちも加わって，少しずつはがきの金額や硬貨一つ一つがもつ意味，価値などを感じ取ることとなりました。

163

第Ⅱ部　「愛と知の循環」を実践から考える

　　たった1回の買い物だけでは感じることが難しいお金の価値を，園に帰ってみんなで振り返り，実際に手に取ったり，数えたりすることで実感することができたのだと考えます。特に，1円玉で63円を作った際には，その重さ，集めることの大変さから，硬貨をまとめる意味を5歳児なりに感じ取れていました。このような経験を経て，自分で買ったはがきがより特別なものになったと考えます。

（2）友達と協力してイメージを形にしていく

エピソード2　「**お金や郵便局を作ろう**」（11月28日〜12月2日）

〈63円を作ってはがきを買う〉

　　お金集めの次は買い物を楽しめるように，はがきを模した画用紙を用意しました。ユウキや周りの子どもたちが口々に「ほしい！　年賀状書きたい」と言いだします。そこで，保育者が「お金払ったら買えるよ」と伝えると，「え？　お金なんて持ってないよ」と固まってしまいます。すると，ユウキが「お金作ればいいんや」と言って63円が貼られた掲示を見ながら画用紙でお金を作り始めました。それにつられて周りの子どもたちもお金を作ります。ユウキは10円玉を6枚使うパターンのお金作りをしていましたが，周りを見ると50円玉を交える子や，苦労して1円玉を63枚作る子など，思い思いにお金作りをしていました。

　　ユウキは丁寧に時間をかけて63円を作ると，自信をもって保育者のところに来て，嬉しそうにはがきを買っていきました。郵便局での買い物の姿とは違い，買ったはがきを嬉しそうに持っているユウキでした。

〈こども園に郵便局を作る〉

　　保育者がお金と引き換えにはがきを渡していると，「何がほしいですか」「年賀状ください」「63円です」「年賀状です。どうぞ」「ありがとうございました」とやりとりが続きます。そして，保育者がはがきを渡す郵便局員，子どもたちがお客さんというように，次第にその場所が郵便局のようになっていきました。保育者がはがきを手渡していると，その横でアオイが嬉しそうに手伝いを始めました。アオイは日頃から，ままごとなど，自分が役になりきる遊びが好きです。そのため，郵便局員をやってみたくなったようです。はじめは，はがきを渡すだけでしたが，次第に前のめりになってきて，保育者に代わって自分でお金を数えたり，接客をしたりするようになりました。それをきっかけに次々と「私もやっていい？」と郵便局員をする子どもが増えていきました。アオイもそれを快く受け入れ，そこから数日間，アオイは友達と一緒に嬉しそうにはがきを売り続けました。

　　しかし，お客さんにかけている言葉こそ郵便局らしいのですが，その空間は机の上にはがきがのっているだけの空間で，傍から見ると何をしているのかはわかりにくいものでした。そこで，保育者は「もっと郵便局らしくするにはどうしたらいいかな？」と声をかけました。すると，「看板（窓口）があったらいいんじゃない？」「郵便局にはレジもあったよね」といくつかアイデアが出てきました。

　　ここでもアオイは張り切って製作に参加していました。窓口を作るために牛乳パックをつ

第10章　一人一人の思いが広がり，みんなで世界を味わう「愛と知の循環」

写真10-4　レジを作る
出所：筆者撮影。

写真10-5　ポストを作る
出所：筆者撮影。

ないで枠組みを作ると，「ゆうびんきょく」という文字と一緒に，「このマークも忘れちゃいけない」と言って郵便マーク「〒」を書き入れていました。また，レジ作りはなかなかイメージが湧かなかったので，画像を見ながら保育者と一緒にダンボールなどを使って完成させました。

　できあがった窓口にレジを置いてみると，郵便局らしさが増し，さらに今度は投函する場所がないことに気づき，「ポストがいる！」とポスト作りも始まりました。郵便局で見たポストの記憶を辿って「ポストって下から開けるところがある」など，ここでもアイデアを出し合い，ダンボールと牛乳パックでポストが完成しました。

　アオイ以外にも様々な子どもたちが関わって窓口，レジ，ポストと増えていき，アオイがぽつりと「これってさ，"ここから（園名）郵便局"だよね」と言いました。それを聞いた周りの子どもたちも賛同し，それ以降，保育室に展開されている郵便局は「ここから郵便局」と呼ばれるようになりました。また，この頃から他の学年の子どもたちも年長児の遊びが目に付き，はがきを買いに来るようになりました。アオイはそれが何より嬉しかったようで，張り切って接客をしていました。

　自分でお金を作ったり，はがきを買ったりする中で，お金やはがきのもつ意味や価値がわかってきて楽しくなり，今度はそれを扱う郵便局員に魅力を感じ，アオイはその役をやってみたくなったのだと考えます。アオイが郵便局員をやっている姿を見て，同じように「やってみたい」と思った子どもが増え，作るだけではなく，やりとりや，なりきりという楽しみ方を味わうことにもつながりました。

　しかし，郵便局員という役割ができただけでは誰もがその場を郵便局と認識できる場所にはならず，保育者がさらに郵便局らしさを追求するために声をかけたのでした。すると，様々なアイデアが出てきて，すでにイメージはあったもののあえてそれを共有したり，表出したりするきっかけがないままに遊びが進んでいたのだと気づき，そこを支えるのが保育者の役割だと感じました。

　またアオイたちは，他の学年の子どもたちも遊びに加わり，自分の書いた文字や記号を見たり，作ったものに触れたりすることで，その場が郵便局と認識されていくことに喜びを感じていたと考えます。その場所がより楽しく，より面白く，より特別な空間になって

165

第Ⅱ部 「愛と知の循環」を実践から考える

いく感覚を味わっていたのかもしれません。

（3）意味を考えながら文字や絵をかく

エピソード3 「年賀状を書いてみよう」（12月5日〜7日）

　ここから郵便局で自作の63円を出し，はがきを買ったヒロト。普段から絵を描くことが好きで，得意なヒロトはすぐにそこに絵を描き始めました。そこには「あけましておめでとう」の文字とカブトムシやクワガタの絵，それからはがきを送りたい友達の名前と自分の名前が裏面にすべてかかれていました。名前に関しては表面の宛名欄に書くべきところを勘違いしたようです。カブトムシやクワガタの絵は，自分が好きだから描いたと教えてくれました。

　ヒロトだけでなく，他の子どもたちにも同じような姿が見られ，年賀状と日頃書いている手紙とが混ざっていることが感じられました。そこで，丁度郵便局の方から年賀状の書き方について書かれたポスターを頂いたので，それを確認することにしました。まず，裏面には新年の挨拶の言葉や，干支のイラスト，正月飾りの絵などをかくことが多いという事実を知り，「やっぱりあけましておめでとうやと思った」と話すヒロトでした。しかし，季節に沿ったものを描くことや，干支については知らなかった様子で，自分はカブトムシやクワガタを描いていたことを思い出し，不安そうな表情を浮かべていました。これをきっかけに干支や正月飾り，正月の挨拶などの話も広がっていきました。そして，表面には宛名と自分の名前，住所を書く場所が決まっていること，郵便番号が地域ごとに割り振られていてそれを書き込むことなども共有しました。

　翌日，さっそく年賀状に「あけましておめでとう」の文字や来年度の干支であるウサギの絵，しめ縄の絵をかき込んでいるヒロトの姿がありました。「カブトムシの絵はやめたの？」と保育者が尋ねると，「だって今はおらんから。カブトムシは夏のものやから」と教えてくれました。表面には郵便局の方から頂いたポスターを見ながら丁寧に宛名を書き込むと，満足そうに年賀はがきを見つめ，その後，ポストへ投函していました。

　ヒロトだけではなく，他の子どもたちも新年の挨拶や正月飾りの絵などを裏面にかき，表面には住所，宛名を書き込んで次々にポストに投函する姿がありました。

　これまでにも遊びの中で友達に手紙を書くという経験はあり，はがきにも文字や絵をかくことや宛名を書くことなど何となくは知っていたため，ヒロトは裏面に自分の知っているすべてを表現していたのだと考えます。ただ，「あけましておめでとう」の文字が書き込んである様子から，年賀状を意識していることがわかったので，年賀状についてもう少し具体的にイメージが広がるとよいと考え，今度，本物の年賀状を書く活動に向けても，クラス全体で共有しました。すると，もともと知っていたことと新しく知ったことがヒロトやクラスの子どもたちの中で整理され，本物の年賀状を意識して書くように変わっていきました。

166

第10章　一人一人の思いが広がり，みんなで世界を味わう「愛と知の循環」

毎年，はがき購入後は，書き方だけを伝えてすぐに年賀状を作成していたのですが，今年度は本物に触れる前に自分なりに年賀状を捉えて書いてみる経験ができました。

（4）本物に触れ，考える中で遊びが広がっていく

エピソード4　「はがきを配達しよう」（11月30日〜12月8日）

　郵便局，ポストと様々なものが揃い始めたところで，トモヤが「バイクを作りたい」と言いだします。郵便バイクでポストから郵便物を回収するところを見かけたそうです。その話を聞いていたコウタも「いいね」と入ってきて，2人でバイク作りを始めました。2人は郵便バイクの載った本を見つけてきて，それを見ながら作り始めます。またがって動かすバイクを作りたいらしく，保育者がイメージを聞き取りながら一緒にダンボールや模造紙の筒を組み合わせて作っていきました。ハンドルのところはアルミホイルで巻いたり，ライトのところは置き型の懐中電灯を貼り付けて表現したりと，本物らしさを求めて工夫している姿が見られました。完成すると，2人で交替しながらバイクで園内を走り回っていました。

　翌日，ポストにはがきが投函されると，トモヤとコウタはバイクでポストのそばまで行き，ポストからはがきを取り出します。そして，宛名を見て届け先を確認すると，「郵便です」「はがきです」と言ってバイクにまたがって相手のところまで配達に行きました。はじめの頃は楽しそうに交替で配達をしていたのですが，しばらくすると，ポストにはがきが入った瞬間，競うようにはがきを取り出すようになりました。ついには，「俺が先に出した！」「そんなん関係ない」と言い合いにも発展します。

　その場は保育者が間に入り，何とかだめたのですが，このことは遊びの振り返りの時間にクラスで共有することになりました。保育者が「郵便屋さんってずっとポストの前で待ってる？」と話すと，トモヤとコウタは自分たちのことを言われている，と渋い顔をしていました。すると，「待ってない。順番に集めに行っとる」と他の子どもたちから返ってきます。「じゃあ，集めてない間は何してるの？」と話を広げると，「仕分け！」という返事が返ってきました。「集めたはがきとか手紙を分けるって紙に書いてあった」と，郵便局の方にもらったポスターに郵便の仕組みが書いてあることを教えてくれる子どもがいました。ポスターを読んでみると，ポストから集められた郵便は一度郵便局へ行き，仕分けられた後，配達されるということがわかりました。思い返せば，遊びの中ではポストからはがきを取り出すと，直接，書いてある宛名のところへ届けに行っていました。しかし，実際はそうではなく，一度郵便局に集められ，仕分けされるのだとトモヤとコウタはこのとき，初めて知りました。「じゃあ，今度からは郵便局に集めないとね」と誰かがつぶやくと，トモヤとコウタは「なるほど」といった表情でその言葉を聞いていました。

　さらに，ポスターだけでなく，本物を見に行ってみようという話になり，園の近くのポストを見に行

写真10－6　郵便バイクを作る
出所：筆者撮影。

167

第Ⅱ部 「愛と知の循環」を実践から考える

写真10-7 はがきを集める
出所：筆者撮影。

写真10-8 はがきを仕分ける
出所：筆者撮影。

くことにしました。残念ながら，回収に立ちあうことはできなかったのですが，ポストを見てみると，シールが貼ってありそこから様々なことがわかりました。回収は1日2回で9時10分と15時であること，回収された郵便物は一度，小浜市（隣の市）の郵便局に行くことなどが書かれており，子どもたちは「高浜の郵便局じゃないん？ 知らんかった」と驚いていました。

　翌日，トモヤとコウタはポストへ回収に行くと，一度，保育室のここから郵便局にはがきを持ってきました。そこで仕分けをすることになり，クラスごとに分けられるように箱を作って，クラス名を書いて実際に分けました。すると，クラスごとに配るので自然と役割分担ができ，「コウタくんは○○組行って」「じゃあ，ぼく（トモヤ）は○○組行くわ」と，取り合うことなく，配達することができました。そして，この頃から何度もポストを確認することはなくなり，本物のポストのように午前と午後に1回ずつ確認するようになりました。

　トモヤとコウタがはがきを取り合う状況を受け，はがきの配達についてどのようにしていくべきか担任間でも話をしました。話し合いの中で当番を決めたり，ポストの回収時間を決めたりしてはどうかと考えましたが，クラスの当番制にすると興味の有無にかかわらず全員がやらないといけない雰囲気になるのではないか，さらに時間を決めることはこちらの都合を押し付けているのではないかという考えに至り，実践には踏み切れませんでした。そして，結局は子どもたちが納得したうえで進めないと意味がないということになり，話し合いの糸口として，実際の郵便はどのように配達されるのかをまずは話題にあげ，それからポストを見に行くことにしました。実際に本物を見て，知ることで，これまでの自分たちの遊びと比較して考えたり，どうすればぶつかっている問題を解決できるのか知恵を出し合ったりすることにつながっていったと考えます。本物に触れることで思考が変わり，遊びの中の自分たちの立ち振る舞いが変わっていく様子をこの出来事から感じ取れました。

　また，個々の間で起きている問題をクラス全体で共有し，みんなでどうすればよいかを一緒に考えることの大切さを実感することもできました。個にも集団にも学びが生まれる展開を保育者は支える必要があると感じました。

第10章　一人一人の思いが広がり，みんなで世界を味わう「愛と知の循環」

（5）園外にも関心を向け，社会とのつながりを自分なりに感じる

> エピソード5　「ポスト探しをしよう」（12月8日〜16日）

　こども園の近くのポストを見に行ってからしばらく経った頃，モエが「家の近くでポスト見た！」と教えてくれました。それを皮切りに，「○○区にポストがある」とポストの目撃情報がたくさん聞かれるようになりました。保護者の方からも「ポストを見つける度に騒いでいます」と聞くことがありました。そこで，町のポストを探しに行くと楽しいのではないかということになり，みんなで散歩に出かけることにしました。最初に教えてくれたモエが言っ

写真10-9　ポスト探しをする
出所：筆者撮影。

ているポストを見に行きたい気持ちはやまやまでしたが，その場所は園から少し離れていて，散歩でも行ったことがない場所だったので，まずは園の近くで目撃情報があった場所に向かうことにしました。すると，本当にポストがあって，見るや否や子どもたちは大喜びです。そして，ポストの前まで行くと，シールを見て「また9時10分や」「ここも1日2回」と，回収時間などを確認していました。歩いているうちに，様々な場所にポストを見つけることができ，はじめはポスト探しというよりはいつもの散歩という雰囲気だった子どもたちも，だんだん宝探しをしているようになってきて，歩きながら遠目にポストが見えてくると「ポスト！ ポスト！」とコールをして盛り上がっていました。

　いくつかポストを見つけて園に帰ってくると，モエが「私の家の近くで見つけたポスト，みんなに教えてあげたい」と再度言ってきました。どうしても自分が見つけたポストをみんなに伝えたいようです。モエの強い思いと，この日のクラスの子どもたちの様子を重ねて考えた末，少し遠くてもポストを目指して歩けるだろうと保育者の中で見通しが立ち，「じゃあ，明日行ってみよう」とモエに約束しました。

　翌日，モエが道案内をしながら先頭を歩き，ポスト探しに出かけました。今まで歩いたことがない道のため，「こんなところにポストあるんかな？」と心配する声がありましたが，モエは自信満々に「あるで」と歩き続けます。ようやくポストが見えてくると，「ほらあったよ！」と嬉しそうなモエと「こんなところにもあるんか」と驚くクラスの子どもたちでした。

　自分の知っているポストを共有でき，大満足で園に帰ってきたモエは，2日間で見つけたポストの場所を友達と協力して地図にまとめてくれました。その地図を見ながら「ポストっていっぱいあるんやな」と言っていました。

　モエは自分がポストの場所を知っているというだけでは満足がいかず，それを周りの友達にも知ってほしいと感じていました。自分の知っていることを伝えたいという気持ちが大きかったのだとうかがえます。そして，実際にその知識が共有されることで，周りの子

第Ⅱ部 「愛と知の循環」を実践から考える

どもたちも，さらにポストに興味をもったり，自分たちの暮らしの中にポストがたくさんあることをじっくりと感じ取ったりすることができ，他の子どもたちにモエが味わっていた楽しさが広がったと考えます。また，モエ自身も自分の知っていることが友達に伝わり，満足感や充実感が得られたことはもちろん，新たに知ったことを友達と一緒に地図にまとめるなど，この経験がさらなる活動の展開につながりました。このようなことも，本園が大切にしている個の学びと集団の学びのつながりであると考えています。

また，この頃から子どもたちの目は園外の環境にも向くようになっていきました。自分たちが作っているものや，なりきっていることが，園の外，すなわち社会ともつながっていることを5歳児なりに感じ取っていたのだと考えます。

（6）経験することでものの価値や意味がわかる

エピソード6 「年賀状届くかな？」（12月19日〜1月6日）

〈ポストに年賀状を投函する〉

郵便局を作ったりポスト探しをしたりして過ごしているうちに12月を迎え，社会的にも少しずつ年の瀬の雰囲気が出てきました。そこで，いよいよ購入した本物のはがきで年賀状を作ることにしました。郵便局を作ったり画用紙のはがきで年賀状を書いたりしていた子どもたちはすでにイメージがあり，楽しそうに書き進める姿が見られました。一方で，郵便に関わる遊びにあまり参加していなかった子どもたちもポスト探しを一緒にしたり，クラスみんなで干支の話や宛名の書き方は共有したりしていたので，全くイメージが湧かないということはなく，前向きに取り組めていたように思います。

そして12月中旬，年賀はがきの受付日を迎えました。みんなで相談して，こども園に一番近いポストに出しに行くことになりました。ポストの前に到着すると，さっそく，一人ずつ投函していきます。

嬉しそうに一瞬で投函を済ませていく子どもが多い中，郵便局でいくら出せばよいのかわからず困っていたユウキが，また目に付きます。ユウキはポストに手を入れたものの，なかなか年賀状を放すことができずにいました。「どうしたん？　入れんの？」と声をかけると，「あ〜緊張する。これでほんまに届くんかな？」と不安そうに，ドキドキした様子で話してくれました。その感覚に保育者も共感できたので，「大丈夫！」と声をかけ，今回はユウキが自分で手を放すまで待ちました。決心がつき，やっと手を放すと，ほっとした様子を見せながらも，これで本当に大丈夫なのかな？ とまだ不安そうな表情も浮かべていました。

投函後，園に帰り，おやつを食べていると窓の外を郵便バイクが通過しました。すると，子どもたちは窓のところまで駆け寄り，「あれかもしれない」「年賀状回収してくれたかな」とその姿を必死に目

写真10-10　ポストに投函する
出所：筆者撮影。

第 10 章　一人一人の思いが広がり，みんなで世界を味わう「愛と知の循環」

で追っていました。

〈年賀状が届いたか確認したくなる〉

　正月休みが明け，新年最初の保育の日を迎えます。登園するなり，「年賀状届いたよ」と嬉しそうに話してくれる子どもがたくさんいました。それと同時に，自分が出した年賀状が本当に届いているのか気になっている子どもも大勢いて，保育者は驚きました。なぜなら，これまでの年長児は届いたことを嬉しそうに報告してくれることはあっても，自分が出した年賀状が相手にきちんと届いているかを気にすることはなかったからです。年賀状をなかなか手放せなかったユウキは自分が宛てた友達に，「届いた？」と確認していました。届いていたことがわかると，「やっぱり届くと思っとったけどな」と強がったようにつぶやいた後，「あぁ〜よかった」と安堵した様子を見せていました。

　他にも，子どもたちの話を聞いていると，年賀状が届くのを今か今かと楽しみに待っていたこと，自分宛てに年賀状が届いたのは生まれて初めての経験で嬉しかったこと，字に自信がなく不安だったけれどちゃんと伝わっていて安心したことなど，一人一人が様々な思いを抱いて年賀状を出し，受け取っていたことがわかりました。

　はがきの購入から始まり，硬貨集めや郵便局作り，ポスト探しなど，様々な経験を経て，年賀状が相手や自分のもとに届く喜びを感じ，噛みしめることができました。

　年賀状の投函も，今年度は今か今かと待ちながらその日を迎えることができました。早く出してみたいと思う一方で，ユウキは「ポストに入れたら届く」ということは頭ではわかっていましたが，なかなか投函できずにいました。それは，自分自身が体験しないと不確かで納得できない状態だったからだと考えられます。だからこそ，その行く末が気になり，知りたくなったのだと感じます。そして，「届いた」と初めて実感できたことで，安堵と嬉しさが込み上げてきて，最終的にはがき（年賀状）がどのようなものなのか自分の中で理解できたのだと考えます。

　はがきを買って書いて出すという，毎年の展開ならばシンプルで何事もなく終わっていた活動ですが，今回はお金や郵便局を作ってみたり，ポスト探しをしてみたりと，様々な経験を味わいながら，それぞれの子どもの興味のある角度から活動が進んでいきました。その中で少しずつ年賀状というものが自分や他者，社会とどのようなつながりがあるのかが子どもたちなりに実感でき，その魅力に惹かれ，面白さを感じていたように思います。知ることでさらにそのものの良さがわかり，今度はまた違った面から捉えたくなる。その繰り返しが今回の活動の中にはあり，年賀状がより特別なものに変わっていったように感じます。

第Ⅱ部　「愛と知の循環」を実践から考える

3．全体を振り返って

　年賀はがきを買って書いて投函するという，一見シンプルな活動の中に子どもたちはお金作りや郵便局ごっこ，ポスト探しといった様々な楽しみ方を見つけていました。そして，その中で触れた人やもの，ことに対して「面白い」「好き」といった肯定的な感覚を抱いていたように思います。面白くて好きだからこそ，もっと知りたくなり，「次はこうしてみたい」「こうしたらどうなるんだろう？」と見通しや問いが立ち，活動が展開されていきました。そしてまた一層，「面白い」や「好き」が深まっていくことを感じました。この過程が幾度も繰り返され，ものの価値や性質，それが自分にとってどういうものなのかわかっていき，それが子どもたちの学びとなるのだと思います。

　また，今回の実践では一人一人の「面白い」「好き」が自身の中だけにとどまらず，周りの友達にも広がり，時にはクラス全体を巻き込みながら集団として響き合う瞬間がいくつもあったように思います。響き合うことでまた新たに知る，これは園にいるからこそ経験できる大切なことなのではないかと考えます。

　それぞれの「面白い」「好き」に寄り添いながら，その中でたくさん気づき知る，そんな経験を支えることが保育者には求められているのだと感じています。

第10章　一人一人の思いが広がり，みんなで世界を味わう「愛と知の循環」

編者からのコメント

社会生活におけるもの，人，ことを巡る愛と知の循環

岸野 麻衣

　年賀状を出してみよう，という毎年恒例の園の「行事」といってもよいような活動。そこで起きてきた子どもの心の動きに寄り添うことで，単なる単発的な行事ではなくなり，子どもたちが社会的な営みや文化を遊びに取り込んでいきました。この実践記録からは，遊びを通して愛と知の循環が展開する中で，子どもたちが自ら社会生活への関わりを深めていくプロセスを読み取ることができます。

1．社会生活における道具を自分たちのものにしていく

　活動は，おうちの人に用意してもらった63円分のお金を握りしめて郵便局へ出かけることから始まりました。窓口で，「これ全部出すんかな？」と躊躇したユウキ。「全部でしょ！　全部！」と思わず急かしてしまった保育者。園に戻って子どもたちと活動を振り返りながら，保育者は子どもたちの思考を捉え直していきました。63円という金額で買い物をした自覚がないこと，そして子どもがそれぞれ違う硬貨を持っていたことで手持ちの金額が違っていると思っていたことに気づきます。後になって様々なやりとりをしていく中で，ユウキ自身も，自分は9枚の硬貨を持っていたのに友達は5枚の硬貨を出していたのを見て，全部出していいのかと躊躇したのだと語りました。

　これでいいのかな？　という子どもの不安に対して，保育者はその場では思わず急かしてしまったものの，子どもの感じた不安や戸惑いと保育者自身の違和感をしっかりと受け止め，理解していこうとしていきました。だからこそ，子ども自身も自分のそのときの状況を捉え返し，言語化していくことにつながっています。社会生活における様々な道具に触れ，子どもたちはごっこ遊びの中でそれを取り入れ楽しみ，愛をもって親しんでいきます。しかしいざ現実の社会で自分一人で本物を使うとなったとき，その責任を自分で引き受ける状況だからこそ，道具やその使い方を自分なりに吟味することになり，そこには不安や戸惑いも伴うものです。それがそのまま流れてしまわずに，その情動を機に，どうしてそうなったのかを考えていくことが知的な理解に結びつくのだといえます。

　この実践では，実際の硬貨を集めて，並べて貼っていき，子どもたちと共に硬貨の意味を確かめていきました。そうすると，同じ「63円」でもいろいろなパターンがあること，ひとくちに「お金」といってもいろいろな種類の硬貨があり，それらが数と結びついていることを理解していきます。そして，これが単なる知的理解に終わっていません。今度は

第Ⅱ部　「愛と知の循環」を実践から考える

はがきを模した画用紙を用意して書きたい気持ちを誘い，はがきを買うのにお金が必要だと伝えることで，お金作りに誘っています。自分で実際にお金を作ってみることで，その意味や使用法が真に自分たちのものとなり，自分たちで使いこなす楽しさは，こうした社会生活で使われている道具への愛へとつながっていくのだといえます。

２．なりきることから，社会的営みを支える人やものへの愛と知へ

はがきの売り買いをする子どもたちは郵便局員になりきっていきます。もっと郵便局らしくしていこうと，看板やレジ，マークやポスト……，様々なものを創り出していき，「ここから郵便局」と命名していきました。

自分たちで再現して遊びながらやってみることで，郵便局員が何をどうしていたのかということや，郵便局がどのような場所だったのかということに目が向いていきました。それにより，文字や標識を意味のあるものとして捉え，自分たちなりに表現していくことにつながっています。またレジやポストは，どんなものを使ってどういう仕組みで作ればよいか，実際のものと比較しながら考えていくことにもつながっています。こうして身をもってやってみることを通して，社会的な営みがどのような人やどのようなものや記号に支えられているのかということを理解していったといえます。

そしてほかの学年の子どもたちも買いに来る異年齢での関わりにより，活動が大きく広がり，みんなの遊び，ひいては園全体での遊びへと展開していました。仲間内だけの「ごっこ」が，異年齢の他者性を取り込んだことで，より本物に近い「郵便局」に近づき，子どもたちのやりがいも高まったことがうかがえます。こうした活動の展開が，この遊びへの愛着を高めるとともに，郵便という社会的な営みを支える郵便局員や，そこに関わる様々な記号やものの仕組みについて，愛と知の循環を展開させることにつながっていったといえます。

３．本物に触れることが文化と仕組みの理解と愛着へ

実際にはがきを書いていく子どもたち。ヒロトが「あけましておめでとう」と書きながら，自分の好きなカブトムシやクワガタの絵を描いていることに保育者は違和感を覚えます。年賀状を書いているつもりだけれども，特別な意図なく好きな虫を描いていることがわかってきます。保育者は，郵便局からもらったポスターをもとに，干支や正月飾り，正月の挨拶などを子どもたちと共有していきました。単に「こういうふうに書くものなのだ」と教えるのでなく，子どもたちの動きを見ながら，そこでの思いを探り，文化に触れる機会をもつことで，子どもたちなりに意味を掴み，表現に結びつけていくことにつながっていきました。

また一方で，書かれたものを配達したい子どもたちは，バイクを創り出し，はがきが投函されるや否や，集配に走り，そこでははがきの取り合いのいざこざが生じていきます。

第10章　一人一人の思いが広がり，みんなで世界を味わう「愛と知の循環」

保育者は，それに対してどの程度介入するか，担任間で話し合って迷いながらも，子どもたちと話し合うことにしました。すると，ポスターを手がかりに，ポストから集められたはがきが郵便局に集められ，仕分けされたうえで宛先に届くことがわかってきました。実際のポストも見に行って集荷時間を知ったり，目撃情報をもとに散歩しながら見つけたポストを地図にまとめたりしながら，暮らしの中に位置づいていることを知っていきました。

　遊びがみんなのものとなってきたことで，園の外での日常生活の中でも多くの子が郵便に関心を向けるようになっていたことがうかがえます。だからこそ実際にポストで郵便物を回収する郵便局員に目を留め，自分もバイクを作りたいという思いをもったのでしょう。リアルなバイクに近づけるには何を使ってどうしたらいいか，よく考えて創り込んだことがうかがえます。こうして遊びへの愛着が強まるほど，同時に子ども同士のいざこざが起きる可能性も高まります。それはある意味でチャンスともいえます。ここでは，いざこざを子どもたちと共に解決していくことで，自分たちの遊びの中での取り組みと，本物の郵便局での取り組みの違いに気づき，自分たちの活動を見直すことにつながっていきました。

　さらにはポストを実際に見に行き，そこでの気づきを共有していくことで，具体的な回収の回数や時間，町のどこにポストがあるのかといった，自分たちの現実の暮らしの中に活動が位置づいていっています。郵便という社会的な仕組みが自分たちの生活に関わるリアルな身近なものとして感じられ，さらに愛を深めていくことにつながっていったといえます。

4．見えない社会の仕組みに思いを馳せる

　年の瀬が迫り，いよいよ本物の年賀状を書いて投函する子どもたち。年賀状が本当に届くのか，不安と緊張の中で投函し，郵便のバイクが走るのを見ると今までになく気にする子もいます。そして実際に年明け，自分に届いたことを喜ぶとともに，相手に届いたかどうかを確認し，安堵と嬉しさを見せる子どもたちでした。

　子どもたちにとって，お金や手紙，郵便屋さん，お正月といった，社会文化的な道具や営みは，日常生活で触れることであり，日々身近に感じているものです。しかし，その意味やプロセスについてどれだけわかっているかといえば，ぼんやりとしたものだともいえます。この実践から明らかになったように，例えばお金についていえば，ものを売り買いするためのものとして大きな意味は理解していても，一つ一つの貨幣の形や意味，数についてまでは知らなかったりします。家に手紙を運んでくれる郵便屋さんには出会っているけれども，その人が実際に手紙をどこからどう運び，どんな仕組みになっているのかということまでは知らなかったりします。子どもたちは，お金を作り，郵便局を作り，遊びの中で自分たちなりにやってみながら，その意味を理解していきました。その過程では，自分たちで試行錯誤しながら創り出す喜びや異質性を含む他者と関わることの楽しさが活動への愛着を生んでいました。時にそれはいざこざにもつながりましたが，それをまた乗り

第Ⅱ部 「愛と知の循環」を実践から考える

越えていくことが，社会生活への知的な理解と愛着につながる機会にもなっていました。このように，社会生活での営みをごっこ遊びとして再現して自分たちのものとしながら，また現実の社会に出会い直していくことで，より実感を伴った理解と，社会生活で用いられる記号や道具，営みを支えている人々を好きになる循環が促されていくのです。

5．社会生活への愛と知の循環を支えた保育者のコミュニティ

　この記録のように実践が展開していくには，保育者のコミュニティも重要だったと考えられます。この園では，5歳児クラスが2クラスありますが，クラスの垣根を越えて遊びが展開していました。だからこそ，いざこざが起きたとき，そこへの介入について担任の保育者同士が話し合うことになり，子どもと相談していくことになっていきました。また，遊びの空間では学年を越えた異年齢の子どもたちが関わり合うことが日常でした。それにより，様々な年下の子どもたちが郵便屋さんごっこに自然と参加することにつながりました。園の中で保育者同士がつながり，協働していくコミュニティが実践を支えていたといえます。

　さらに，この実践記録は，町内の4つの公立園で保育を見合い語り合う公開保育や，実践記録を持ち寄り検討し合う語り合いを経て展開したものでもあります。園内外の参観者と共に学び合いながら，保育者自身もまた社会生活への関わりを深めつつ，子どもたちの学びのプロセスを捉え返していたのです。保育における環境構成や援助を巡って愛と知の循環するこうした運動体が，実践と省察の支えとなっていたのだといえます。

―――――― 第 11 章 ――――――

命との出会いを重ね生まれる
「愛と知の循環」

――――――――――――――― 奥田 智美（おおい町立名田庄こども園）

1. 園の概要

　本園は，「心身共にたくましい子」・「意欲のある子」・「思いやりのある子」の育成を保育目標に掲げ，自然や地域の人々との交流により，原体験を積み重ね，豊かな感性を磨いていくことで，自ら学び自ら生きていくための力を育て，豊かな心・育ち合う人間関係作りに取り組んでいます。

　周辺環境は自然豊かで，春に田んぼ道へと散歩に出かけると，乾いていた田んぼに水が張られ，しばらくすると田植えが始まり，そんな風景に子どもたちの期待が膨らみ，生き生きと探索を始めます。

2. 生き物と関わる経験を重ねて命に気づく

　出会った生き物に対して，触りたい，自分のものとして持っていたいという思いが強い子も多く，弱ったり，死んでしまったりすることに気づくことがまだ難しい様子の4歳児クラスの子どもたち。次々と，新しく出会った生き物へと興味が移っていきます。命に出会い，死に気づき，の経験を繰り返しながら，生き物への興味を深めていき，一つのことに対して遊び込む中で，子どもたちが培ってきた力を発揮して，問題解決に取り組む事例です。

(1) カエルとの出会い

エピソード1 「これ　なに？」（4月28日）

　散歩に出かけると「あわあわあるで！」「マシュマロ浮かんどる」。田んぼに浮かぶカエルの卵を見つけ，思い思いに伝え合う子どもたち。初めて見るものや，何かわからないことへの不安があったりするのか，離れて見ているだけでした。保育者が草むらでも卵を見つけられたことに驚き，「見て見て」「こんなの初めて見た！」と子どもたちに向けて声をかけると，興味をもち，保育者のもとへと集まり始めます。草の根っこの下にも卵が広がっていて，掘り進める保育者の手元に顔を近づけてじっと見つめています。保育者が卵を手のひらにのせて見せてみると，一人また一人と触りに来る子がいて，「ふわふわ」「これ何なん？」と，さらに興味がひろがっていきました。

　保育者が「これはカエルの卵なんやで。みんなで育ててみる？」と投げかけてみると，「うん，育ててみたい。私の虫かごに入れて持って帰っていいよ」と，Kが大事に抱えて，園に持ち帰ることになりました。

　この日の振り返りの時間，「みんなに見せる！」と，Kが，持ち帰った卵が入ったタライを抱えて輪に戻ってきます。

K「これみんなで育てよ」
A「これ何？」
K「カエルの卵やで」
I「カエル生まれるで」
A「ちがう！　オタマジャクシやな」
R「恐竜ちがう？」

と，いろいろな考えを出し合いながら期待を膨らませていきます。

写真11-1　保育者が手のひらにのせたカエルの卵をのぞき込む子どもたち
出所：筆者撮影。

写真11-2　振り返りの時間「何が生まれるかな」
出所：筆者撮影。

写真11-3　卵の成長を確認する子どもたち
出所：筆者撮影。

　自信をもって断言したり，友達の思いを否定したりすることもありません。期待を膨らませ，子どもたち自身が考え始めた姿を大切に捉え，保育者もまたそんな子どもたちの思いに寄り添い，一緒に楽しみに成長を待つことにしました。毎日登園してくると，タライを囲んで，「生まれとるかな」「何も生まれてないな」と成長を気にしながら過ごすようになります。

第 11 章　命との出会いを重ね生まれる「愛と知の循環」

エピソード2 「カエルの卵から　生まれたで！」（5月11日）

A「見て見て！　生まれとるで！」
Y「早く来て！」
と保育者のもとへ走りながら伝えに来て，タライのところへと手を引っ張って，駆け足で連れていってくれます。
K「ほら見て，オタマジャクシ。かわいい！」
Y「100匹ぐらいおるな！」
と，卵から生まれたオタマジャクシを長い時間観察して過ごします。他の子が登園してくる度にA・Yが「オタマジャクシやったで！　生まれたで！」と

写真11-4　図鑑で"オタマジャクシ"を探す子どもたち
出所：筆者撮影。

嬉しそうに伝え，聞いた子もタライへと直行していきます。発見を伝え合い，気持ちの高まりや喜びがクラス全体へと広がっていくのを感じます。卵のときには興味をもっていなかった子も，自分からタライをのぞいて成長に興味をもつ子が増えていきます。卵から生まれてくるのがオタマジャクシだとわかると，いつも開いていた図鑑のオタマジャクシが載っているページを思い出し，そのページを探し始めました。
Y「パン食べるって書いてあるで，金魚のエサも食べるんやって！」
I「ぼくの家に食パンあるで！」
と，図鑑で読み取ったことを伝え合う姿が見られ始めます。また，図鑑にはオタマジャクシからカエルになるまでの過程がイラストで描かれており，Sが「見て，今ここやろ！　こうやってカエルになっていくんやで」と，自分が知ったことを友達へと伝えます。

　調べたことと実体験が一致することで，さらに自信を高めたり，満足感を感じたりすることができるのです。
　「Rにオタマジャクシやったって教えてあげよ」と，恐竜が生まれると言っていた友達の思いをしっかりと受け止めているIの姿も見られました。

エピソード3 「カエルは，ミミズ食べるんやで」（6月17日）

　散歩先で見つけたトノサマガエル。触れることが嬉しくて，毎日戸外遊びの時間になると，手にカエルを握りしめて過ごすR。衰弱して動かなくなってきた姿に，「今，寝とるんやで」と，手放そうとはしません。他の場所では，「カエルにあげるミミズ探さんと！」と，カエルがミミズを食べることを図鑑で知ったIが，さっそく行動に移して，実践しようとしていました。
　「ミミズおった！」というIの言葉を聞き，Kがやってきます。Kは，「ぼくが持つ！」とミミズを自分のものとして確保してしまいます。長い時間をかけてやっとIが見つけることができたミミズ。Kもまた，カエルのごはんという意識よりも，触りたい，自分のものとして持っていたいという気持ちが強いのです。「カエルにあげに行こう」とIに促され，Kも

179

Rのもとへと向かいますが、ミミズはKが握りしめる手の中で、干からび始めています。3人が集まってもRが自分の手からカエルを放そうとする様子は見られません。保育者が、「自分で食べられるように、カエルを机の上に置いてあげたらどうかな」と声をかけると、みんなが見える場所にカエルが置かれました。ミミズを口元に持っていき、食べさせようとします。しかし、すぐに反応がないことに、
K「全然食べん。カエル、ミミズ嫌いなんやで」
I「今お腹すいてないんちがうかな」

カエルがミミズを食べないので、次は「プールで遊ばせてあげよ」と砂場の水たまりの中にカエルを放り込み、遊び始めます。

写真11-5 ミミズをカエルの前に置き、食べる姿を期待して待つ子どもたち
出所：筆者撮影。

このやりとりを見ていて、今は、すぐに反応が見られることに対して楽しさを感じる時期なのだろうかと思い、子どもたちの考え・行動に任せて様子を見守ることにしてみました。保育者以外にも、この友達同士のやりとりを見ていて、Nのように「図鑑に、カエルはミミズ食べるって書いてあったけどな」と、離れた場所で、図鑑を開き確認している子もいたのです。その時々の、子どもたちの興味に合わせた遊びを尊重しながらも、遊びや、個々の思いや考え、気づきを共有していくことができるように、振り返りの時間を設けます。そして、長期的な視点をもち、一日一日の子どもたちの心の動きに寄り添っていきたいと考えます。

エピソード4 「カエル 死んどる」（6月22日）

いつものようにRが戸外遊びにカエルを連れて行こうとしたとき、何かに気づき保育者のもとへやってきました。
「先生、カエル死んどる」
Rから初めて聞く"死"という言葉だったのです。
保育者「なんで、死んでるってわかった？」
R「だって、全然動かんし目も閉じて、からだがカチカチになってきた」

戸外遊びに出ると、毎日手にカエルを握りしめ、自分のものとして持ち歩くことで、安心感や優越感を感じているようにも見えたRの姿。しかし、毎日欠かさずに触れて、興味を深めるとともに、感触や感覚などからカエルの姿をしっかりと感じ取っていたのだと保育者自身が改めて気づくことができた瞬間でした。
R「かわいそうやな。どうする？」
保育者「じゃあ、みんなに聞いてみようか」
と、振り返りの時間に、Rの言葉でみんなに伝えることにしました。

第 11 章　命との出会いを重ね生まれる「愛と知の循環」

〈振り返り〉
R「みんな聞いて，カエル死んどる。かわいそうなんやけど，どうしたらいい？」
保育者「なんで死んじゃったのかな」
「土がいっぱいかかって，息ができなくなったのかな」
「あ！　ごはん全然あげてなかった」
「じゃあ，ごはんあげたらいいやん」
保育者「死んじゃったら，もう動けないしごはんも自分で食べられないんじゃないかな」
「じゃあ，おうちに帰らせてあげよ」
保育者「カエルのおうちは，どこなのかな」
「いつも"田んぼ"にいるから，田んぼがカエルさんのおうちや！」
「みんなで"田んぼ"に帰らせてあげよ」

写真11-6　振り返りの時間「カエル死んでるよ！」
出所：筆者撮影。

　"死"という感覚に個人差が大きく，積極的に発言する子たちのやりとりで話し合いが進んでいきました。散歩で行く"田んぼ"で，よくカエルを見つけていたので，カエルのおうちとしてみんながイメージすることができ，死んでしまったカエルを，おうちに帰してあげようという思いを共有することができました。

エピソード5　「カエルのおうちはここ！」（6月23日）

　死んでしまったカエルを帰しに"田んぼ"へ出かけました。死んでしまったカエルに気持ちが向いている子もいれば，目に入ってくる新たな生き物の発見に気持ちが向いている子もいます。保育者が水路と田んぼ，カエルを帰す場所を子どもたちに確認すると，すぐに「こっち！」と先に見える水路を指す子もいましたが，
H「お水のとこじゃなくて，田んぼの中！　だってほら，見て！　オタマジャクシもカエルも田んぼの中におるで」

写真11-7　カエルのおうち探し「どこに帰してあげたらいいかな」
出所：筆者撮影。

　その言葉に周りの子どもたちも，田んぼの中の様子に気づき納得するのです。カエルを帰しているときに，もう新たに生き物探しを始めている子もいました。しかし，Rは最後まで死んでしまったカエルのそばで様子を見つめます。田んぼに帰してからも，しゃがんでじっと，カエルを戻した田んぼの中を見つめていました。

第Ⅱ部 「愛と知の循環」を実践から考える

　この時期は，オタマジャクシからカエルに変化していく時期でもあったため，手や足が生えたオタマジャクシ，尻尾が残るアマガエルの姿を見つけることができ，手のひらにのせながらオタマジャクシからカエルへの成長に興味津々の子どもたちでした。
　水がなくなった場所で苦しそうに跳ねていた足の生えたオタマジャクシを一匹，Aが大事そうに園へと持ち帰っていました。

エピソード6 「オタマジャクシ　手が生えた！」（6月24日）

　Aが持ち帰ったオタマジャクシ。以前，卵からオタマジャクシが生まれた発見を掲示にしていたものにAの発見も加え，タライに入れたオタマジャクシと一緒に置いて，子どもたちの様子を見てみることにしました。
　次の日，「見て見て！　Aちゃんのオタマジャクシ，手が生えた！」と，興奮しながら，先に登園していたYがAのもとへ駆け寄ります。Aも一緒にタライをのぞき込みにいき，「ほんまや！　だんだんカエルになってきた！」と，成長を一緒に喜んでいました。真っ先にAのもとへと発見を伝えに行くY。Aは，YがAの散歩での発見をしっかりと認めてくれていることもまた，嬉しそうでした。

写真11-8　子どもたちの気づき・発見を掲示して，残していく
出所：筆者撮影。

　Aが園にオタマジャクシを持ち帰ったこと，その成長をYが発見したこと，こうして子どもたちの発見・気づきがつながっていくことで，クラス全体，隣の部屋の年少児へと，興味がひろがっていきました。その中で，やはり"触りたい"という欲求が大きくなってくる子もいます。だんだんとカエルになっていく姿が気になり，触って確かめるようになります。そうしているうちに，また弱って死んでしまい，反応がなくなった生き物から興味がなくなっていってしまうのです。

（2）トンボとの出会い

エピソード7 「トンボ　死んどる？　寝ているだけ？」（9月13日～15日）

　I「ずっと，トンボとまっとる」
　部屋の壁にトンボがいるのを見つけます。ずっと観察を続けますが，全く動きがありません。
　Y「もう，死んどるで」
　I「寝とるだけやで」
と，子ども同士のやりとりが続きます。たまたま部屋に入ってきた園長にも，
　I「見て，あそこにトンボおるで！　ずっと，とまったままなんやで」

第11章 命との出会いを重ね生まれる「愛と知の循環」

と体に力を込めながら、自分たちの発見を一生懸命に伝えます。

園長が「もう、死んでいる。あれは死んでいるんだよ」と、何気なく子どもたちに伝えます。しかし、その言葉に納得する子はおらず、「死んどる」「明日になったら動くんやで」というやりとりが、また始まるのです。

エピソード8 「これでトンボ、つかまえる！」（9月16日）

給食の時間、トンボが見える場所に座ったI。給食を食べながら、トンボの様子をじっと見つめる姿が度々見られていました。給食を食べ終えると、広告を丸め、棒を作り始めます。毎日、室内遊びで剣や鉄砲作りを楽しんでいるI。「見て、めちゃくちゃ細い剣できた！」と、自信たっぷりに保育者のもとへと見せにやってきます。保育者が「すごいな、Iくん、毎日剣作り頑張ってるもんな」と日々のIの頑張りを認められるように声をかけると、嬉しそうな表情でまた遊びへと戻り、剣を作り始めます。細いほうを太いほうに差し込み、を繰り返し、長い棒を作ろうとしていたのです。つなげて長くするうちに、重みがかかり、折れやすくなってきます。そうすると、差す順番を変えてみたり、また新たに棒を作り始め、さらに硬い棒を作ろうとしたり、イメージしているものを作り上げようと試行錯誤します。部屋の電気まで届くことを確認すると、嬉しそうな表情で、また保育者のもとへ見せにやってきます。

写真11-9 トンボに届くかを確認しながら、棒をつなげていくI
出所：筆者撮影。

I「これで、トンボとる！」

このときに初めてIの目的に気づいたのです。「それだけ長いのやったら、届きそうやな。Iくんが考えたん？ すごいな！」という保育者の声かけにさらに自信たっぷりの様子のI。トンボに向かって棒を伸ばすと、自分がトンボの真下に来てしまうため、姿を確認できなくなってしまいます。保育者が「何か登れるものがあったら、上まで見えそうじゃない？」と声をかけると、周りを見渡し、近くにあった椅子に気づき、持ってきて、その上に立つI。

写真11-10 棒を完成させ、トンボへと伸ばすI
出所：筆者撮影。

I「見えた！」

Iの姿を見て、周りに友達が集まり始めます。トンボがよく見える位置を探しながら、「もっとあっち！」「そこそこ！」と、Iへ場所を伝え始めます。

ついに、トンボをとることに成功。

I「やった!!」

183

第Ⅱ部　「愛と知の循環」を実践から考える

Ⅰだけではなく，その姿を見守っていた子どもたちも嬉しそうな笑顔で，達成感や喜び
を共有し合っているのを感じました。実際に手で触ってみることで，「カチカチになっと
る」と感触で感じ取り，少しの力で崩れていくトンボの姿に，改めて"死"を，実感し，
納得することができたのでした。

3. 全体を振り返って

　見たい・触りたいという今の子どもたちの興味に寄り添い，生き物と関わる経験を重ね
ていくことが，"命"への気づきにつながっていくと感じます。一つ一つの生き物・命を
区切って考えるのではなく，すべてをつなげて子どもたちの姿を捉えることが必要である
と考えます。たくさん触って死なせてしまったとしたら，その姿がどのように変化してい
くか，長期的に捉えて子どもたちの成長に気づけるように努め，子どもたちの心の動きに
寄り添っていたいと思います。経験してきたことは必ず子どもたちの中に積み重なってい
くのです。そのような，目に見えない子どもたちの心の土台となる部分を丁寧に築いてい
けるような環境を日々整えていきたいと考えながら，保育に取り組んでいます。
　遊びの中で，カエルになりきっている子がいたり，また他の子は「ぼくはまだオタマ
ジャクシ」と，泳ぐ真似をしていたり，経験したことがしっかりと学びとなり，このよう
な表現遊びにもつながっていく姿を見ることができました。年度当初から，カエルの卵・
オタマジャクシ・カエルと関わる経験をしてきましたが，カエルの卵からカエルになるま
でをつなげて経験することができなくても，一つ一つの経験をつなげていく援助を行うこ
とで，ばらばらに経験したようなことも，子どもたちの中で一つの線となり，つながって
いくと感じることができました。
　様々な生き物と関わり，興味を深めていくことで，何日も子どもたちの興味や疑問が継
続していくようになり，壁にとまったままのトンボを捕まえるエピソードでは，"触って
確かめたい""どうしたらトンボをとることができるか"と，試行錯誤しながら，課題解
決に向けて主体的に取り組み始める姿につながっていきました。トンボに興味をもったⅠ
は生き物への関心が高く，毎日虫探しを楽しみ，見つけた虫について自ら調べ興味を深め
ていました。また，たたかいごっこをするために広告で作った棒で，剣や鉄砲の武器作り
も毎日繰り返し，楽しんできていました。生き物への興味，遊びの中で培ってきた力が，
今回Ⅰが疑問を解決していく姿につながったと感じます。"命"ということを大切に捉え
ていくためにも，日々の子どもたちの感じることを丁寧に拾い上げたうえで，子どもたち
自身が解決していけるように環境構成・援助を考えていくことが必要です。トンボの生死
を確かめる事例では，Ⅰの思いに寄り添い，必要としている言葉や行動を考え，進んでⅠ
のために実践する友達の存在もまた，Ⅰの試行錯誤を支える力となっていたのです。

― 編者からのコメント ―

生き物への愛と知の循環を支える協同的な探究の多層性

岸野 麻衣

　生き物への主体的な関わりを保障しようとすると，死に出会うことは避けられません。そこには生命の尊重を巡る葛藤も常に起きてくるものです。この実践記録を通して，生き物への愛と知が循環していくうえで，保育者と子ども，そしてクラスの集団と園内外の同僚性がどのように協同的な探究に向かっていくのか，考えることができます。

1．生命の神秘に対する保育者の感動の伝播

　実践は，散歩の途中で，田んぼに浮かぶカエルの卵に気づく子どもたちから始まります。「あわあわ」「マシュマロ」と，気づいたことを口にしながらも，離れて見ているだけの子どもたち。丁度そのとき，保育者は草むらでもカエルの卵を見つけ，思わず「見て見て」「こんなの初めて見た！」と，きっと興奮気味に声をあげたのでしょう。保育者の心の動きが子どもたちに伝播したのか，子どもたちは集まってきます。保育者が自ら草の根を掘り進め，手にのせてみると，触ってみる子どもも出てきました。「ふわふわ」と感触を言葉にしてみたり，「これ何なん？」と疑問を言葉にしていくことにつながっていきました。保育者にカエルの卵だと教えてもらい，園に持ち帰り，育ててみることになります。卵から生まれるのは，カエル，オタマジャクシ，恐竜……？　と，期待をもちながら，毎日登園するとタライを囲んで観察する子どもたちでした。

　子どもたちは様々な環境の中で暮らしていますが，それは当たり前のようにそこに存在するものでもあり，今回の田んぼに浮かぶ卵のように「あれは何だろう？」と気づいたとしても，それを突き止めることなく，そのまま流れて，忘れ去っていくことも多いものです。この実践記録では，保育者は，離れて見ているだけの子どもたちに引っかかりを覚え，もう少し関わりを深められるといいなと思っていたことがうかがえます。そこで丁度草むらの卵を見つけたことで，保育者自身が真に驚き，感動を表現したことが子どもたちを動かしていきます。どういうふうに卵が埋まっているのだろう，と保育者自身が探究していくことに，子どもは引き込まれていったのではないかと思います。生命の神秘への愛が伝播していったともいえるかもしれません。そこから，持ち帰り，「自分たちのもの」となることで，さらにこの「謎の卵」に愛着をもち，正体を予想し，観察を続けていこうとする知的な態度へと循環が起きていったことがうかがえます。

第Ⅱ部 「愛と知の循環」を実践から考える

２．関心と情動を共有しつつ共に暮らし探究していく関係性

　卵からオタマジャクシが生まれたことに気づくと，小さな生き物の誕生を喜び，数の多さに驚く子どもたち。「見て見て」「早く来て」と一刻も早く発見を共有したい気持ちにあふれています。他の子が登園してくる度に，生まれたことを知らせに行き，聞いた子もタライに直行したのは，持ち帰ったオタマジャクシをみんなで囲い，何が生まれるのかを予想し，「みんなのもの」として共有して毎日観察していたからに違いありません。このようにクラスで子どもたちが一つのものに向かい，関心を共有する関係性が作られていたからこそ，驚きと喜びが伝播し，響き合いながら増幅していったのでしょう。また，恐竜が生まれると予想していた子に「オタマジャクシだったって教えてあげよう」という姿からは，友達の考えをしっかりと聴き，受け止めていたことがわかります。他者を「友達」として認識して親しみを感じるようになりつつ，自分と他者の違いにも気づいていくよう４歳児の育ちをこれまで園で支えてきたからこそ，こうした関係性が培われていたこともうかがえます。

　そして，こうした喜びの共有は，知的な関心にもつながっていきます。いつも見ていた図鑑を開いて，パンや金魚の餌を食べることを読み取ります。「ぼくの家に食パンあるで」と自分の家にある食べ物を分け与えたい愛情があふれています。カエルになるまでの過程のページもよく見て，「こうやってカエルになっていくんだ」と今の状態とこれからの変化を確認し，自分の知ったことを友達に伝えていこうとしています。自分のものをカエルに，自分の知ったことを友達に共有していこうとする子どもの姿から，子どもが，出会った生き物や他者に対して自らつながりを求め，共に暮らし共に探究する仲間として関係を結んでいくことが読み取れます。

３．自分を重ねた関わりから自分とは違う生き物の捉えへ

　子どもたちがオタマジャクシを見守る一方で，散歩先で見つけたトノサマガエルを握りしめ，衰弱しているのを「寝ている」と言うRくん。Iくんが，カエルがミミズを食べるという情報を得てミミズを捕まえてきますが，自分が触りたい，自分が持ちたい，という思いも強く，干からびるほど握りしめるKくん。生き物を自分のものにしたい，というのはある意味では独占したい愛情ともいえます。同時に，自分の獲得した成果物のような意味合いもあるのかもしれません。

　保育者が間に入ってそれらを緩めながら，カエルを机の上に置いて，ミミズを食べさせようとします。すぐに反応がないことに「嫌いなのかも」「お腹がすいていないのかも」と言って，「プールで遊ばせてあげよう」と水たまりに放り込む子どもたち。そこには子どもなりの「解釈」がうかがえます。それは，自分がものを食べないときに照らして出てきた解釈であり，カエルを自分と重ねながら捉えているということでもあります。保育者

第11章 命との出会いを重ね生まれる「愛と知の循環」

としてはきっと，カエルの身になり，カエルの身の安全を心配しつつ，生き物との関わりとしてこのままでいいのだろうかと迷うところかもしれません。しかしあえて見守ることを選択し，「図鑑にはミミズを食べるって書いてあったけど」と確認しようとする他の子どもにも目を留めています。少し長い目で見たときに，いろいろなやりとりが起きてくる可能性も感じていることがうかがえます。

　しかし，とうとうカエルは死を迎えてしまいます。「全然動かんし目も閉じて，からだがカチカチに」というRくんの言葉から保育者も気づいたように，まさにずっと触り，握っていたからこそ，生きていたときとの違いに気づくことができたのだと思います。そして，どうしたらいいかをみんなに聞いてみることにします。このRくんの感じ気づいたことをみんなと共有したいという保育者の願いも透けて見えます。しかし死んでしまった理由や死んでしまった後のことについては理解の差が大きいことも浮き彫りになっていきます。それでも，みんなで話し合う中で，「おうちに帰してあげよう」「カエルのおうちは田んぼだ」と，「カエルにとって」という自分とは違うカエルの側に立つ目が共有されていきました。水路と田んぼとどちらに帰すのか，保育者の問いかけに「オタマジャクシもカエルも田んぼの中にいる」と改めて気づきを共有する過程には，カエルがどこでどう暮らしているのかというカエルの側に立つことそのものが共有されているともいえます。

　一方で，また新たに生き物探しを始め，様々な状態のオタマジャクシに出会う子どもたち。持ち帰った「Aちゃんのオタマジャクシ」をタライに入れ，掲示にも加えておきます。子どもにとっては，単なるオタマジャクシではなく，やっぱり「Aちゃんの」「私の」オタマジャクシであり，だからこそ変化を見つめ，発見を共有したくなるのだと改めて気づかされます。この思い入れと情動の共有があってこそ，知的な気づきが共有されるのです。

　再びオタマジャクシを持ち帰り，生き物への関心が年下の子たちに広がる中で，やはり触ることに向かい，また死んでしまうということが起きます。それがある意味で日常になる部分もあるのかもしれません。しかし，Rくんのように，自分を重ねて生き物と関わってこそ，生きているときと死んでしまったときの違いに気づくことができ，またこうした経験をどれだけ保育者が丁寧に扱うかによって，子どもたちは生き物が自分とは違う存在でもあることに気づいていけるのだと思います。

4．主体的・協同的な生き物への関わりを通した関係性の循環

　生き物との関わりはずっと続いていきます。そしてその度に生死に触れ，関わりは深まっていくものです。ここでは，部屋の壁にずっととまっているトンボを巡って，「死んでいる」「寝ているだけ」と論争になります。園長先生が「死んでいる」と言っても納得しない子どもたち。大人の言うことだからといってすぐに鵜呑みにせず，自分たちで予想を続け，考え続ける姿は，日頃から子どもが主体的に生き物に関わり子どもたちの判断が尊重されてきたからこそだとも思われます。

187

第Ⅱ部 「愛と知の循環」を実践から考える

　そして，実際に自らトンボにアプローチしていきます。予想を検証するために，どうしたらトンボをとることができるか考え，これまで培ってきた知識と技能をフルに生かし，新たな道具を創り出していきました。そしてどうにかとろうとする子のもとへ友達が集まり，トンボをとるという共通の目的に向かって協力しようと，場所を伝える声かけがなされ，ついにとることができました。子どもたちはついにトンボに手で触れ，死を実感することになったのでした。

　子どもたちは園で様々な生き物に出会い，関わっていきます。その時々での子どもの思考と情動を丁寧に捉え，環境構成や援助を考えていくことで，子どもの経験は厚みを増していきます。そこでは，単に「かわいい」という情動を共有する関係性から，「どうして？」「どうやったら？」という，より知的な探究に向かう関係性へと循環していくこともうかがえます。

５．生き物への主体的な関わりを支えた保育者のコミュニティ

　この記録のように実践が展開していくには，園で保育者が語り合い学び合うコミュニティが支えになっていたと考えられます。きっと保育者は，子どもの生き物への関わりはこれでよいのだろうか，保育者として見守ることを選択したのはどうなのだろうかと，悩みながら実践していたに違いありません。そしてそのことを園内で語り，子どもの姿を共に見取り，環境や援助を常に見直す同僚性があったのではないかと思います。

　加えて，実はこの実践記録は，福井県幼児教育支援センターでの園内リーダー養成研修の一環として書かれたものがベースとなっています。この研修では，毎回子どもの姿を記述した記録を持ち寄り，小グループで語り合いながら，子どもの思考や情動のプロセスを丁寧に捉え，長期的な活動の展開の中で，子どもたちの学びと保育者のありようを捉え返していきます。グループは，地域や施設類型を越えた様々な園の保育者で構成されています。必ずしも文脈を共有していない他園の保育者と共に語り合うことで，子どもの生き物への関わりが一層クリアに浮かび上がったり，悩みに共感も得たりしながら，どう関わりを深めていったらいいか，一緒に探究していったのではないかと思います。多層に編まれた協働探究の運動体が実践と省察の支えとなっていたことがうかがえます。

第 **12** 章

夢中になって遊ぶことから生まれる 「愛と知の循環」

早川 久美子（彦根市立彦根幼稚園）[*1]

1. 園の概要

　彦根幼稚園は，国宝彦根城のふもとにあり，近くには玄宮園，彦根城博物館や市立図書館があり，文化と歴史に育まれた環境の中，2025年で創立119年を迎え，地域に愛されている幼稚園です。

　園庭には，シンボルツリーのクロガネモチの木をはじめとした様々な樹木や草花があり，畑では四季に応じた栽培活動を実施しています。本園は給食ではなく弁当です。園児は野菜の偏食（好き嫌い）がある子どもが多くいます。そこで，季節に合わせて園内の畑やプランターで野菜を栽培し，自分で水をやり，育てることを通して野菜に親しみをもち，年間の食育活動を通して共食の楽しさや意欲につなげています。園庭には四季折々の多種多様な草花が咲いています。花を摘んで花束を作ったり，色水遊びやごちそう作りをしたりして楽しむ姿があります。季節の変化を感じながらチョウ，テントウムシ，セミ，バッタ，イモムシ等，年間を通して多くの生き物の姿も見られ，捕まえて飼育をしたりして，様々な自然との関わりを楽しむことができます。また，大きい砂場，小さい砂場（3歳児用），赤土山があり，砂や土に触れ，友達と全身を使って遊ぶことも楽しんでいます。住宅街の中にある幼稚園ではありますが，園内で存分に身近な自然に触れることができます。さらに，園周辺1.5キロ以内には，彦根城をはじめ観音山等があり，園外保育へ出かけて自然と触れることができます。

　本園の実態を活かし，身近な自然を保育に取り込み，友達と一緒に存分に自然と触れ合い，生き物や草花の命の循環や尊さに気づきながら夢中になって遊ぶ子どもを育てていきたいと考えています。

＊1　現在は彦根市立ふたば保育園所属だが，執筆当時，彦根市立彦根幼稚園所属。

第Ⅱ部　「愛と知の循環」を実践から考える

2．存分に自然と触れ合い，親しみと気づきを深める

（1）ソラマメの収穫を通して

「みんなで植えたソラマメの種が生長していく過程の観察や収穫」「毎日繰り返し取り組む砂場遊び」に向かう5歳児クラスの子どもたちの姿の中には，植物や生き物，砂や水，泥など，子どもたちが自ら自然と触れ合う中で様々な思いを感じながら物事の変化への気づきを繰り返している姿がありました。活動や遊びの後にみんなで振り返りの時間をもつことで「もっと○○したい」と遊びへのイメージや思いを膨らませたり，友達の遊びにも刺激を受けたりしながら，さらなる気づきやその物事への興味・関心を広げていく姿をまとめました。

> **エピソード1**　ソラマメの生長を楽しむ（4月～6月）
>
> 　4歳児のときに植えた青い種が，春休みが明けて新学期に5歳児になって登園して来たときに，自分の背より高く生長し，うす紫の花が咲き始めていました。
> 　「ソラマメが私より大きくなった（手で表現）」「白い花が咲いている」「ソラマメの赤ちゃんがある！」等，みんなで水やりをすることでそれぞれに野菜の生長を観察したり，発見したり，気づいたりしていることを言葉で伝え合う姿が見られました（写真12-1）。「花がしぼんで色が変わるとそこからソラマメができるよ」「昨日よりソラマメがふくらんだ」「もっと水をたくさんあげよう」と，水をあげたり，「どのぐらいの大きさになったらソラマメをとれるのかな？」と，生長と収穫を楽しみにしたりする姿が出てきました。また別の畑にはスナップエンドウも栽培していたので，ソラマメの花とスナップエンドウの花の色の違い，実の形や大きさの違いなどを比べる姿が見られました。
>
>
>
> 写真12-1　「ソラマメの赤ちゃん見つけた」
> 出所：筆者撮影。

野菜の生長に興味・関心の高い子どももいれば，そうでない子どももいます。観察して発見したことを朝や帰りの会に発表したい子どもが多く出てきたので，子どもの気づきやつぶやき，発見を，写真と共にドキュメンテーションにして掲示していくと，共通の話題となり，クラスのみんなで野菜の生長を楽しむことができました。

第12章　夢中になって遊ぶことから生まれる「愛と知の循環」

エピソード2 **身近な生き物への気づき**（4月18日〜21日）

　ソラマメの赤ちゃん探しをしているとテントウムシや何かの卵を見つけました。テントウムシが側にいたこともあり，テントウムシの卵かもしれないと考え「もっといるかな〜?」と懸命に探す姿がありました。「どれ?」「ほら，ここにあるよ!」「小さくてかわいいね!」「あっ!　こっちにもテントウムシ!」「どうしてテントウムシいっぱいいるのかなあ?!」「あっ!　たまご?」「前に絵本で見たから知ってる!　きっと，テントウムシの卵やと思う!」と葉っぱの裏側についたテントウムシの小さな卵たちを見つけては大喜びをする姿がありました。実際に見つけたテントウムシの卵は小さくて黄色くてとげとげしていることや，普段なかなか見つけられないテントウムシがソラマメに集まってくることへの不思議さを感じる姿がありました。

　保育室にあったテントウムシの絵本を見るとアブラムシのことが載っていました。「この虫，ソラマメのところにいたなあ」「テントウムシが食べてくれるんや」「テントウムシがアブラムシを一日に100匹食べるんやって!!」と，テントウムシはアブラムシを食べるためにたくさん集まってきていることを知りました。しかし，子どもたちは新たに，「でもどうして，こんなにアブラムシがいっぱいいるのだろう?」という疑問が出てきます。調べていくと，アブラムシはソラマメの新芽を食べて大きくなることがわかってきました。そのアブラムシが以前よりも増えてきているのではないかと保育者が話題に出したことで，アブラムシを増やさないためにはどうしたらいいのか，ソラマメの新芽をどうやったら守れるかと考える姿が出てきました。「水かけたらいいやん」「息を吹きかけたらいいのかも」「指でつまんでとったらどうかな」と考えたことを次々に言い合い，友達の考えに共感し，実際に試してみることにしました。

　アブラムシを取ろうと自分たちの考えたやり方で試してみることになり実際にアブラムシ探しをしてみると，たくさん集まっているアブラムシをそれぞれに見つけ，手で払いのけたり，息を吹きかけたりしてアブラムシを葉っぱから離そうとしたりしましたが，なかなか葉っぱから離すことができませんでした。水をかけて様子を見てみる子どももいましたが，「落ちたよ」と言う子どももいれば，「アブラムシ，頑丈にくっついていて，とれないわ」「べたべたしてくっついているね」と，うまくいかないことからアブラムシの特性に気づく姿が多くありました。「アブラムシは新芽が好きだから違う葉っぱを持ってきて移し換えよう」と考える子どももいましたが，手に持った葉っぱには移ってきませんでした。アブラムシの様子をじっと見ていると，アブラムシを落としてもまた新芽に向かって茎を伝って登ってくる様子や，新芽を食べて大きくなったアブラムシには羽があり飛べることや，茎から落ちないようにべたべたの粘液を出していることを知りました。

　なかなか取れず，新芽はアブラムシだらけになってきました。家庭菜園をしている子どもがお母さんに教えてもらい「くっつくものを使ったら取れると思う」と園でみんなに伝えてくれました。そこで，セロハンテープや養生テープを用意して試してみると，アブラムシを粘着面にくっつけて新芽から取り除くことができました。アブラムシも一生懸命に

191

第Ⅱ部　「愛と知の循環」を実践から考える

生きているけど，ソラマメの新芽を食べられるのは悲しい，保育者も子どもと一緒に葛藤しながら，アブラムシと関わりました。

　家庭の生活の中で見ていることや経験してきたことの違いが大きく，子どもたちがそれぞれに知っていることを共有したり試したりできる場を作っていくことが子どもたちのさらなる気づきや発見の共有につながっていきます。ソラマメもテントウムシもアブラムシも生長・成長して共存していることを学べたのではないかと考えます。

エピソード3　大きくなったソラマメを収穫しよう（5月1日～15日）

　だんだん大きくなってきたソラマメを見つけて，どれくらいになったら収穫できるのか気になってきました。

　絵本で見てもわからず，前年度5歳児の担任だった先生に尋ねることにしました。ソラマメは太陽のほう，上を向いてどんどん膨らんできます。ソラマメの中の実が大きくなって，今度は重くなって下を向いてきたら「とってもいいよ」の合図だと教わりました（写真12-2）。

　育って大きくなり下を向いているソラマメを探していきます。手でソラマメをそろ～っと触り，「下向いているね。とってもいいかな？」と友達と相談して収穫する姿がありました。保育者がソラマメを優しく持ってねじると手でも取れることを伝えると「こうかな？」と真似て「とれた～」と喜んでいました。くるりとねじるとポンと取れるソラマメを取る面白さを感じたり，「これもいいかなあ？」「いいんじゃない！」と友達や保育者と収穫サインの出ているソラマメを見つけたりして，収穫を楽しみました。

写真12-2　「ソラマメいっぱいできてる！」
出所：筆者撮影。

　収穫したソラマメをそっと剥いてみると大きな豆や小さな豆が出てきて「あったあった！」「めっちゃ大きい」「1，2，3。3つ入ってる！」「私の小さいけど4つあった！」と盛り上がる声や，ソラマメの皮の内側に初めて触れた子どもたちからは「綿みたい」「さらさらしていてふわふわで気持ちいい」「うん。ふわふわやね」と近くの友達と共感しながら何度も触って感触を楽しむ声が聞こえていました。4歳児のとき，1粒のソラマメを植えたので「最初は1個だったのに」どうしてこんなに沢山のソラマメができるのか，その不思議さに驚く姿がありました。皮を剥いていると「豆の匂いする」「どんな味がするのか食べてみたい」「ソラマメの匂いとスナップエンドウの匂いは違うよ」。ソラマメは皮をはいで食べるけど，スナップエンドウはすじを取ってそのまま食べることを知り，食べたことのない子どもがほとんどで，「どんな味がするのかな？」と食べることへの興味・関心が自然と出てきました。

192

第 12 章　夢中になって遊ぶことから生まれる「愛と知の循環」

エピソード4　ソラマメもスナップエンドウも，どちらもおいしいね（5月1日～19日）

　　皮を剥き出てきたソラマメを子どもたちと一つ一つ丁寧に取り出し，スナップエンドウはすじを取り，湯がいて食べることにしました。特に湯がき上がったソラマメは一段とソラマメのあたたかな香りがしてきてソラマメの香りをその場で感じることができました。収穫は楽しいけど実際に食べたことのない子どもは，食べることに躊躇する姿もありました。香りだけでも味わってほしいという保育者の思いもあり，子どもたちの食べる様子を見守っていました。自分たちが育てたソラマメの湯がいたおいしい匂いを感じたり，友達が食べる様子を見たり，お代わりをする友達もいて，野菜が嫌いで抵抗を感じながらも「ちょっとなめてみた！」「ちょっとかじってみた」と挑戦してみる姿が出てきました。

　少し挑戦してみた嬉しさを保育者に伝えに来る姿から，苦手な野菜を食べようと努力することで小さな自信がついたようにも見えました。

エピソード5　毎日，たくさん収穫できるソラマメ……どうやって数える？（5月12日）

　　最初は収穫することを楽しんでいましたが，だんだん，ソラマメは何個収穫できたのか，と思う子どもが増えてきました。ソラマメを一つずつ数えていきますが，「1，2，3，4，5，6，7，8，9，10，11……あれっ，何個だった？」と次々に運ばれてくるソラマメに数がわからなくなってしまいます。「最初から……」とA児やB児がもう一回，数え始めます。

　たくさん収穫できた喜びから"どれだけとれたか？"という数への興味・関心に気持ちが向いた子どもたちのために，収穫したソラマメを数えやすいように机を用意してみると，子どもたちはその机の上にソラマメを並べて一つずつ数えていました（写真12-3）。A児の様子を見ていたB児の，「10ずつ数えたらいいと思うよ」と提案する姿がありました。「10個集まった。ここ置くね！」「結構あるなあ～」とソラマメを10個ずつ集めて山を作っていきます。

写真12-3　「ソラマメどれだけとれたのかな？」
出所：筆者撮影。

友達が数えている姿を見て"僕もやってみたい"と友達と協力して一緒にやってみる姿や，自分たちが経験してきたことを繰り返す力や伝え合う力が育ってきている様子が見られていました。

193

第Ⅱ部 「愛と知の循環」を実践から考える

> **エピソード6** ソラマメとスナップエンドウどっちのほうが多いの？（5月15日）

　休みが明けると，またたくさんのソラマメが育っていました。この日は，スナップエンドウもたくさん収穫でき，ソラマメ，スナップエンドウはそれぞれザル2つ分ずつになりました。「今日は2ザルずつやなあ」と満足そうな子どもたちに「どっちのほうが多いかな？」と保育者が問いかけました。ザルいっぱいに入っているソラマメとスナップエンドウを見比べてみると，ソラマメのほうがザルからややはみ出して見えていました。「今日はソラマメのほうが多かったんやと思う」という意見や「同じくらいじゃない？」と考える子どもが出てくると，「スナップエンドウのほうが多いかもしれん？」「だってスナップエンドウは小さいもん！」とまた別の考えも出てきました。そこで，ソラマメとスナップエンドウどちらが多く収穫できたのか，数を数えてみることになりました。

　ソラマメの数を数えるグループとスナップエンドウの数を数えるグループに分かれると「どうする？」「まえにやったやん。10のおやまつくろう！」「せんせい，かくものかして」「10でおへやつくろう」と数を数え10の山を作り始めていきました。数えやすく整然と並べられたソラマメとスナップエンドウを保育者と一緒に数えていきました。数を数えてみると，多く見えていたソラマメよりもスナップエンドウのほうが多いことがわかり，同じ2ザルでも数が違ってくる不思議さを感じている子どもの姿もありました（写真12-4）。

写真12-4　「ソラマメの数，数えてみたい！」
出所：筆者撮影。

　子どもたちは4歳児の冬に植えたソラマメの種が生長していくことをずっと楽しみにしていました。進級して4月になり，大きくなった葉や自分の背より高く伸びた茎，咲き始めた花を見て，変化するごとにたいへん驚き，生長を実感したり様々な生き物を発見したり観察したりしたことを友達や保育者に伝えたい，感動を共有したい気持ちを感じました（写真12-5）。

　保育者は子どもの思いに共感し，受け止め，保育者も考えたこと発見したことを返していくことで，観察したり，水やりをしたりしながら，より主体的に世話をすることにつながっていきました。活動が進んでいく中で，子ども同士で伝え合い考えを出し合う姿から，同じ場で同じものを見て発見したものを面白がったり，不思議に感じたりしていきます。そうして，"こうかなあ？""こうじゃない？"等それぞれの思いが出てきます。保育者が子どもと一緒になって思いを伝え合うことで自然な会話が生まれやすくなります。それがまた"これって

写真12-5　「ザルいっぱいにとれたよ！」
出所：筆者撮影。

何?"という新しい発見につながり,興味・関心がさらに向上していくきっかけになりました。"わかった""できた"が積み重なることで自信になり,"知っている""教えてあげる"等の関わりから,友達にわかるように考えて伝える姿を見て,数や量への興味・関心や思いを言葉で伝える場や時間を保育の中に位置づけていくことも大事であると思いました。また,様々な生き物やソラマメ,スナップエンドウにちなんだ絵本や図鑑の観察や体験したことからイメージを膨らませて絵を描いたり壁面製作をしたりして,様々な画材を使って表現する楽しさを味わいながら活動の幅を広げ深められました。

(2) 友達と一緒に砂場遊びをしよう!!

エピソード7　今日も砂場遊びをしたい！　一緒にやろう！（5月23日）

　　大好きな砂場遊び,5月下旬頃より,気の合う友達と一緒に砂山を毎日作っていく5歳児の姿がありました。

　　砂をスコップですくっては山に盛る動作を繰り返す子どもや,砂山を叩き固め,どうしたら崩れにくいか考えて遊んだり,同じ形のスコップを組み合わせて砂山に丸の穴の形を作ったり掘り進める道具にしたりして自分なりに工夫して遊んだりする様子も見られました。

　　掘った道に水を流すと水の流れができることに気づき,水が流れる箇所を広げていきます。前回,友達がしていた遊びに興味を向け,気の合う友達と一緒に「もっと深くしよう」「もっと長くしよう」等の遊びの目標が出てきます。保育者も子どもの遊びの場へ入り,子どもと一緒にイメージを共有しながら共に楽しむ中で,子どもが工夫して遊ぶ姿を認めたり,満足感を味わえるように共感したりしていくことで,どれくらい深くなったか足を入れてみてみたり,互いに掘り進めた道と道がつながったりすることの面白さをより感じているようでした（写真12-6）。

　　子どもがそれぞれに表現を楽しめるように促していくことで,振り返りの時間には,子どもの遊びの中で楽しかったことや取り組んでいたこと,発見したことを共有し合う場を作っています。ほとんどの子どもが「砂場遊びで山をCちゃんとAちゃんと作って楽しかった」「色水を作ったことが楽しかった」と自分のした遊びのみを発表する姿があります。

写真12-6　「だんだん深さがでてきたぞ！」
出所：筆者撮影。

エピソード8　裸足になって遊ぼう!!（5月25日）

　　気温が上がることでだんだんと裸足になって遊ぶ姿が増えていきました。砂山をそのままにして前の日にした遊びの続きができるようにしていたことで,昨日遊んだ後の砂場には泥の道ができていました。艶っとした表面につい手を触れたくなり,指でつついたり,指に泥を絡ませてみたり,そっと泥に触れ,友達と見せ合いながらその不思議さや面白さを共有する姿がありました。

偶然できた泥を集めてチョコレートや団子に見立てていました。C児が泥のかたまりで団子を作りました。作った泥団子を地面に落としてしまいますが，割れることはありませんでした。泥の性質の面白さを感じ，またその面白さを友達に伝えたい，話したいという思いが出てきました。楽しかったことや発見したこと，心を動かされ感じたことなどもっと子どもたちの言葉として出てこないかと考え，遊びの様子を写真や動画に収め，振り返りの時間に見る機会を作ることにしました。子どもたちに今日の遊び

写真12-7 「上手に丸められるようになったんだ」
出所：筆者撮影。

について問いかけてみると進んで手を挙げる子どもが多く見られ，その中にC児の姿がありました。砂場で深い川を作って遊ぶ姿が長く見られていたC児でしたが，手を挙げたC児をみんなの前に出て発表するよう促すと，自分の作った泥団子についての話を進めます。泥団子は遊びの中で水の中に沈めてしまったため，手元になかったのですが，C児にとって今日見つけた泥で作った泥団子の性質の面白さやその発見をその場で友達や保育者が面白く感じたり，不思議さに共感し，認めてくれたりした嬉しさが，とても印象に残る出来事だったのだと思います。C児がみんなの前で話したい思いを汲み取りながら保育者が言葉を補い，本児の作った泥団子の写真や動画を提示することで言葉にして伝えたいことが映像として伝わっていく様子がありました。C児の話を聞いていたクラスの友達からも「壊れない泥団子すごいね」「泥団子って落としても割れへんで，丈夫やもんな」とみんなから言ってもらい，満足そうに発表を終える姿がありました（写真12-7）。

そのような子どもたちのやりとりから，伝えたい気持ちはあっても言うのをためらう子どもも，友達から認めてもらえることがきっかけで，遊びに向かう意欲が高まるのだと感じました。また，子どもの発見やつぶやきを保育者が拾いながら言葉を返していくことで，自分の思いを受け止められる安心を感じ，言いたいこと伝えたいことを自由に言える雰囲気がクラスに漂い，この時間をクラスのみんなが楽しみに感じられるのだと思いました。

エピソード9　もっと水を使って遊ぼう♪（6月2日）

水を勢いよく流し入れると砂が沈むことを知り，掘った道に沿って水を流し入れて道を広げたり，水だけの力で道を作ったりするためには，水の量や流す速さが必要であることを，友達に伝えながら遊びを進めていく姿が出てきました。遊びの中でだんだんと，砂を掘り進める役，水を運んでくる役等それぞれの役割を見つけていきます。水の勢いを使って遊びを展開できるようにと，樋を保育者が用意すると，傾斜になるように樋を置いたり，また，その傾斜の支えとなるものを探して樋を並べたりしながら，樋を使った遊びに興味を向け始める子どもの姿がありました。子どもの中で「こうしたい」「水の流れはこっち向きに」等の思いが出てくることで，友達の樋の置き方が気に食わず，思いがぶつかり合う様子が出てき

第 12 章　夢中になって遊ぶことから生まれる「愛と知の循環」

写真12-8　「トンネルを作ってみようよ！」
出所：筆者撮影。

写真12-9　「もっともっと長い道，作りたいな」
出所：筆者撮影。

写真12-10　「あっ，つながった!!」
出所：筆者撮影。

ていました。「下に流れなくなるからこっちはだめ」「ここならいい？」「そこなら流れそう」と，友達との言葉のやりとりの中で，場や遊びの共有から相手の思いを認めたり譲ったりしていく様子がありました。

　樋を使った遊びがこのまま進んでいくのかと思っていましたが，道具を使わず，手や足等の身体を使ってトンネルを作ったり，砂の掘れ具合を互いに確認し合ったりしながら慎重に掘り進めていく姿がありました。友達や保育者に「すごいね」と認められて嬉しく感じたり，友達のしている遊びを見て，遊びに加わったり，違う場所で自分も挑戦してみようと遊び始めたりします。「この前の続きをするぞ」「今日はこうしたいな」等それぞれに遊びのイメージを抱きながら，場所を分担して道作りを進めていきます。いろいろな方面から道を作ることで，複雑な道ができる面白さを感じていました。昨日は，樋を使って遊びましたが，また砂場でのトンネル作りや深さのある川作りに興味が向いている子どもが多かったようです。

　5歳児がしている遊びの近くで遊んでいた4歳児が5歳児の遊びに興味を向けて遊びの場に入ってくる姿はこれまでも見られていましたが，遊びに入りたそうにしていた4歳児に「ここならいいよ」「ここに水流してもいいよ」と声をかける5歳児の姿が出てきていました。異年齢の子どもとも関わりが出てくると，また思い通りにいかないこともあったようですが，うまくいかない場所を何度も修正しながら掘り進めたり，どのようにすればうまくいくのか自分なりに考えたり作り変えたりしながら遊び，繰り返す姿がありました。

　自分で使いたいものを選んだり，繰り返し試したり，工夫したりと試行錯誤しながら遊ぶ中で，いろいろな気づきや発見をし，自分なりの思いをもって遊ぶ楽しさを感じ，探究心を満たすことで自分自身の苛立ちやこだわりの場面でも少し許せたり，折り合いをつけたりする気持ちの育ちが見られていったのだと感じます。遊びを通して友達の良さや友達のために行動する喜びを感じたり，相手の思いを見つけたり考えたりすることで友達を大切に思う気持ちにつなげていきたいです。

第Ⅱ部 「愛と知の循環」を実践から考える

エピソード10 片づけ大変やけど小さい組さんの分もやってあげよう！（6月初旬）

砂場では毎日，3・4・5歳児が入り乱れて遊んでいます。遊びの片づけの時間になると，3・4歳児が遊んでいたけど片づけるのを忘れていたりする砂場道具が多数あり，「これ，使ってない道具やん」「でも，誰かが片づけないと，砂場綺麗にならんな」「僕らが3歳児のとき，お兄さん片づけてくれちゃったかもしれんな」「あと1本スコップ足りないから探そう」「このお皿は，この絵のところ」。標識や数を考えて片づける等，5歳児が頑張って片づけてくれる姿が増えてきました。一人一人の片づけている姿を保育者が認めていくことを大切にしていくと，"みんなで力を合わせると早く片づけられる"という思いが子どもたちに出てきました。片づけた後，今日遊んだ砂場の様子をみんなで見て力を合わせて砂山などを作った達成感を分かち合うとともに，片づけを通してスコップの数や標識を考えて片づける等，数や文字への興味・関心も高まったようです。

　5歳児は，3・4歳児での遊びの中で道具を繰り返し使ってきた経験から，道具の大きさや用途を知り，必要に応じて友達と一緒に道具の使い方や組み合わせを考えて遊ぶことができるようになってきました。また，"自分はこうしたい"という一人一人の思いも出し合い，友達と遊びのイメージを共有することでさらに遊びが深まり，"友達と一緒にこうしたい"と遊びが展開されていく様子が見られました。友達と遊ぶことでその場で思いを共有し合うことができ，「もっとこうしようよ」という思いの高まりが出てくるのだと感じました。遊びの最中や振り返りの時間の中で，保育者に思いを受け止められる安心を感じ，また自分のやりたい遊びを見つけ，繰り返し楽しむことができる姿につながっていくのだと思いました。友達の遊ぶ様子を見て，刺激され，その遊びの楽しさを知り，自分もやってみたいという思いが芽生えてくる子どもの姿もありました。

　「もの」「場」を通して「人」との関わりをつなげていくこと，砂場遊びで発散したり，満足したりできることで，苛立ちやこだわりの場面でも他の人の行動を少し許せたり，折り合いをつけたりする気持ちの整理ができたりと心が育つのだと考えます。遊びの楽しさや不思議さに保育者が同じような目線で向き合うことで，「次はどうしていきたい？」を一緒に考え，「楽しい」「面白い」「もう一回したい」と心を動かしながら遊び込む姿へとつなげていき，自分の考えや発見したことを友達に伝えたり，友達の思いに耳を傾けたりし，友達と一緒に遊ぶ楽しさや嬉しさ，イメージを共有して遊ぶ楽しさを感じてほしいと思いました。

　砂場遊びは3・4歳児から年間通してずっと繰り返し遊んでいます。春から夏に向けて，裸足になり水を使ってダイナミックな砂場遊びを楽しみ，秋になると，砂と身近な自然物を使いごちそう作りからままごと，お店屋さんごっこ遊びを満喫するなど，その内容が変わっても砂場遊びが核になることも多いです。同じ砂場という環境であっても，年齢や季節，また子どもの遊びたい思いによって遊び方が変わる砂場遊びで繰り返し形を変えて楽しみながら遊ぶ子どもの姿からそれぞれの育ちを見取っていきたいです。

3. 全体を振り返って

　2つの事例を通して，繰り返し体験できる場が保障されることで，友達と一緒に経験することを楽しんだり，友達の取り組む様子を見たりすることでその活動の楽しさを知り，自分なりのタイミングでその物事と触れ合い，自分でもやってみたいという思いが芽生えてくるのだと考えられます。その体験の楽しさや不思議さ，面白さに気づいたり知ったりすることで，「次はこうしてみよう」「こうするとどうなるのだろう」という思いや考えを巡らせながら，自分なりにできた満足感や達成感を感じることができ，"またやってみたい""もっと知りたい"と遊びが循環していくのだと思いました。今後も子どもの楽しい・不思議・面白いと思える体験の場を大切にすることで，子どもたちが夢中になって取り組める保育環境を構成していきたいです。

第Ⅱ部 「愛と知の循環」を実践から考える

編者からのコメント

自然と関わる中での心の動きが学びの芽生えへつながっていく過程

岸野 麻衣

　野菜を育てて収穫する，砂場で砂や水を使って遊ぶ。どの園でも必ずといっていいほど行われている活動です。そうした活動の中では，子どもの心の動きを保育者がどう捉え，そこでの学びの芽生えをいかに共有していくのかが問われます。1つ目の記録では，子どもたちが野菜の栽培を巡って，様々に試しながら，自然の不思議さや面白さを感じ，気づき，様々な角度で味わっていく過程を読み取ることができます。また2つ目の記録では，砂と水に向かい，協同して自分たちの手で場を創っていく中で，その面白さを様々に表現していく過程を読み取ることができます。

1．発見と疑問の自覚化が，植物の生長と生態系への気づきへ

　進級し，昨年度植えたソラマメが大きく生長し，花も咲くようになった中，子どもたちは，大きさや花の色，小さな実についてつぶやき始めます。水やりの過程で，ソラマメの花や実の変化にも気づいていきます。同時に育てているスナップエンドウについても気づいたことが話され，比べられるようになっていきます。子どもたちは小さなことにもたくさん気づいているものですが，それらはその場で流れていきがちでもあります。つぶやきを保育者が集まりの場や掲示で取り上げることで，気づきが自覚化され，みんなのものへと広がっていきます。同時に，ここではテントウムシへの気づきにもつながり，植物への興味・関心から，そこに生きる虫へと興味・関心を広げ，自然の生態系に気づくことへとつながっています。

　ソラマメに虫の卵を見つけたところから，その大きさや数に驚き，そこにテントウムシもたくさんいるのはどうしてなんだろう，と問いが重ねられていきます。そこに絵本で見た情報が加えられ，「テントウムシの卵」であることがわかってきます。絵本を通して，アブラムシをテントウムシが食べることも突き止めていきます。それは新たに「どうしてこんなにアブラムシがたくさんいるのか」という疑問を生み，アブラムシはソラマメの新芽を食べることもわかってきます。ソラマメ，卵，テントウムシ，アブラムシ……，それぞれについての単なる発見にとどまらず，「どうして？」と問うことが行われ，それにより，見つけたものがいったいどういう関係にあるのかを考えることにつながり，自然の生態系への気づきにつながっていきました。

　それはやがて，アブラムシからソラマメを守るのにはどうしたらいいのか，という問題

第12章　夢中になって遊ぶことから生まれる「愛と知の循環」

解決へと向かっていきます。子どもたちは，水をかけたり，息を吹きかけたり，指でつまんでみたり，違う葉に移そうとしたり，自分たちなりに試してみます。それにより，べたべたの粘液を出してくっついているアブラムシの特性がわかってきます。しかし自分たちで考えた方法ではうまくいかず，どうしたらいいのか……というところで，家庭菜園をしている保護者の知恵を借り，テープで駆除していくことができました。問題解決においても，子どもたちがアイデアを出し合い，自分たちなりに試してみることで，わかってくることがあります。うまくいかない困り感もまた，問題解決の方法を探る学びにつながっていきます。解決に向かう過程では，誰からどう情報を得たらいいのか，社会生活との関わりを深めていくこともできるのです。

2．収穫を通して五感で味わい，数量の感覚を育む

　大きくなってきたソラマメは，どうなったら収穫できるのか，絵本で調べ，わからなければ昨年度年長クラスだった先生に尋ね，実が重くなって下を向いたら取っていいのだと教わります。ここでも，自分たちの疑問について，どうやって調べれば情報を得ることができるのか，学んでいることがうかがえます。そして，友達と確認し合いながら，優しくねじって手で収穫していく子どもたち。力加減を調整しながら，大事にソラマメに関わっていく子どもたちの姿が目に浮かぶようです。そして，中の実の数や皮の内側の感触について，気づきを言語化していくことで構造についての情報が共有されていきます。匂いや味にも興味が向く中で，ソラマメとスナップエンドウを湯がいて食べてみます。食べるのには抵抗感のある子たちも，なめたりかじったりし，挑戦してみようとする姿が見られました。自分の手の力の具合でソラマメの実る茎の太さや強さを感じ，実や皮の感触を感じるといった手で触ったときの触覚だけでなく，なめたり噛んだりして口での感触も感じていることがうかがえます。実の色や大きさ，数など視覚はもちろんのこと，匂いや味など嗅覚や味覚も使い，様々な感覚でソラマメやスナップエンドウを味わっていくことで，野菜の不思議に出会うとともに，生命の尊さやありがたさも感じ取っていたのだろうと思います。

　やがて，収穫したソラマメの数に関心が向いてきたことに保育者が気づき，机を用意し，その上にソラマメを並べられるようにします。すると考えを出し合い，「10ずつ数えたらいい」という意見をもとに，10のまとまりを作って数えていくようになります。ソラマメとスナップエンドウとがザル2つ分ずつ収穫できた日，保育者が「どちらが多いのかな」と投げかけたことで，いろいろな予想が出てきます。予想を確かめるため，グループに分かれてみんなで数えてみます。10のまとまりを作り，みんなで整理しながら数えていき，同じ2ザルでも豆の数が違ったことを確かめていきました。おそらく日常生活での経験から，10のまとまりで数えるという知恵が共有され，子どもたちは，たくさんのものを数えるときの方法に出会っていきます。そこでは，ものと数を1対1に対応させて数

201

えるという行為を行っていたことでしょう。そして面白いのは，ザル2つ分ずつのソラマメとスナップエンドウ。比べる際には，豆1つあたりの大きさや，全体の見かけや重さなど，子どもがそれぞれ様々に感じたことから予想が出されたことがうかがえます。そして実際に数えてみることで，ザルを単位にするとそれぞれ2つ分で一緒の量ともいえるのに，それぞれの豆の個数を数えると数は異なるということを，量と数の違いとして体験を通して学んでいるといえます。

3．伝えたい思いがあってこそ言葉による表現につながっていく

　砂場遊びの実践では，子どもたちが，これまでの経験を生かして，力を合わせて大きな山を作ったり，水を流して川を作ったりして，土と水の感触を思い切り感じながら，構造や深さを試し，作り出した目的に向かっていきます。砂場遊びは，片づけのときに毎日平らに戻す園も見られますが，ここでは，今日の遊びが明日に続いていくようになり得ることを保育者が見取り，そのまま置いておくようにしています。それにより，子どもたちは前日からの変化に気づきます。川だったところの水がひいて，湿り気のある泥が残り，その感触の面白さを味わったり，チョコレートに見立てて言語化したりしていきます。

　そしてそれは新たな遊びも生み出します。ここでは，泥の性質を生かして泥団子を作り，落としても割れないものができたＣ児が取り上げられています。集まりの時間に遊びを振り返る場面で，手を挙げ，伝えようとするＣ児。保育者が言葉を補いながら，写真や動画も見せて，クラスに共有すると，「すごいね」「丈夫や」と反応を得ることができました。砂場で深い川を作って長い時間遊んでいたというＣ児でしたが，泥団子について選んで話したことから，保育者はそれが印象に残る出来事だったのだと解釈しています。

　子どもたちは一日の遊びの中でいろいろな活動に取り組んでいることが多いと思いますが，「このことを伝えたい」と思えるような経験は，やはり特別なものだと思います。集まりの時間に遊びについて話すことは多くの園で行われていると思いますが，まず一人一人の子にとって，今日の遊びの中でそういう経験ができているかどうかが問われます。そしてそれを表現するときに，「泥団子を作ったのが楽しかったです」と型にはまった「発表」で終わらないことも重要です。例えば「落としても割れない泥団子ができた」という，子どもにとって喜びや誇らしさといった心が動いた出来事をどれだけ引き出せるかが問われます。言葉足らずであっても，保育者の言葉や写真や動画の助けも借りながら，自分の伝えたいと思った経験を表現し，それを友達と共有する喜びを感じられることが大切です。共感はさらに語り合いと聴き合いを生み，子どもたちの思いや考えがつながっていくことにも結びつくのだといえます。

4．試し，気づきながら協働に向かっていく

　砂場遊びが進んでいく中で，子どもたちは，水の量や流し込む勢いによって，砂の状態

や水の速さが変わることにも気づいていきます。「水の流れをこっちに」など，一つの目的に向かって役割を分担し，時には思いがぶつかることもありながら，自分たちの手で場を構成していきます。保育者の出した樋を使って遊び，そのまま進むのかと思いきや，道具を使わず自分たちの身体を使ってトンネル作りや深さのある川作りに向かっていく子どもたちでした。樋を使って簡単に水を流すことよりも，ここでの子どもたちはむしろ自分たちの手や足でトンネルの固さや掘れ具合をしっかりと確めながら，友達と一緒に自分たちの手で作り上げたいという思いがあったのではないかと感じられます。

遊びの場に年中児や年少児が入ってくると「ここに水流してもいいよ」と声をかけ，楽しみを共有していく子どもたち。片づけの時間も，「みんなで力を合わせると早く片づけられる」と，自分が使っていないものも含めて5歳児が率先して片づけていくのでした。

砂場は，砂と水といういわば地球の大地の原点のような場です。子どもたちは思いのままに大地を切り拓いていくことができます。この場をどういう場にしたいのかを，友達と考えを共有し，ふさわしい道具を選択し，開拓者のごとく場を創っていきます。自分たちで合意形成しながら意思決定を行い，その責任を負い，同時に義務を引き受ける姿は，さながら社会の縮図を見るようです。砂と水という，心地よくまた可塑性のある環境で，何度も試し工夫しながら，その環境について感じ気づくと同時に，他者との協働も学んでいくことがうかがえます。

5．学びのつながりを探る礎としての記録

この実践記録は，架け橋期のカリキュラム開発のプロセスで書かれたものです。学区の園や学校の先生たち，そして市町の担当課の方々と保育や授業を見合いながら，その場面がどのようなプロセスの中で起きていたことなのかが語られました。子どもたちがどのようなことを思い，考え，それを保育者がどう支えて活動が展開していったのか，跡づけていったのです。このように記録として表現されたことで，小学校以降につながる学びの芽生えが様々にあったことを改めて読み取り，考えることができます。こうした記録は，学びのつながりを協働で探っていく手がかりとなり，そうした運動体の礎になるものだともいえます。

あとがきにかえて

● 「愛と知の循環」理論のもつ質の高い実践へのインパクトに期待を寄せて

　日本の幼児教育・保育の実践の核となるような哲学的，理論的要素を，誰にでもわかる言葉で表現できないだろうかと，これまで悩み，考えてきました。私の中には常に，子どもが目を輝かせて遊び込んでいく，そんな保育プロセスが生まれている園や保育者の実践のイメージがあります。例えば，そういった環境を通した保育，遊びを中心とした指導の充実した園で感じることと，ある著名な諸外国の理論に基づいた実践や記録に触れて感じることとの違いを，どう誰にでも通じる言葉で表すことができるだろうかと悶々とし，しかしなかなか光を見出すことができずにいました。Playful Learning とか Learning Story という概念に出会う度に，日本の充実した遊びを通した学びに私が感じていることとの違いをどう表すことができるだろうか，と悩んできました。子どもが遊びに夢中になってどんどんやりたいことが生まれて，やっていくうちに探究的になっていく，あの楽しさが楽しさを呼び面白さを生む保育の世界を，どう Learning という強い言葉にからめとられず，遊びそのものの性質の深まりの中で説得的に論じることができるだろうか，と考えてきました。

　そんな私にとって，無藤先生から「愛と知の循環」の草稿が送られてきたとき，「ああ，こんな言葉があったか」「こんな論の展開があったか」と衝撃を受けたことは忘れられません。そして，すぐにいつも実践研究を一緒にしている先生に（この本の執筆につながる最初のお誘いと共に）知らせたところ，「まさに！　愛と知が循環していますよ！」と矢のような返信をいただいたことも忘れられません。私たちが実践の中で大事にしてきたものだけれど，言葉にできていなかったことに，言葉を与えていただいた，それが「愛と知の循環」理論との出会いでした。

　「愛と知の循環」理論は，子どもの心が動く，大人も見ていてワクワクする保育実践の理論です。だからこそ，そういう楽しさが楽しさを呼び面白さを生む保育の実践と共に，「愛と知の循環」理論が理解されるような本が作りたい。そんな願いのもとで実践編の本書を作ってきました。

　さて，みなさんの現場では，子どもはどのような世界とどのように出会っていますか。どのようなことに惹きつけられ，面白がり，さらにのめり込んで楽しみを深めていますか。保育者は子どもと共にどのような世界を楽しみ，新たな可能性を見出し，驚き，面白がっていますか。「愛と知の循環」理論が，実践の探究や楽しみと共に理解され，広がり，実践の運動体がそここで形成されていくことで，生き生きとした子どもの世界との出会いが生まれ深まっていくことを期待しています。

（古賀松香）

●実践と理論を巡る豊かな対話を願って

　2021年11月，福井大学教育学部附属幼稚園の公開研究集会においてシンポジウムを行った日のことを今でも覚えています。全体会の最後に，全体指導者として長年関わっていただいている無藤先生と，福井大学の松木健一先生に登壇いただき，私がコーディネーターとしてシンポジウムを行いました。当時の研究テーマは「つながりが育む学びの深まり　～出会い，気づき，好きになる～」でした。シンポジウムの終盤，確か「『つながりが育む学びの深まり』とはどういうことだと考えていったらいいでしょうか」と投げかけたとき，無藤先生の口から「『愛』だね」という一言が出てきたのです。「愛……?!」と私だけでなく会場全体が一瞬固まったような記憶があります。そのときに語られた「世界への愛」という言葉は，わかるようでわかりきれないものでした。

　それから無藤先生が次々と書かれる論稿を読む中で，「愛」という言葉の奥に哲学的，理論的背景が様々に含み込まれていたことや，「愛と知の循環」という概念化を通して，保育研究にとって，そして何より実践者にとって意味のある理論化が目指されてきたことを理解するようになりました。私にとっては，実践と理論を循環しながら概念化が進められていくこのプロセスを追いかけることができたのは，大きな財産でもあります。実践者と共に歩みながら，研究者である私に，何ができるのか。この世界に足を踏み入れてからずっと突き付けられ，向き合ってきたことでもあります。

　その意味で，本書は，実践者はもとより，実践に関わる研究者にとっても大きな意味をもつのではないかと思います。保育実践を前に，何をどのように捉え，どう表していくのか。第Ⅰ部にはそれが表れ，第Ⅱ部の実践にはそれぞれが関わってきた色がうっすら透けて見えるように思います。そして各実践のコメントには，多彩な優れた実践をどう意味づけ得るのか，それぞれの視点が表れているように思います。みなさんは，どう捉え，意味づけ，どう表すでしょうか。この本をきっかけに，保育実践に関わる多様な人たちが語り合い，運動体が生まれていくことにつながれば，と願います。

　　　　　　　　　　　　　　　　　　　　　　　　　　　　　　　　　　（岸野麻衣）

2025年1月

　　　　　　　　　　　　　　　　　　　　　　　　　　　　古賀松香・岸野麻衣

執筆者紹介

（執筆順，担当章）

無藤　隆（むとう・たかし）　まえがき，第1章，編者からのコメント（第4～6章）
編著者紹介欄参照。

古賀松香（こが・まつか）　第2章，編者からのコメント（第7～9章），あとがきにかえて
編著者紹介欄参照。

岸野麻衣（きしの・まい）　第3章，編者からのコメント（第10～12章），あとがきにかえて
編著者紹介欄参照。

田中孝尚（たなか・たかなお）　第4章
国立大学法人神戸大学附属幼稚園長・副園長，附属小学校長。

上田晴之（うえだ・はるゆき）　第5章
国立大学法人福井大学教育学部附属幼稚園教諭。

天願順優（てんがん・じゅんゆう）　第6章
社会福祉法人勇翔福祉会コスモストーリー保育園長。

平松美和（ひらまつ・みわ）　第7章
京都市立翔鸞幼稚園長。

小河原弘文（おがわら・ひろふみ）　第8章
京都市立下京雅小学校教諭（元・京都市立楊梅幼稚園教諭）。

外薗知子（ほかぞの・ともこ）　第8章
京都市立楊梅幼稚園長。

中井佐栄子（なかい・さえこ）　第9章
亀岡市立第六保育所長。

岡山佳耶（おかやま・かや）　第10章
高浜町立和田保育所保育士（元・高浜町立認定こども園 cocokara 保育教諭）。

奥田智美（おくだ・ともみ）　第11章
おおい町立名田庄こども園主査。

早川久美子（はやかわ・くみこ）　第12章
彦根市立ふたば保育園保育士（元・彦根市立彦根幼稚園教諭）。

編著者紹介

無藤　隆（むとう・たかし）
　現在　白梅学園大学名誉教授。
　主著　『幼児教育のデザイン──保育の生態学』（単著）東京大学出版会，2013年。
　　　　『幼児教育の原則──保育内容を徹底的に考える』（単著）ミネルヴァ書房，2009年。

古賀松香（こが・まつか）
　現在　京都教育大学教授。
　主著　『保育者の身体的・状況的専門性──保育実践のダイナミック・プロセスの中で発現する専門性とは』（単著）萌文書林，2023年。
　　　　『世界の保育の質評価──制度に学び，対話をひらく』（共編著）明石書店，2022年。

岸野麻衣（きしの・まい）
　現在　福井大学教授。
　主著　『学校に還す心理学──研究知見からともに考える教師の仕事』（共著）ナカニシヤ出版，2020年。
　　　　『授業研究──実践を変え，理論を革新する』（共編著）新曜社，2019年。

「愛と知の循環」としての保育実践
　──多様で豊かな世界と出会い，学び，育つ

2025年3月31日　初版第1刷発行

編著者	無藤　　隆 古賀松香 岸野麻衣
発行所	㈱北大路書房
〒603-8303	京都市北区紫野十二坊町12-8 電話代表　（075)431-0361 ＦＡＸ　　（075)431-9393 振替口座　01050-4-2083

ⓒ 2025
装丁／こゆるぎデザイン
印刷・製本／共同印刷工業㈱
落丁・乱丁本はお取り替えいたします。
定価はカバーに表示してあります。

Printed in Japan
ISBN978-4-7628-3284-0

JCOPY 〈㈳出版者著作権管理機構 委託出版物〉
本書の無断複写は著作権法上での例外を除き禁じられています。複写される場合は，
そのつど事前に，㈳出版者著作権管理機構（電話 03-5244-5088, FAX 03-5244-5089,
e-mail：info@jcopy.or.jp）の許諾を得てください。

北大路書房の好評関連書

大豆生田啓友対談集
保育から世界が変わる
大豆生田啓友（著）木村明子（聞き手）
A5判・240頁・本体2,000円＋税
ISBN978-4-7628-3275-8

子どもたちの未来のために，保育・幼児教育の枠を越えて，多様な領域の研究者たちと「子どもをまんなかに置いて」語り合う。

子どもをあらわすということ
青山　誠・三谷大紀・川田　学・汐見稔幸（編著）
四六判・272頁・本体2,300円＋税
ISBN978-4-7628-3281-9

日々の保育を記述し，写真を撮る……。そこから何があらわれてくるのか。「子どもをあらわす」ということの意味を探る。

生命（いのち）と学びの哲学
育児と保育・教育をつなぐ
久保健太（著）
四六判・328頁・本体2,000円＋税
ISBN978-4-7628-3255-0

育児，保育・教育について熟考してきた著者の多彩な論考から，保育の実践知を言語化するために必要となる「哲学」を掘り起こす。

子どもの声からはじまる保育アセスメント
大人の「ものさし」を疑う
松井剛太・松本博雄（編著）
A5判・228頁・本体2,600円＋税
ISBN978-4-7628-3257-4

子どもの声に耳を傾け，対話し，揺らぎながら，自分の「ものさし」を問い直す，「保育アセスメント」の新たなカタチを模索する。

子どもはいかにして文字を習得するのか
遊びと対話の保育が育む言葉
松本博雄（著）
A5判・224頁・本体3,000円＋税
ISBN978-4-7628-3267-3

保育者と共に進めてきた実証研究から，幼児期における「遊び」と「対話」を通した「文字習得」の在りようとその意義を探る。

子どもの遊びを考える
「いいこと思いついた！」から見えてくること
佐伯　胖（編著）
四六判・248頁・本体2,400円＋税
ISBN978-4-7628-3229-1

「遊び＝自発的な活動」というのは本当か？！「いいこと思いついた！」という現象を切り口に，子どもの「遊び」の本質に迫る。

北大路書房の新しい保育テキスト

無藤　隆（監修）
シリーズ「主体としての子どもが育つ」

好評刊行中！

◆ 保育内容「人間関係」　古賀松香（編著）
　ISBN978-4-7628-3248-2　本体2,200円＋税

◆ 保育内容「表現」　吉永早苗（編著）
　2025年4月刊行予定

◆ 保育内容「健康」　松嵜洋子（編著）
　ISBN978-4-7628-3276-5　本体2,200円＋税

◆ 保育内容「言葉」　堀越紀香・横山真貴子（編著）
　2025年夏以降刊行予定

◆ 保育内容「環境」　砂上史子（編著）
　2025年夏以降刊行予定

全巻B5判・200〜240頁程度

15コマの授業を想定し，各巻15章程度で構成。
最新の学術的知見と保育現場の実践事例とをバランスよく関連させながら，専門的事項と指導法を一体的に学べる！

（税抜き価格で表示しています。）